大韩民国刑法与刑事诉讼法

葛晓娟　译

中国人民公安大学出版社
·北　京·

图书在版编目（CIP）数据

大韩民国刑法与刑事诉讼法/大韩民国国会著；葛晓娟译．—北京：中国人民公安大学出版社，2019.9

ISBN 978-7-5653-3754-3

Ⅰ.①大…　Ⅱ.①大…②葛…　Ⅲ.①刑法—研究—韩国②刑事诉讼法—研究—韩国　Ⅳ.①D931.264②D931.265.2

中国版本图书馆CIP数据核字（2019）第204239号

大韩民国刑法与刑事诉讼法

葛晓娟　译

出版发行：中国人民公安大学出版社
地　　址：北京市西城区木樨地南里
邮政编码：100038
经　　销：新华书店
印　　刷：北京市泰锐印刷有限责任公司

版　　次：2019年9月第1版
印　　次：2019年9月第1次
印　　张：17
开　　本：787毫米×1092毫米　1/16
字　　数：312千字

书　　号：ISBN 978-7-5653-3754-3
定　　价：58.00元

网　　址：www.cppsup.com.cn　www.porclub.com.cn
电子邮箱：zbs@cppsup.com　zbs@cppsu.edu.cn

营销中心电话：010-83903254
读者服务部电话（门市）：010-83903257
警官读者俱乐部电话（网购、邮购）：010-83903253
公安业务分社电话：010-83905672

序

在警务国际化趋势日益明显的今天，对外警务交流和相关工作也将日趋频繁。作为隔海相望的邻国之一，韩国与中国在许多方面都有交流合作，但在警务和法律方面却鲜少交流，我们对于这些方面的了解也少之又少，至今也没有非常系统全面的认知。为了更多地了解韩国的刑事法律建设、法律程序，为将来的警务和法律事务方面的合作奠定基础，增进对韩国警务活动的了解，为我国对外警务交流尤其是对韩警务交流提供重要参考，笔者发挥自身的留学优势，系统翻译了截至2019年最新的《大韩民国刑法》《大韩民国刑事诉讼法》《大韩民国检察厅法》《大韩民国检察厅事务机关相关规定》《大韩民国法院组织法》《大韩民国检察厅组织法》等多部法律。其中，《大韩民国检察厅法》《大韩民国检察厅事务机关相关规定》《大韩民国法院组织法》《大韩民国检察厅组织法》的翻译，也是为了让读者进一步了解韩国的法律程序和警察、检事、判事等主要执法、司法职务。

另外，基于日益广泛的对韩交流涉及的领域越来越多，甚至可以涵盖社会生活当中的旅游、购物、学习等方面，加深对韩国法律的了解，以促使日常的交流能够更加顺畅和谐，也必然成为社会公众的需求。

本书在原汁原味翻译的同时，以脚注方式对中韩对应生涩词汇做了较为全面的解析。与此同时，为了给读者提供更为友好的阅读体验，在翻译上述法律法令时，遇有提及其他相关法律法令条款也均以最大幅度的脚注形式做了详尽的注释，增加本书信息量的同时，也扩充了对韩国法律的系统性认知，为其他相关研究提供了更加方便快捷的参考。

《孙子兵法》曰："知己知彼，百战不殆。不知彼而知己，一胜一负；不知彼，不知己，每战必殆。"可见，"知己"比"知彼"更重要，韩国法律内容更新之快，要素之详细全面，在翻译之时倍感压力，也深深感受到了其中之差距。我国是世界上最大的社会主义国家，也是最大的发展中国家，改革开放取得的成就举世瞩目，公安机关就是维护国家和平稳定发展的极为重要力量之一，"古为今用，西为中用"的思想为我们借鉴"他山之石"指明了方向。作为一名基层民警、普通教师，不仅仅始终如一坚守着"为中华之崛起而读书"的热忱，更有着为公安事业而奋斗终生、矢志不渝的理想信念。

"位卑未敢忘忧国。"愿尽我之所能，学以致用。以吾辈之青春，护卫盛世之中华。

最后，诚挚地感谢天津市公安局、各分局和基层科所队，对本书的前期调研等工作给予的大力支持；感谢公安大学出版社为本书精益求精把关的编辑老师和诸位工作人员，正是他们严谨求是的态度与高效编审速度，才使得本书问世接受广大读者的"检阅"；感谢天津公安警官职业学院的支持，尤其是王若珺教授，正是她言传身教何为"学高为师，身正为范"，在参加公安工作的这十余个寒暑里鼓励我砥砺前行。殷殷之心，谢无疆焉！

本书出版之时，也是新的征程开启之日。太阳已经升起，新的一天已经来临。

是为序。

葛晓娟
2019 年 7 月

翻译说明

法律作为宏观文化层次的一部分，因历史积累、地理位置、风俗习惯等诸多因素的不同，使得各国法律之间产生了差异，也使各国人民对自己本国的法律、法规有习惯性的认知和较为固定的理解方式。

随着中韩建交以来，双方各项交流、合作日益广泛，人员往来复杂化，都使得我国公安机关有必要从历史文化、人文社会等更多角度系统地了解韩国。作为执法者，应当切合当前国际形势，了解对方的刑事相关法律，有利于增加不同文化之间的交流，避免在执法中产生不必要的误会；也有利于在两国警务合作中争取更为主动的形势，促使合作达成积极的成果。

2017 年，韩国驻华警务联络官依据常年的工作经历，认为“每年在华发生 1200 多起与韩国侨民相关的案件，约占 70%的韩国侨民受到不同程度的损失……”“韩国侨民因为不熟悉、不理解中国的执法制度、司法制度和相关的中国法律用语代表的意思，而难以行使刑事防御……” “翻译人员不知道中国警方、调查机关和法院使用的核心法律词汇，导致询问、搜查、审理期间对韩国侨民非常不利……”据此，韩国警方对我国的执法、司法相关法律和操作程序进行了系统而全面的研究，且制定了具体应对措施，影印成册共内部参考使用；与此同时，向韩国在华侨民普及中国相关法律要旨、处置程序要点和应对方法。

20世界80年代开始，为顺应社会发展的趋势，我国政府尤为注重社会主义法治的建设和发展，进一步关注外向型、国际型法学的研究，无疑是具有长远的战略意义。

葛晓娟

2019.7.24

contents 目录

上篇 大韩民国刑法

中篇　大韩民国刑事诉讼法

下篇　相关法律链接

上　篇

大韩民国刑法

大韩民国刑法

[施行 2018. 10. 16.，法第 15793 号，2018. 10. 16.，部分改正]

第一编　总　则

第一章　刑法的适用范围

第一条　犯罪的成立和处罚

(一) 犯罪的构成与处罚，依照行为时的法律；

(二) 犯罪后因法律的变更，其行为不构成犯罪或者处罚轻于旧法的，则依照新法执行；

(三) 裁判确定后因法律的变更，其行为不构成犯罪的，免除其刑罚的执行。

第二条　国内犯

本法适用于在大韩民国领域内犯罪的本国人和外国人[①]。

第三条　本国人的国外犯罪

本法适用于在大韩民国领域外犯罪的本国人。

第四条　外国人在处于国外的本国船舶等上实施的犯罪

本法适用于大韩民国领域外的大韩民国的船舶或者航空器内实施犯罪的外国人。

第五条　外国人在国外犯罪

本法适用于在大韩民国领域外实施下列犯罪的外国人：

1. 内乱罪；

2. 外患罪；

3. 有关国旗的犯罪；

① 外国人：《大韩民国国籍法》第 15 条第 1 款规定：自愿取得外国国籍的人，取得外国国籍的同时，丧失大韩民国国籍。(译者注)

4. 有关通货的犯罪；

5. 有关有价证券、邮票与印花的犯罪；

6. 有关文书的犯罪中自第二百二十五条至二百三十条规定的内容；

7. 有关印章罪中第二百三十八条规定的内容。

第六条　对大韩民国与大韩民国国民的国外犯

本法适用于在大韩民国领域外，对大韩民国或者大韩民国国民犯前条规定罪以外的外国人。但是，依照行为地法律不构成犯罪或者免予追诉或者免除执行刑罚的除外。

第七条　在外国所受刑罚的执行

如果犯罪者在国外已接受了部分或者全部的刑罚，可以算入宣告全部或者部分执行的刑罚。

[全文改正 2016. 12. 20.]

第八条　总则的适用

本法总则适用于其他法令规定的犯罪。但是其他法令有特别规定的除外。

第二章　罪

第一节　犯罪的成立与刑罚的减免

第九条　刑事未成年者

未满十四岁[①]者的行为不予处罚。

第十条　心神障碍者[②]

(一) 因心神障碍，没有辨别事物的能力或者没有决定自己意识能力者的行为，不予处罚；

(二) 因心神障碍，前款所列能力微弱者的行为，减轻处罚；

(三) 预见危险的发生，自行引起心神障碍者的行为，不适用前二款之规定。

[标题改正 2014. 12. 30.]

第十一条　聋哑人

聋哑人[③]的行为减轻处罚。

---

① 韩国刑法未考虑行为者的精神状态、道德发育等相关情况，只要是符合未满 14 岁均视为无责任能力人。(译者注)

② 心神障碍，在韩国刑法中心神障碍意味着精神功能的障碍，包括精神病、精神脆弱以及严重的意识障碍和疾病等内容。(译者注)

③ 聋哑人：是指先天或者后天性地同时丧失听觉和发音功能的人。(译者注)

第十二条　被强迫的行为[①]

因不可抵抗的暴力或者对于危害自己或者其尊亲属生命、身体的威胁，无其他防御的胁迫方式而迫不得已的行为，不予处罚。

第十三条　犯意

未认识到犯罪构成要素的事实之行为，不予处罚。但是，法律有特别规定的情况除外。

第十四条　过失

在正常情况下，由于疏忽大意未认识到犯罪构成要件的事实之行为，其刑罚以法律有特别规定的为限。

第十五条　事实的错误

（一）未认识到应特别加重处罚之犯罪事实者，不以重罪处罚；

（二）对行为所引起的应加重刑事处罚之严重结果无法预见者，不以重罪处罚。

第十六条　法律的错误

误认为自己的行为依据法令不构成犯罪[②]的，限于对其误认确实有正当理

① 被强迫的行为即使是不法行为，也因其没有合法行为的期待可能性而阻却责任。但是，前提必须是“对自己或亲属的生命、健康”的无法抵御的暴力或者危害。（译者注）

② “误认为自己的行为依据法令不构成犯罪”，属于没有违法性认识的状态，即行为人误认为自己的行为依照法令不构成犯罪。（译者注）

由[①]的，不予处罚[②]。

第十七条　因果关系

行为未与犯罪要素的危险发生关联的，不因其结果予以处罚。

第十八条　不作为犯[③]

负有防止危险发生的义务或者因自己的行为引起危险发生的，而未防止危险发生的，依据危险发生所导致的结果处罚。

第十九条　独立行为的竞合

同时或者先后实施的独立行为之间发生竞合，无法判明导致结果之原因行为时，对各行为以未遂犯处罚。

第二十条　正当行为[④]

依据法令或者因业务时的行为，以及其他不违背社会常规的行为，不予处罚。

第二十一条　正当防卫

（一）为防卫当前对自己或者他人的法益[⑤]进行不正当侵害而采取的行为，具有相当的理由的，不予处罚；

（二）当防卫行为超过其程度的[⑥]，可以依据情况减轻或者免除处罚；

（三）前款行为发生在夜间或者其他不安状态下，由恐惧、惊愕、兴奋或者恐慌引起的，不予处罚。

---

① “对其误认确实有正当理由的”：首先，其误认具有正当的理由是指行为人的错误是无法回避的情况。其次对“正当的理由”的判断标准，也就是认识自己行为的违法性而且具有能够回避违法行为的能力却决意并实施违法行为时，否定具有“正当的理由”进而认定行为人的责任。(译者注)

② “不予处罚”：首先，具有正当的理由时阻却责任不构成犯罪，不予处罚；其次，不具有正当理由时不阻却责任，予以处罚；最后，即使没有被认定具有正当的理由，但可以根据过失的程度即回避可能性的程度减轻责任。(译者注)

③ 不作为犯：是指不为法律规范要求的作为而成立的犯罪不作为犯分为真正不作为犯和不真正不作为犯。

④ 正当行为：是指没有违背社会常规在国家与社会生活中被视为正当的行为。(译者注)

⑤ 法益：法益不仅仅限于权利方面，涵盖“法律上被保护的一切利益”。因而，除了生命、身体、名誉、财产、自由以外的，像各种社会关系也属于防卫的权益对象。(译者注)

⑥ “当防卫行为超过其程度的” 即防卫过当行为，该行为能够作为刑罚任意的减免事由的根据，不在于不法的减少或者消灭，而是在于责任的减少后消灭，因为过剩防卫时行为违法。(译者注)

第二十二条　紧急避难[①]

（一）为避免自己或者他人的法益遭受正在发生的危险实施的行为，具有相当的理由时，不予处罚；

（二）负有不得逃避危险责任的，不适用前款规定；

（三）前条第二款和第三款之规定，适用于本条。

第二十三条　自救行为

（一）按照法定程序不能保全请求权的情况下，为避免其请求权不能行使或者行使发生显著困难的行为，有正当理由的，不予处罚；

（二）前款行为过当的，依据情况减轻或者免除处罚。

第二十四条　被害者的承诺

依照有处分权者的承诺损害其法益的行为，法律没有特别规定的，不予处罚。

第二节　未遂犯

第二十五条　未遂犯

（一）已经着手实行的犯罪，尚未实行终了或者未发生结果的，以未遂犯处罚[②]；

（二）对未遂犯的处罚，可以比照既遂犯予以减轻。

第二十六条　中止犯

已经着手实行犯罪，行为人自动中止或者防止其结果发生的，减轻或者免除处罚。[③]

第二十七条　不能犯

因实行的手段或者对象错误，导致不可能发生结果，存在危险的仍予以处罚。但是，可以减轻或者免除处罚。[④]

---

① 紧急避难：紧急避难和正当防卫，两者的共同点在于均属于紧急行为而不被处罚，但是其在本质上和成立要件上有很大的不同。紧急避难未必是以违法的侵害为前提，是为了避免危难的行为也不是针对引起危难者而实施，是对与此无关的第三人利益实施。（译者注）

② 障碍未遂，属于任意的减轻。障碍未遂是指行为人着手实行犯罪以后，虽然意图发生结果，但是由于意外的障碍，没有发生结果的情况。（译者注）

③ 中止未遂，属于必要的减免。中止未遂是指行为人着手实行犯罪以后，为了阻止结果的发生，自意地中止实行行为或者防止结果发生的情况。（译者注）

④ 不能未遂，属于任意的减免。因犯罪的手段或对象的错误不可能发生结果，不过由于其具有危险性而以未遂犯处罚的情况。（译者注）

第二十八条　阴谋、预备

犯罪的阴谋或者预备行为尚未达到着手实行阶段，法律没有特别规定的，不予处罚。

第二十九条　对未遂犯的处罚

未遂犯的处罚，依据各条之规定。

第三节　共犯①

第三十条　共同正犯

二人以上共同实施犯罪的，各自以该罪的正犯处罚。

第三十一条　教唆犯②

（一）教唆他人实施犯罪者与实施犯罪者予以相同处罚；

（二）被教唆者承诺实施犯罪，但是未着手实行的，教唆者与被教唆者均以阴谋犯或者预备犯予以相应处罚；

（三）被教唆者为承诺实行犯罪的，对教唆者的处罚适用前款相关规定。

第三十二条　从犯③

（一）帮助他人实施犯罪的，以从犯处罚；

（二）对从犯的刑事处罚，比照正犯予以减轻。

第三十三条　共犯与身份

因身份关系成立的犯罪，其参与者即使没有身份关系，也适用前三条之规定。但是，因身份关系影响罪量刑轻重时，对没有身份关系者不予重罚。

第三十四条　对间接正犯④、特殊教唆犯、帮助犯的加重处罚

（一）因某行为未被处罚者或者因过失犯罪被处罚者，或者因教唆、帮助发生犯罪行为结果者，依照教唆犯或者帮助犯处罚；

（二）指挥、监督、教唆或者帮助他人实施犯罪造成前款后果的，对教唆犯罪行为者，应以正犯处罚或者再加重其刑罚的二分之一。对于帮助他人实施犯罪行为者，以正犯应处刑罚处罚。

---

① 共犯：既指犯罪形态又指犯罪人，包括多人参与实施的犯罪形态和参与所实施犯罪的多数人。(译者注)

② 教唆犯：使没有犯罪意思者决意犯罪并予以实施的犯罪，因此教唆犯不同于对已经决意犯罪者为了使其实行行为变得容易而提供的帮助犯或者从犯。(译者注)

③ 从犯：从犯的特点是使他人的实行行为变得容易，与使他人作出犯罪性决意的教唆不同，也与自己实施实行行为或者支配犯罪行为的共同正犯或者间接正犯具有明显的区别。(译者注)

④ 间接正犯：是把别人作为有生命的工具加以利用而实施犯罪。(译者注)

第四节 累犯

第三十五条 累犯

(一) 被判处徒刑以上的刑罚，刑罚执行终了或者被免除以后三年以内再犯应处徒刑以上刑罚的，以累犯论处；

(二) 累犯的刑罚，加重致其罪所定刑量的两倍。

第三十六条 判决宣告后发现为累犯的

判决宣判后发现为累犯的，可以将宣告之量刑累计再定。但是宣判的刑罚执行终了或者免除执行后的情形除外。

第五节 竞合犯

第三十七条 竞合犯

竞合犯，是指判决尚未确定的数罪或者已经判处确定徒刑以上的刑罚，且还有待判决确定者属于竞合犯。<改正 2004. 1. 20. >

第三十八条 竞合犯的处罚标准

(一) 同时判决竞合犯时，按照以下情况区别处罚：

1. 各罪所定最重刑罚为死刑、无期劳役或者无期徒刑的，以其中最重的刑罚处罚；

2. 各罪所定刑罚为死刑、无期劳役或者无期徒刑以外的同种刑罚的，以其中最重刑罚的刑期、额数再加重二分之一处罚，但是不得超过各罪所定刑罚刑期或者数额的总刑期或者数额，但是科料和科料、没收和没收可以并处；

3. 各罪所定刑罚为无期劳役或者无期徒刑以外的不同种类刑罚的可以并处。

(二) 前款各项所列情形判处劳役和徒刑的，以同种刑罚处罚。

第三十九条 未被判决的竞合犯、数罪判决与竞合犯、刑罚执行与竞合犯

(一) 在竞合犯中如有尚未判决的犯罪，应当考虑将其罪和判决已确定的罪同时作判决时的平衡性，宣告对其罪的刑罚。此时，对其刑罚可以减轻或者免除。<改正 2005. 7. 29. >

(二) 删除<2005. 7. 29. >

(三) 已经判处的竞合犯，有赦免或者免除刑罚数罪判决中的某一罪的情况，对其他犯罪重新判决定刑；

(四) 前三款的刑期，共计执行。

第四十条 想象竞合

某一行为触犯数个罪名的情况下，按其中一个最重罪行量刑处罚。

第三章 刑 罚

第一节 刑罚的种类与轻重

第四十一条 刑罚的种类

刑罚的种类如下：

1. 死刑①；
2. 劳役②；
3. 徒刑③；
4. 丧失资格④；
5. 中止资格⑤；
6. 罚金⑥；
7. 拘留⑦；
8. 科料⑧；

---

① 死刑：韩国法律规定死刑的执行方式为绞首刑，且不得公开执行。（译者注）

② 劳役刑：也称劳动教化刑，即在劳教所以强制劳动服刑。根据 2010 年 10 月 25 日法务部公布的刑法修正案自由刑的情况将废除，统一为有期徒刑。（译者注）

③ 徒刑：在韩国刑法中徒刑分为有期徒刑和无期徒刑。有期徒刑最多 30 年，加重时可以至 50 年。如果减刑，可以减至处罚期限的 1/2。与劳役刑不同的是徒刑无须劳动，但被判徒刑者自行提出申请，也可以参加劳动教养。（译者注）

④ 丧失资格：是剥夺任何法律资格的刑罚，是一种名誉刑。（译者注）

⑤ 中止资格：是剥夺全部或部分资格的刑罚，是一种名誉刑。（译者注）

⑥ 罚金是一种财产刑，是向国家缴纳一定金额的刑罚。罚金处罚的数额在 5 万韩元以上，如果处罚的数额不足 5 万韩元就叫作罚款。刑法对罚金的最低数额作出了限制性的规定，但是最高额数由刑罚各则以及其他法另行规定。罚金应当在 30 日内缴纳，如果拒不缴纳，将被留置劳役场服务。目前，罚金刑在所有刑罚之中占比例最高，不仅在于使被告人承担财产上的损失，而且限制其日常生活以及活动的自由，达到一定的惩戒和预防目的。（译者注）

⑦ 拘留是在拘留所或警察署内拘留 1 天以上 30 天以下的刑罚，是自由式拘留所中最轻的刑罚。主要是轻罪。拘留所虽然也是监狱的一种，但实际上作为代用监狱，被拘禁在警察所属拘留所的情况也很多。（译者注）

⑧ 科料是处以 2000 元以上 5 万元以下的金钱缴纳义务的刑罚。科料与罚金，在内容上相同，但是在数额上有差别。科料属于刑罚的一种，与属于行政处罚的“过怠料”有区别。现行刑法没有规定单处科料的犯罪。（译者注）

9. 没收[①]。

第四十二条　劳役或者徒刑的期限

劳役或者徒刑分为有期和无期两种。有期为一个月以上至三十年以下。但是，对有期劳役或者有期徒刑的刑期加重处罚时，不得超过五十年。<改正 2010. 4. 15. >

第四十三条　刑罚的宣告与丧失资格、中止资格

(一) 判处死刑、无期劳役或者无期徒刑者，丧失以下资格：

1. 成为公务员的资格；

2. 公法上的选举权和被选举权；

3. 符合法律条款规定的法律执业资格；

4. 担任法人的理事、监事或者经理以及其他有关法人业务的检查人或者财产管理人的资格。

(二) 判处有期劳役或者有期徒刑者，停止前款第一至三项所列资格，直至刑罚执行终了或者免除执行。但是，在其他法律有特别规定时按照该法执行。<改正 2016. 1. 6. >

第四十四条　资格停止

(一) 停止前条所列全部或者一部分资格，期限为一年以上十五年以下；

(二) 对有期劳役或者有期徒刑并处宣告资格停止的，从劳役或者徒刑执行终了或者免除之日起计算。

第四十五条　罚金

罚金刑五万元以上额度。但是，减轻处罚时可以少于五万元。<改正 1995. 12. 29. >

第四十六条　拘留

拘留期限为一日以上三十日以下。

第四十七条　科料

科料额度为二千元以上五万元以下。<改正 1995. 12. 29. >

第四十八条　没收的对象和追征

(一) 不属犯人以外者所有，或者犯罪后除犯人以外的人明知情况而取得的下列物品，可以全部或者部分没收：

1. 提供实施犯罪使用或者准备提供实施犯罪使用的财物；

---

① 没收是指扣押一定与犯罪行为有关的物品归国库的处分。一般来说，构成犯罪行为的物品、提供犯罪行为的物品、以犯罪行为为代价换取的物品等是没收的对象。没收与否取决于法官的裁量。刑法规定没收是附加刑，因此可以对宣判其他刑罚的情况进行征收。但也可以单独判处没收。虽然没收在形式上是一种刑罚，但其目的在于防止该物品产生的危险性，或者不让犯人在犯罪过程中获得不正当的利益。(译者注)

2. 因实施犯罪行为产生或者取得的财物；

3. 以前二项规定的内容为代价所取得的财物。

（二）无法没收前款所列物品的，应追征与其相等的价额。

（三）文书、图画、电子记录等特殊媒介记录或者有价证券属于没收范围的，该部分应予以销毁。

第四十九条　没收的附加性

没收附加于其他刑罚适用，但是对犯罪者不作出有罪裁决时，具有没收条件时可以独立宣告没收。

第五十条　刑罚的轻重

（一）刑罚的轻重，依据第四十一条所列顺序。但是，无期徒刑与有期劳役之间，以无期徒刑为重；有期徒刑刑期超过有期劳役的，以徒刑为重。

（二）同种刑罚，以法定最高刑罚较长或者额数较多者为重；法定最高刑相同的，以法定最低刑刑罚期较长或者额数较多者为重。

（三）除前二款规定外，依照犯罪性质与情节判定刑罚轻重。

第二节　量　刑

第五十一条　量刑的条件

量刑应参酌下列事项：

1. 犯人的年龄、性情行为、认知能力和所处环境；

2. 与被害人的关系；

3. 犯罪的动机、手段和结果；

4. 犯罪后的情况。

第五十二条　自首、自伏

（一）犯罪后向搜查责任机关自首的，可以减轻或者免除刑事处罚。

（二）实施违反被害人意思但未触犯法律的行为后向被害人自伏的，与前项规定相同。

第五十三条　酌情减轻

对于犯罪情节有可斟酌的情形时，可以酌量减轻处罚。

第五十四条　刑罚的选择与减轻

对一个犯罪规定的刑罚为数种时，可以斟酌量刑减轻处罚。

第五十五条　法律上的减轻

（一）法律上的减轻如下：<改正 2010. 4. 15. >

1. 死刑减轻的，减为无期或者二十年以上五十年以下劳役或者徒刑；

2. 无期劳役或者无期徒刑减轻的，减为十年以上五十年以下劳役或者徒刑；

3. 有期劳役或者有期徒刑减轻的，减为刑期的二分之一；

4. 丧失资格减轻的，减为七年以上丧失资格；

5. 中止资格减轻的，减为刑期的二分之一；

6. 罚金减轻的，减为额度的二分之一；

7. 拘留减轻的，减为刑期长度的二分之一；

8. 科料减轻的，减为额度的二分之一。

（二）法律上减轻事由为多个时，可以重复减轻。

第五十六条　加重、减轻的顺序

处罚加重或者减轻的事由发生后竞合时，依照下列顺序处理：

1. 依照各条各则规定加重的；

2. 依照第三十四条第二款加重的；

3. 累犯加重；

4. 法律上的减轻；

5. 竞合犯加重；

6. 酌量减轻。

第五十七条　判决宣告前拘押日数的计算

（一）判决宣告前的拘押日数，算入全部有期劳役、有期徒刑，罚金或者科料相关的留置或者拘留的日数中。<改正 2014. 12. 30. >

（二）在前款情况下，拘押一日折抵劳役、徒刑和罚金或者科料相关的留置或者拘留期间的一日。

第五十八条　判决的公示

（一）为了被告人的利益，认为有必要限于被害人提出请求的情况时，以被告人负担为条件可以宣告判决公示的主旨。

（二）对被告案件宣告无罪判决的，应当宣告无罪判决公示的宗旨。但是，被判无罪的被告人不同意宣告无罪判决公示的主旨或者无法征得被告人同意的情况除外。<改正 2014. 12. 30. >

（三）对被告案件宣告免诉的判决，可以宣告免诉公示的主旨。<新设 2014. 12. 30. >

第三节　刑罚的暂缓宣告

第五十九条　暂缓量刑的要件

（一）宣告判处一年以下劳役或者徒刑、中止资格或者罚金的情况，参酌第五十一条之规定对悔改表现显著者可以暂缓宣告。但是，曾被判处中止资格以上刑罚者除外。

（二）在并科处罚时，对于全部或者部分刑罚，可以暂缓宣告。

第五十九条之二　保护观察①

（一）判处暂缓宣告期间，为了防止再犯且有必要进行指导和援护时，可以责令其接受保护观察。

（二）第一款规定的保护观察期间为一年。

[本条新设 1995. 12. 29.]

第六十条　宣告暂缓的效力

自宣告暂缓之日起，经过二年期满的，视为免诉。

第六十一条　宣告暂缓的失效

（一）接受宣告暂缓的，在暂缓期间内被判处中止资格以上刑罚或者发现曾有判决中止资格以上刑罚前科的，应当宣告暂缓的刑罚。<改正 1995. 12. 29. >

（二）依照第五十九条第二款之规定，在保护观察期间违反遵守事项，情节严重的，宣告暂缓的刑罚。<新设 1995. 12. 29. >

第四节　刑罚的暂缓执行

第六十二条　暂缓执行的要件

（一）对判处三年以下的劳役、有期徒刑或者处五百万元以下罚金的情况，在参酌第五十一条规定事项的基础上，充分考虑案件的实际情况后，可以判处一年以上五年以下的暂缓执行。但是，不适用出现下列行为者：有重于徒刑的犯罪记录，且在宣判确定至服刑结束期间或者得到豁免后的三年之内再次犯罪者。<改正 2005. 7. 29. ，2016. 1. 6. >

（二）并处刑罚的情况下，可以对部分刑罚暂缓执行。

第六十二条之二　社会服务和听课命令

（一）缓期执行期间可以责令其接受保护观察，参加社会服务或者听课。

（二）依照第一款规定的保护观察期间为暂缓执行期间。但是，法院可以在暂缓期间内确定保护观察的期限。

---

① 保护观察，是指不拘禁而是以一定的义务为条件允许其自由的社会生活。由国家工作人员保护观察官或者由社会志愿服务者预防犯罪委员协助指导监督，帮助其纠正不良行为，促进其健康回归。保护观察是防止再犯的刑事制度（韩国法务部预防犯罪政策局，保护观察解释）。根据韩国《保护观察法》第 3 条第 1 款规定，符合下列情形的为被观察者：以监护为条件被判刑者；以监护为条件被暂缓宣告者；被假释或者临时出院者；依据《少年法》规定要受其他法律保护观察者。被保护观察所规定的人员保护观察所的场所违反了保护观察期间的遵守事项，如果其程度严重，不适合继续进行保护观察，那么可以向保护观察所所在地管辖的法院申请变更保护处分（《保护观察法》第 49 条第 1 款）。（译者注）

（三）社会服务命令或者听课命令在暂缓期间内执行。

[本条新设 1995. 12. 29.]

第六十三条　暂缓执行的失效

被判暂缓执行者，在缓期执行期间因故意犯罪被判处拘留以上的刑罚并经判决确定的，暂缓执行的效力宣告丧失。<改正 2005. 7. 29. >

第六十四条　暂缓执行的撤销

（一）被宣告暂缓执行后，因犯第六十二条第一款但书的事由被发现时，撤销暂缓执行的宣告。<改正 1995. 12. 29. >

（二）依据第六十二条第二款规定命令保护观察、社会服务或者听课命令的暂缓执行者，违反须遵守的事项或者命令情节严重的，可以撤销暂缓执行的宣告。<新设 1995. 12. 29. >

第六十五条　暂缓执行的效力

暂缓执行期限届满，暂缓执行的宣告没有失效或者没有被撤销的，原判暂缓执行的刑罚的宣告即失去效力。

第五节　刑罚的执行

第六十六条　死刑

死刑在刑务所内以绞首刑方式执行。

第六十七条　劳役

劳役在刑务所内以特定的劳动方式执行。

第六十八条　徒刑与拘留

徒刑与拘留在刑务所内以监禁的方式执行。

第六十九条　罚金与科料

（一）罚金和科料，应在判决之日起三十日内缴纳。但是判处罚金时，可以将犯人留置于劳役场内，直至罚金缴清为止。

（二）不缴纳罚金者，留置于劳役场服务作业一日以上三年以下；不缴纳科料者，留置于劳役场服务作业一日以上三十日以下。

第七十条　劳役场留置

（一）判处罚金或者科料时，应同时宣告未缴清罚金或者科料的留置期限。<改正 2014. 5. 14. >

（二）判处罚金一亿元[1]以上不满五亿元的，处三百日以上留置期限；五

---

[1] 数额指代韩元，现行流通韩国纸币 1000 韩元、5000 韩元、10000 韩元、50000 韩元 4 种；韩国铸币总共有 10 韩元、50 韩元、100 韩元、500 韩元 4 个币值。依照 2019 年 2 月 25 日汇率，10000 韩元约为 59. 58 人民币。（译者注）

亿元以上不满五十亿元的，处五百日以上留置期限；五十亿元以上的，应当规定一千日以上的留置期限。<新设 2014. 5. 14. >

第七十一条　留置日数的扣除

被处罚金或者科料而未缴纳其中的一部分的，按照罚金、科料的数额与留置期间的比例，扣除其相当于已缴纳的金额。

第六节　假　释

第七十二条　假释的要件

（一）被判无期劳役与徒刑在执行期间表现良好、悔改表现明显的，无期经过二十年，有期经过三分之一后，可以行政处分作出假释的决定。<改正 2010. 4. 15. >

（二）前款所列情形，并处罚金或者科料的应当缴清金额。

第七十三条　判决宣告前拘押与假释

（一）判决宣告前计入刑期的拘押日数，应当计入假释中已执行的期间。

（二）判决宣告前与罚金或者科料有关的留置期间之拘押日数，在前条第二款情况下视为缴纳的金额。

第七十三条之二　假释期间的保护观察

（一）假释的期间，无期刑为十年，有期刑为剩余刑期，其期间不能超过十年。

（二）被假释者在假释期间将接受保护观察。但是，许可假释的行政官厅认为没有必要的除外。[本条新设 1995. 12. 29]

第七十四条　假释的失效

假释期间被处刑罚的判决确定的，假释失去效力。但是因过失犯罪而被判刑罚的除外。

[全文改正 1995. 12. 29]

第七十五条　假释的撤销

被判处假释者，在假释期间违反监视规则或者保护观察遵守事项，情节严重的，可以撤销假释。

[全文改正 1995. 12. 29]

第七十六条　假释的效力

（一）受假释的处分后其处分没有失效或者被取消经过了假释的期间，视为刑罚的执行已终了。<改正 1995. 12. 29. >

（二）在前二条情况下，假释期的日数不计入刑期。

第七节　刑罚的时效

第七十七条　时效的效力

被判处刑罚者，因时效期限届满的免除执行。

第七十八条　时效的期限

执行时效已过是指在判决宣告处罚决定后，未及时执行处罚决定的情况。<改正 2017. 12. 12>

1. 死刑，为三十年；
2. 无期劳役或者无期徒刑，为二十年；
3. 十年以上劳役或者徒刑，为十五年；
4. 三年以上劳役、徒刑或者十年以上中止资格，为十年；
5. 不满三年的劳役、徒刑或者五年以上中止资格，为五年；
6. 不满五年的中止资格、罚金、没收或者追征，为三年；
7. 拘留或者科料，为一年。

第七十九条　时效的终止

（一）时效在刑罚的执行暂缓或者中止执行或者假释等其他不能执行期间，停止执行。<改正 2014. 5. 14. >

（二）犯罪者发生抗拒执行处罚的行为，或者以逃避处罚为目的潜逃至国外期间，停止进行。<实施 2014. 5. 14. >

第八十条　时效的中断

死刑、劳役、徒刑与拘留的时效，因受处罚者被逮捕而中断；罚金、科料、没收和追征的时效，因开始强制处分而中断。

第八节　刑罚的消灭

第八十一条　刑罚的失效

劳役、徒刑执行终了或者免除执行者补偿被害人的损失后，未再被判处停止资格以上刑罚的情形下经过七年的，可以依据本人或者检事的申请宣告恢复资格。

第八十二条　复权

被判处中止资格者，在补偿被害人的损失后，未再被判处中止资格以上刑罚的情形下经过停止期间的二分之一，可以依据本人或者检事的申请宣告恢复资格。

第四章 期 间

第八十三条 期间的计算

年或者月规定的期间，按照历数计算。

第八十四条 刑期的计算

（一）刑期自判决被确定之日计算。

（二）对于劳役、徒刑、拘留与留置，未被拘束的日数不计入刑期中。

第八十五条 刑罚的执行与时效的首日

刑罚的执行与时效期间的首日，无论时间长短，均以一日计算。

第八十六条

释放在刑期终了之日进行。

第二编 各 则

第一章 内乱罪

第八十七条 内乱

以僭窃国土[①]或者扰乱国宪为目的而实施暴动的，依下列标准处罚：

1. 首犯判处死刑、无期劳役或者无期徒刑；

2. 参与谋划、指挥或者从事其他重要任务的，处死刑、无期或者五年以上劳役或者徒刑。参与实施杀伤、破坏或者掠夺行为者亦同；

3. 附和随行或者单纯参与暴动的，处五年以下劳役或者徒刑。

第八十八条 杀人目的内乱

以僭窃国土或者扰乱国宪为目的而杀人的，处死刑、无期劳役或者无期徒刑。

第八十九条 未遂犯

前二条的未遂犯，予以处罚。

第九十条 预备、阴谋、煽动、宣传

（一）以实施第八十七条或者第八十八条之罪为目的而预备或者阴谋的，

---

① 僭窃国土：包括大韩民国行使主权的国土，以及非法排斥行使主权的行为。（译者注）

处三年以上有期劳役或者有期徒刑。但是实施犯罪前自首的，减轻或者免除刑事处罚。

（二）煽动或者宣传犯第八十七条或者第八十八条之罪的，处罚同前款。

第九十一条　扰乱国宪的定义

本章所谓以扰乱国宪为目的，是指有符合下列情形之一的：

（一）不遵守宪法或者法律规定的程序，导致宪法或者法律的功能近于灭失；

（二）以暴力颠覆依照宪法设置的国家机关或者使其无法行使权能的行为。

第二章　外患罪

第九十二条　诱致外患

与外国通谋引起战端或者通谋外国人与大韩民国为敌的，处死刑或者无期劳役。

第九十三条　通敌

与敌国合作对抗大韩民国的，处死刑。

第九十四条　募兵利敌

（一）为敌国募兵的，处死刑或者无期劳役。

（二）参加前款募兵的，处无期或者五年以上劳役。

第九十五条　提供设施利敌

（一）为敌国提供军用船舶、航空器及其他场所、设备或建筑物，作为要塞、阵营的，处死刑或者无期劳役。

（二）为敌国提供武器或者弹药及其他军用物资的，处罚同前款。

第九十六条　破坏设施利敌

为敌国利益毁坏前条所列的军事设施及其他物品或者使其无法使用的，处死刑或者无期劳役。

第九十七条　提供物资利敌

将非军事的武器、弹药或者可供战斗使用的物资提供给敌国的，处无期或者五年以上劳役。

第九十八条　间谍

（一）为敌国从事间谍活动或者帮助敌国间谍的，处死刑、无期或者七年以上劳役。

（二）将军事机密泄露给敌国的，处罚同前款。

第九十九条　一般利敌

除前七条所列内容外，损害大韩民国军事利益或者将军事利益提供给敌国的，处无期或者三年以上劳役。

第一百条　未遂犯

前八条规定的未遂犯，予以处罚。

第一百零一条　预备、阴谋、煽动、宣传

（一）预备或者阴谋犯第九十二条至第九十九条之罪的，处二年以上有期劳役。在实施犯罪前自首的，减轻或者免除刑事处罚。

（二）煽动或者宣传犯第九十二条至第九十九条之罪的，处罚同前款。

第一百零二条　准敌国

在第九十三条至前条各项罪名中，与大韩民国为敌的外国或者外国人团体，视为敌国。

第一百零三条　战时不履行军需契约

（一）战争或者事变之际，无正当理由不履行政府有关军需品或者军用工作物品契约的，处十年以下劳役。

（二）妨害履行前项契约的，处罚同前款。

第一百零四条　同盟国

本章规定适用对同盟国的行为。

第一百零四条之二　删除<1988. 12. 31. >

第三章　侵犯国旗罪

第一百零五条　亵渎国旗、国徽

以侮辱大韩民国为目的，损毁、焚烧、玷污国旗或者国徽的，处五年以下劳役、十年以下中止资格或者七百万以下罚金。<改正 1995. 12. 29. >

第一百零六条　诽谤国旗、国徽

以侮辱大韩民国为目的，诽谤国旗或者国徽的，处一年以下劳役或者徒刑、五年以下中止资格或者二百万元以下罚金。<改正 1995. 12. 29. >

第四章　妨害国交罪

第一百零七条　对外国元首的暴行等

（一）对停留在大韩民国的外国元首施加暴行或者胁迫的，处七年以下劳役或者徒刑。

（二）对前款规定的外国元首进行侮辱或者毁损其名誉的，处五年以下劳役或者徒刑。

第一百零八条　对外国使节的暴行等

（一）对派遣到大韩民国的外国使节施加暴行或者胁迫的，处五年以下劳役或者徒刑。

（二）对前款规定的外国使节加以侮辱或者毁损名誉的，处三年以下劳役或者徒刑。

第一百零九条　亵渎外国国旗、国徽

以侮辱外国为目的的毁损、除掉、玷污该国公用的国旗或者国徽的，处二年以下劳役或者三百万元以下罚金。<改正 1995. 12. 29. >

第一百一十条　被害人的意思

犯第一百零七条至第一百零九条之罪的，不得违反该国政府所明示的意思而提起公诉。<改正 1995. 12. 29. >

第一百一十一条　对外国私战

（一）对外国私战的，处一年以上有期徒刑。

（二）前项的未遂犯，予以处罚。

（三）预备或者阴谋犯第一款之罪的，处三年以下徒刑或者五百万元以下罚金。但是，犯罪前自首的，减轻或者免除处罚。<改正 1995. 12. 29. >

第一百一十二条　违反中立命令

在外国之间交战的情况下，违反有关中立命令的，处三年以下徒刑或者五百万元以下罚金。<改正 1995. 12. 29. >

第一百一十三条　泄露外交机密

（一）泄露外交机密的，处五年以下劳役或者一千万元以下罚金。

（二）以泄露为目的，探知或者搜集外交机密的，处罚同前款。

第五章　妨害公共安全罪

<改正 2013. 4. 5. >

第一百一十四条　组织犯罪集团

组织或者加入以实施应判处死刑、无期或者四年以上劳役的犯罪为目的的团体或者集团或者作为其组成人员实施活动的人员，以其目的犯罪的法定刑罚处分，但是可以减轻处罚。

[全文改正 2013. 4. 5.]

第一百一十五条　骚扰

聚众实施暴行、胁迫或者破坏行为的，处十年以下一年以上的劳役、徒刑或者一千五百万元以下罚金。<改正 1995. 12. 29. >

第一百一十六条　聚众不解散

以实施暴行、胁迫或者破坏行为为目的而聚众闹事的，接到有相关权力的公务员发出解散命令三次以上仍然不解散的，处二年以下劳役、徒刑或者三百万元以下罚金。<改正 1995. 12. 29. >

第一百一十七条　战时不履行契约

（一）在战争、天灾或者其他事变的情况下，无正当理由而不履行与国家或者公共团体缔结有关粮食及其他生活必需品的供给契约的，处三年以下劳役或者五百万元以下罚金。<改正 1995. 12. 29. >

（二）妨害前款契约履行的，处罚同前款。

（三）前二款情况下，可以并处罚金。

第一百一十八条　冒充公务员

冒充公务员资格而行使其职权的，处三年以下劳役或者七百万元以下罚金。<改正 1995. 12. 29. >

第六章　关于爆炸物的犯罪

第一百一十九条　使用爆炸物

（一）使用爆炸物侵害他人生命、身体或者财产及扰乱其他公共安全的，处死刑、无期或者七年以上劳役。

（二）在战争、天灾及其他事变的情况下实施前款之罪的，处死刑或者无期劳役。

（三）前二款未遂犯，予以处罚。

第一百二十条　预备、阴谋、煽动

（一）预备或者阴谋实施前条第一款、第二款之罪的，处二年以上有期劳役。在实施犯罪前自首的，减轻或者免除刑事处罚。

（二）煽动犯前条第一款、第二款之罪的，刑事处罚同前款。

第一百二十一条　战时制造爆炸物等

在战争或者事变之际，无正当理由制造、进口、出口、买卖或者持有爆炸物的，处十年以下劳役。

第七章　公务员职务犯罪

第一百二十二条　遗弃职务

公务员无正当理由拒绝履行或者放弃履行其职务的，处一年以下劳役、徒刑或者三年以下中止资格。

第一百二十三条　滥用职权

公务员滥用职权使他人做无义务实施之行为或者妨害他人行为权利的，处五年以下劳役，十年以下中止资格或者一千万元以下罚金。<改正 1995. 12. 29. >

第一百二十四条　非法逮捕、非法监禁

（一）判事、检事、警察[①]及其他依法执行人身拘束相关者或者协助上述人员执行职务者，滥用职权逮捕或者监禁他人的，处七年以下劳役或者十年以下中止资格。

（二）前款之未遂者，予以处罚。

第一百二十五条　暴行、刑讯行为

判事、检事、警察官及其他依法限制他人人身自由职务者或者协助上述人员执行职务者，执行职务时对刑事嫌疑人或者其他人施加暴力或者刑讯行为的，处五年以下劳役或者十年以下中止资格。

第一百二十六条　公开嫌疑事实

判事、检事、警察官及其他行使、监督、辅助犯罪搜查机关职务的人员，将因执行职务所悉知的嫌疑事实[②]在提起公诉之前予以公开的，处三年以下劳役或者五年以下中止资格。

第一百二十七条　泄露公务秘密

公务员或者曾任公务员泄露法定职务上悉知秘密的，处二年以下劳役、徒刑或者五年以下中止资格。

第一百二十八条　妨害选举

检事、警察或者担任军职的公务员，对法定选举人、候选人或者准候选人者以胁迫或者其他方法妨害其选举自由的，处十年以下劳役或者五年以上中止资格。

第一百二十九条　受贿、事前受贿

（一）公务员或者仲裁人，接受、索取或者约定与职务有关的贿赂的，处五年以下劳役或者十年以下中止资格。

（二）将担任公务员、仲裁者在履行职务中索要、约定收受或者收受财物的，处三年以下劳役或者七年以下中止资格。

---

① 警察：韩国警察的分类比较详细，本法中的“警察”指代国家警察公务员。（译者注）

② “将因执行职务所悉知的嫌疑事实”，是指根据韩国《公共机关信息披露法》第 9 条第 1 款第 1 项规定的非公开信息不能视为“其他法律规定为秘密或者非公开事项的信息”。

第一百三十条　向第三方提供贿赂

公务员或者仲裁者依其职务接受不正当请托，而将贿赂供与、索要或者约定供与第三方，处五年以下劳役或者十年以下中止资格。

第一百三十一条　受贿与徇私舞弊、事后受贿

（一）公务员与仲裁人实施前二条罪徇私舞弊的，处一年以上有期徒刑。

（二）公务员、仲裁人实施违背职务之不正行为后，收受、索要或者约定贿赂或者将贿赂供与或者约定供与第三方的，处罚同前款。

（三）任公务员、仲裁人在职期间接受请托，实施违背职务之不正行为，收受、索要或者约定贿赂的，处五年以下劳役或者十年以下中止资格。

（四）前三款情况下，可并处十年以下中止资格。

第一百三十二条　斡旋受贿

公务员利用职务斡旋属于其他公务员职务的事项，收受、索要或者约定贿赂的，处三年以下劳役或者七年以下中止资格。

第一百三十三条　贿赂供与

（一）供与或者约定供与或者表示第一百二十九条至第一百三十二条所列财物者，处五年以下劳役或者二千万元以下罚金。<改正 1995. 12. 29. >

（二）以提供前款行为为目的向第三方交付财物或者明知内情而收受交付的，处罚同前款。

第一百三十四条　没收、追征

行为人或者明知内情的第三方所收受的贿赂或者用于贿赂的财物，予以没收。无法没收的，追征与其相当的价额。

第一百三十五条　对公务员犯罪的加重处罚

公务员利用职务实施本章以外之罪的，加重至其罪所定刑罚的二分之一。但是，依照公务员的身份法律有特别规定的除外。

第八章　妨害公务罪

第一百三十六条　妨害公务执行

（一）对执行职务的公务员使用暴力或者胁迫的，处五年以下劳役或者一千万元以下罚金。

（二）对公务员以强迫、阻止其职务上的行为或者以使其辞职为目的使用暴力或者进行胁迫的，处罚同前款。<改正 1995. 12. 29. >

第一百三十七条　以欺骗方法妨害公务执行

以欺骗方法妨害公务员执行职务的，处五年以下劳役或者一千万元以下罚金。<改正 1995. 12. 29. >

第一百三十八条　侮辱法庭或者国会会议场所

以妨害、威胁法院裁判或者国会审议为目的，在法庭、国会会议场所或者其附近实施侮辱或者骚扰的，处三年以下劳役或者七百万元以下罚金。<改正 1995. 12. 29. >

第一百三十九条　妨害执行人权拥护职务

警察职务执行者或者协助者妨害检事执行有关人权拥护的职务或者不遵守其命令的，处五年以下劳役或者十年以下停职资格。

第一百四十条　公务上机密标志无效

（一）对于公务员执行职务时依法查扣、封印或者其他强制处分的标志加以损坏、隐匿或者以其他方式损害其效用的，处五年以下劳役或者七百万元以下罚金。<改正 1995. 12. 29. >

（二）非法开拆公务员依法执行职务秘密的封缄、文书或者图画的，处罚同前款。

（三）公务员因执行职务所设置的其他秘密档案、图画或者电子记录等特殊介质，利用技术手段取得其内容的，处罚同第一款。<改正 1995. 12. 29. >

第一百四十条之二　侵害不动产强制执行效用

以侵入强制执行并转让或者交付的不动产或者其他方法破坏强制执行效用者，处五年以下有期徒刑或者七百万元以下罚金。

[本条新设 1995. 12. 29.]

第一百四十一条　公用文书无效及破坏公用物

（一）对公务机关使用的文书及其他物件加以损坏、隐匿或者以其他方式损坏其效用的，处七年以下劳役或者一千万元以下罚金。<改正 1995. 12. 29. >

（二）对公务机关使用的建筑物、船舶或者飞行器实施破坏的，处一年以上十年以下劳役。

第一百四十二条　公务上的保管物无效

对依公务机关的命令保管或者因公务机关命令而由他人保管的自己物品，实施损坏、隐匿或者以其他方式损坏其效用的，处五年以下劳役或者七百万元以下罚金。<改正 1995. 12. 29. >

第一百四十三条　未遂犯

第一百四十条至前条的未遂犯，予以处罚。

第一百四十四条　妨害特殊公务

（一）以团体、聚众的暴力或者携带危险品实施第一百三十六条、第一百三十八条、第一百四十条至前条之罪的，再加重各条所定刑罚的二分之一。

（二）实施前款之罪致公务员伤害的，处三年以上有期劳役；致公务员死亡的，处无期或者五年以上有期劳役。<改正 1995. 12. 29. >

第九章　脱逃、隐匿犯人罪

第一百四十五条　脱逃、违反集合命令

（一）依法被逮捕或者被拘押者脱逃的，处一年以下有期劳役。

（二）前款中被拘押者，因天灾、事变或者其他法令暂时被解禁的情况下，无正当理由违反集合命令的，处罚同前款。

第一百四十六条　特殊脱逃

破坏监狱设备、器具或者对看守人员实施暴行或者胁迫的，或者二人以上合谋犯前条第一款之罪的，处七年以下有期劳役。

第一百四十七条　协助脱逃

放任依法被拘押者或者使其脱逃者，处十年以下有期劳役。

第一百四十八条　看守人员协助脱逃

看守、护送人员协助依法被拘押者脱逃的，处一年以上十年以下劳役。

第一百四十九条　未遂犯

前四条的未遂犯，予以处罚。

第一百五十条　预备、阴谋

预备或者阴谋实施第一百四十七条、第一百四十八条之罪的，处三年以下劳役。

第一百五十一条　窝藏犯人、尊亲属间的特例

（一）隐匿或者帮助的逃犯有应判罚金以上处罚的，处三年以下劳役或者五百万元以下罚金。<改正 1995. 12. 29. >

（二）尊亲属或者同居的家属为本人而实施前款行为的，不予处罚。<改正 2005. 3. 31. >

第十章　伪证与毁灭证据罪

第一百五十二条　伪证、谋害伪证

（一）依法宣誓的证人进行虚假陈述的，处五年以下劳役或者一千万元以下罚金。<改正 1995. 12. 29. >

（二）证人在刑事或者惩戒案件中，以陷害被告人、犯罪嫌疑人或者惩戒事件嫌疑人为目的实施前款之罪的，处十年以下劳役。

第一百五十三条　自白、自首

实施前条之罪，在供述案件的裁判或者惩戒处分尚未确定前自白或者自首的，减轻或者免除处罚。

第一百五十四条　虚假鉴定、通译①

依法宣誓的鉴定人、翻译人员，作虚假鉴定或者通译的，处罚同前二条。

第一百五十五条　毁灭证据与尊亲属间的特例

（一）在有关他人的刑事或者惩戒案件中，毁灭、隐匿、伪造、变造或者使用伪造、变造的证据的，处五年以下劳役或者七百万元以下罚金。<改正 1995. 12. 29. >

（二）在有关他人的刑事或者惩戒案件中，藏匿证人或者使其脱逃的，处罚同第一款。<改正 1995. 12. 29. >

（三）以陷害被告人、犯罪嫌疑人或者惩戒事件嫌疑人为目的，实施前二款之罪的，处十年以下劳役。

（四）尊亲属或者同居的家属为人犯而犯本条的，不予处罚。<改正 2005. 3. 31. >

第十一章　诬告罪

第一百五十六条　诬告

为使他人受到刑事处罚、惩戒处分为目的，向公务机关或者公务员提供、告发虚假事实的，处十年以下劳役或者一千五百万元罚金。<改正 1995. 12. 29. >

第一百五十七条　自白、自首

第一百五十三条之规定适用于前条。

第十二章　有关信仰的犯罪

第一百五十八条　妨害葬礼罪

妨害葬礼、祭奠、礼拜或者传教的，处三年以下劳役或者五百万元以下罚金。<改正 1995. 12. 29. >

第一百五十九条　侮辱尸体等

侮辱尸体、遗骸或者遗发的，处二年以下劳役或者五百万元以下罚金。

第一百六十条　挖掘坟墓

挖掘坟墓的，处五年以下劳役。

第一百六十一条　窃取尸体

（一）损坏、遗弃、隐匿或者取得尸体、遗骸、遗发或者藏于棺柩的物

① 通译：韩国语中“通译”为“口译、笔译”的合称。（译者注）

件，处七年以下劳役。

（二）挖掘坟墓而实施前款之罪的，处十年以下劳役。

第一百六十二条　未遂罪

前二条的未遂犯，予以处罚。

第一百六十三条　妨害意外死亡者的检验

隐匿、变更或者以其他方法妨碍非正常死亡尸检的，处七百万元以下罚金。[全文改正 1995. 12. 29.]

第十三章　放火与失火罪

第一百六十四条　现住建筑物等的放火

（一）放火烧毁他人用于居住或者正在使用的建筑物、火车、汽车、电车、船舶、飞行器或者矿坑的，处无期徒刑或者三年以上有期徒刑。

（二）实施第一款之罪致人受伤的，处无期徒刑或者五年以上有期徒刑；造成死亡的，处死刑、无期徒刑或者七年以上有期徒刑。

[全文改正 1995. 12. 29.]

第一百六十五条　公用建筑物的放火

放火烧毁公用或者用于公益事业的建筑物、火车、汽车、电车、船舶、飞行器或者矿坑的，处无期徒刑或者三年以上有期徒刑。

第一百六十六条　一般建筑物等的放火

（一）放火烧毁前二条所列以外的建筑物、火车、汽车、电车、船舶、飞行器或者矿坑的，处二年以上有期徒刑。

（二）烧毁自己所有的前款所述物品危害公共安全的，处七年以下有期徒刑或者一千万元以下罚金。

第一百六十七条　一般物品的放火

（一）放火烧毁前三条所列以外的物品危害公共安全的，处一年以上十年以下有期徒刑。

（二）前款物品属于自己所有的，处三年以下有期徒刑或者七百万元以下罚金。

第一百六十八条　延燃

（一）实施第一百六十六条第二款或者前条第二款之罪延燃到第一百六十四条、第一百六十五条或者一百六十六条第一款所列物品的，处一年以上十年以下有期徒刑。

（二）实施前条第二款之罪延燃前条第一款所列物品的，处五年以下有期徒刑。

第一百六十九条　妨害消防

火灾时，损坏、隐匿消防设施、物品或者以其他方式妨碍消防业务的，处十年以下有期徒刑。

第一百七十条　失火

（一）由于过失引起火灾，烧毁第一百六十四条、第一百六十五条所列物品或者烧毁第一百六十六条所列他人所有物品的，处一千五百万元以下罚金。<改正 1995. 12. 29. >

（二）因过失引起火灾，烧毁第一百六十六条、第一百六十七条所列自己所有物品危害公共安全的，处罚同前款。

第一百七十一条　业务上失火、重大失火

因业务上的过失或者重大过失，实施第一百七十条之罪的，处三年以下有期徒刑或者二千万元以下罚金。<改正 1995. 12. 29. >

第一百七十二条　爆炸物破裂

（一）致使锅炉、高压气体及其他易爆物品破裂，导致他人生命、身体或者财产发生危险的，处一年以上有期徒刑。

（二）实施第一款之罪致人受伤的，处无期徒刑或者三年以上有期徒刑；造成死亡的，处无期徒刑或者五年以上有期徒刑。

[全文改正 1995. 12. 29.]

第一百七十二条之二　煤气、电力等泄洪

（一）放出或者散布煤气、电、蒸汽或者放射线、放射性物质导致他人的生命、身体或者财产发生危险的，处一年以上十年以下有期徒刑。

（二）实施第一款罪致人受伤的，处无期徒刑或者三年以上有期徒刑；造成死亡的，处无期徒刑或者五年以上有期徒刑。

[本条新设 1995. 12. 29.]

第一百七十三条　燃气、电力等供应妨碍

（一）损坏或者拆除燃气、电、蒸汽设备或者以其他方式妨害燃气、电、蒸汽的供给或者使用导致危害公共安全的，处一年以上十年以下有期徒刑。<改正 1995. 12. 29. >

（二）损坏或者拆除公用煤气、电、蒸汽设备或者以其他方式阻碍燃气、电或者蒸汽的供应和使用的，处罚同前款。<改正 1995. 12. 29. >

（三）实施第一款或者第二款之罪致人伤害的，处二年以上有期徒刑；造成死亡的，处无期徒刑或者三年以上有期徒刑。<改正 1995. 12. 29. >

第一百七十三条之二　过失爆炸性东西破裂等

（一）过失实施第一百七十二条第一款、第一百七十二条第二款、第一百七十三条第一款和第二款罪的，处五年以下有期徒刑或者一千五百万元以下罚金。

（二）因业务过失或者重大过失实施第一款罪的，处七年以下有期徒刑或者二千万元以下罚金。

[本条新设 1995. 12. 29.]

第一百七十四条　未遂犯

第一百六十四条第一款、第一百六十五条、第一百六十六条第一款、第一百七十二条第一款、第一百七十二条第二款、第一百七十三条第一款和第二款之未遂犯，予以处罚。

[全文改正 1995. 12. 29.]

第一百七十五条　预备、阴谋

第一百六十四条第一款、第一百六十五条、第一百六十六条第一款、第一百七十二条第一款、第一百七十二条第二款、第一百七十三条第一款和第二款为犯罪目的预备或者阴谋的，处五年以下有期徒刑。但是在没有达到犯罪目的前自首的，减轻或者免除刑罚。

第一百七十六条　成为他人权利对象的自己的物品

行为人自己所有的物品，已受到扣押或者其他强制处分或者成为他人权利或者保险的标的物的情况下，适用本章规定视为他人的物品。

第十四章　溢水与水利罪

第一百七十七条　现住建筑物等的决水

（一）溢水损坏供他人居住或者正在使用的建筑物、火车、电车、汽车、船舶、航空器或者矿坑的，处无期徒刑或者三年以上有期徒刑。

（二）实施第一款罪致人伤害的，处无期徒刑或者五年以上有期徒刑；造成死亡的，处无期徒刑或者七年以上有期徒刑。

[全文改正 1995. 12. 29.]

第一百七十八条　公用建筑物等的决水

溢水损坏公用或者公益事业的建筑物、火车、电车、汽车、船舶、航空器或者矿坑的，处无期徒刑或者二年以上有期徒刑。

第一百七十九条　一般建筑物等决水

（一）溢水侵害前二条所列以外的建筑物、火车、电车、汽车、船舶、航空器或者矿井的人员，处一年以上十年以下有期劳役。

（二）溢水侵害属于自己所有的前款物品危害公共安全的，处三年以下有期徒刑或者七百万元以下罚金。<改正 1995. 12. 29. >

（三）第一百七十六条之规定适用于本条。

第一百八十条　妨害溢水

水灾时，损坏防水设施或者物品、隐匿或者以其他方法阻碍防水的，处十年以下有期徒刑。

第一百八十一条　过失溢水

因过失溢水造成第一百七十七条或者第一百七十八条所列物品或者第一百七十九条所列物品危害公共安全的，处一千万元以下罚金。<改正 1995. 12. 29. >

第一百八十二条　未遂犯

第一百七十七条至第一百七十九条第一款的未遂犯，予以处罚。

第一百八十三条　预备、阴谋

以犯罪为目的进行预备或者阴谋实施第一百七十七条至第一百七十九条第一款的，处三年以下有期徒刑。

第一百八十四条　妨害水利

决堤、损坏闸门或者以其他方法阻碍维修的，处五年以下有期徒刑或者七百万元以下罚金。<改正 1995. 12. 29. >

第十五章　妨害交通罪

第一百八十五条　妨害一般交通

破坏或者堵塞陆路、水路、桥梁或者以其他方式妨害交通的，处十年以下有期徒刑或者一千五百万元以下罚金。<改正 1995. 12. 29. >

第一百八十六条　妨害火车、船舶等交通

损毁轨道、灯塔、标志或者以其他方式阻碍火车、电车、汽车、船舶或者航空器交通的，处一年以上有期徒刑。

第一百八十七条　倾覆火车等

倾覆、埋没、坠落或者破坏正在使用的火车、电车，汽车、船舶或者航空器的，处无期徒刑或者三年以上有期徒刑。

第一百八十八条　妨害交通致人死伤

实施第一百八十五条至第一百八十七条之罪致人伤害的，处无期徒刑或者三年以上有期徒刑；造成死亡的，处无期徒刑或者五年以上有期徒刑。

[全文改正 1995. 12. 29.]

第一百八十九条　过失、业务过失、重大过失

（一）过失实施第一百八十五条至第一百八十七条之罪的，处一千万元以下罚金。<改正 1995. 12. 29. >

（二）因工作过失或者重大过失实施第一百八十五条至第一百八十七条之

罪的，处三年以下有期徒刑或者二千万元以下罚金。<改正 1995. 12. 29. >

第一百九十条　未遂犯

第一百八十五条至第一百八十七条未遂犯，予以处罚。

第一百九十一条　预备、阴谋

以犯罪为目的预备或者阴谋实施第一百八十六条或者第一百八十七条之罪的，处三年以下有期徒刑。

第十六章　妨害饮用水罪

第一百九十二条　妨害使用饮用水

（一）在日常饮用水中投放污物致水源无法使用的，处一年以下有期徒刑或者五百万元以下罚金。<改正 1995. 12. 29. >

（二）在前款所列饮用水中，掺入毒物或者其他危害健康的物品的，处十年以下有期徒刑。

第一百九十三条　妨害使用自来水

（一）在公众饮用的自来水或者水源地混入污物致无法使用的，处一年以上十年以下有期徒刑。

（二）在前款所列饮用水或者水源地掺入毒物或者其他危害健康的物品的，处二年以上有期徒刑。

第一百九十四条　饮用水投入毒物致人死伤

实施第一百九十二条第二款或者第一百九十三条第二款之罪，致人伤害的，处无期徒刑或者三年以上有期徒刑；造成死亡的，处无期徒刑或者五年以上有期徒刑。

[全文改正 1995. 12. 29.]

第一百九十五条　水道不通

对供应公众饮用水的自来水及其他设施，以损坏或者其他方法妨害供水的，处一年以上十年以下有期徒刑。

第一百九十六条　未遂犯

第一百九十二条第二款、第一百九十三条第三款和前条的未遂犯，予以处罚。

第一百九十七条　预备、阴谋

以犯罪为目的预备或者阴谋实施第一百九十二条第二款、第一百九十三条第二款或者第一百九十五条之罪的，处二年以下有期徒刑。

第十七章　鸦片罪

第一百九十八条　鸦片等毒品的制造

制造、进口、销售或者贩卖鸦片、吗啡或者其化合物的，处十年以下有期徒刑。

第一百九十九条　鸦片吸食器具的制造等

以制造、进口、销售或者贩卖鸦片吸食器具或者持有鸦片烟具的，处五年以下有期徒刑。

第二百条　海关公务员输入鸦片等

海关公务员进口或者允许进口鸦片、吗啡或者其化合物或者吸食器具的，处一年以上有期徒刑。

第二百零一条　吸食鸦片等毒品、提供吸食场所

（一）吸食鸦片或者注射吗啡的，处五年以下有期徒刑。

（二）提供吸食鸦片或者注射吗啡场所获取利益者，处罚同前款。

第二百零二条　未遂犯

前四条的未遂犯，予以处罚。

第二百零三条　惯犯

惯常性地犯前五条之罪者，再加重各条规定的刑罚的二分之一。

第二百零四条　并处中止资格、罚金

实施第一百九十八条至第二百零三条之罪的，可以并处中止资格十年以下或者二千万元以下罚金。<改正 1995. 12. 29. >

第二百零五条　持有鸦片等物

持有鸦片、吗啡或者其化合物或者鸦片吸食器具的，处一年以下有期徒刑或者五百万元以下罚金。<改正 1995. 12. 29. >

第二百零六条　没收、追征

犯本章之罪有关提供的鸦片、吗啡、其化合物或者鸦片吸食器具的，予以没收。无法没收的，追征与其相当的价额。

第十八章　妨害通货罪

第二百零七条　通货的伪造等

（一）以行使为目的，伪造、变造通用的大韩民国货币、纸币或者银行券的，处无期徒刑或者二年以上有期徒刑。

（二）以行使为目的，伪造、变造本国内流通的外国货币、纸币或者银行券的，处一年以上有期徒刑。

（三）以行使为目的，伪造、变造外国通用的货币、纸币或者银行券的，处十年以下有期徒刑。

（四）以行使为目的，输入或者输出前三项所列之伪造或者变造的通货的，按伪造、变造各罪处刑。

第二百零八条　取得伪造通货

以行使为目的实施第二百零七条之罪，取得伪造、变造记载货币的，处五年以下有期徒刑或者一千五百万元以下罚金。<改正 1995. 12. 29. >

第二百零九条　并处中止资格

实施第二百零七条或者第二百零八条之罪判处有期徒刑的，可以并处十年以下中止资格或者二千万元以下罚金。<改正 1995. 12. 29. >

第二百一十条　取得伪造通货后知情使用

取得第二百零七条所列货币后明知内情仍行使的，处二年以下有期徒刑或者五百万元以下罚金。<改正 1995. 12. 29. >

第二百一十一条　通货类似物的制造等

（一）制造、进口、出口以销售为目的在本国或者外国通用或者流通的货币、纸币或者银行券类似物品的，处三年以下有期徒刑或者七百万元以下罚金。<改正 1995. 12. 29. >

（二）贩卖前款所列物品的，处罚同前款。

第二百一十二条　未遂犯

实施第二百零七条、第二百零八条和前条的未遂犯，予以处罚。

第二百一十三条　预备、阴谋

以犯罪为目的预备或者阴谋实施第二百零七条第一款至第三款之罪的，处五年以下有期徒刑。但是，在实施犯罪之前自首的，减轻或者免除其刑罚。

第十九章　妨害有价证券、邮票与印花罪

第二百一十四条　伪造有价证券

（一）以行使为目的，伪造、变造大韩民国或者外国的公债券及其他有价证券的，处十年以下有期徒刑。

（二）以行使为目的，伪造、变造有关有价证券之权利义务的记载内容的，处罚同前款。

第二百一十五条　冒用资格制作有价证券

以行使为目的，利用他人资格制作有价证券或者记载有价证券权利义务

相关事项的，处十年以下有期徒刑。

第二百一十六条　印制虚假有价证券

以行使为目的，制作虚假的有价证券或者在有价证券上记载虚假事项的，处七年以下有期徒刑或者三千万元以下罚金。<改正 1995. 12. 29. >

第二百一十七条　使用伪造有价证券等

以行使为目的，非法输入或输出伪造、变造、制作或者虚假记载的有价证券，处十年以下有期徒刑。

第二百一十八条　邮票、印花的伪造等

（一）以行使为目的伪造、变造大韩民国或者外国印花、邮票和其他邮资单据的，处十年以下有期徒刑。<改正 1995. 12. 29. >

（二）以行使为目的，非法输入或输出伪造、变造的大韩民国或者外国印花、邮票和其他邮资凭证，处罚同前款。<改正 1995. 12. 29. >

第二百一十九条　取得伪造的邮票、印花等

以行使为目的，取得伪造、变造大韩民国或者外国印花、邮票和其他邮资凭证的，处三年以下有期徒刑或者一千万元以下罚金。<改正 1995. 12. 29. >

第二百二十条　并处中止资格、罚金

实施第二百一十四条至第二百一十九条之罪判处徒刑的，可以并处十年以下中止资格或者二千万元以下罚金。

[全文改正 1995. 12. 29.]

第二百二十一条　抹消印戳

以行使为目的，抹消大韩民国或者外国的印花、邮票和其他邮资凭证的印戳及其他使用标志的，处一年以下有期徒刑或者三百万元以下罚金。

[全文改正 1995. 12. 29.]

第二百二十二条　印花、邮票等类似物品的制造

（一）以销售为目的，制造、输入或者输出与大韩民国或者外国公债券、印花、邮票等表明邮资凭证相似的物品的，处二年以下有期徒刑或者五百万元以下罚金。<改正 1995. 12. 29. >

（二）贩卖前款所列物品的，处罚同前款。

第二百二十三条　未遂犯

实施第二百一十四条至第二百一十九条和前条之罪的未遂犯，予以处罚。

第二百二十四条　预备、阴谋

为了实施第二百一十四条、第二百一十五条和第二百一十八条第一款而预备或者阴谋的，处二年以下有期徒刑。

第二十章　妨害文书罪

第二百二十五条　伪造、变造公文

以行使为目的，伪造、变造公务员的文件、图画的，处十年以下有期徒刑。<改正 1995. 12. 29. >

第二百二十六条　冒用资格印制公文书类等

以行使为目的，冒用公务员的资格制作文件或者图画的，处十年以下有期徒刑。<改正 1995. 12. 29. >

第二百二十七条　制作虚假公文等

公务员以行使职务为目的，虚构、篡改与职务有关的虚假文书或者图画的，处七年以下有期徒刑或者二千万元以下罚金。

[全文改正 1995. 12. 29]

第二百二十七条之二　伪造、变造电子记录

以事务处理为目的，伪造或者变造公务员或者公务所的电子记录等特殊媒介记录的，处十年以下有期徒刑。

[本条新设 1995. 12. 29.]

第二百二十八条　公证证书正本等不实记载

（一）以虚假陈述方式，致使公务员在公证书原件或者此类电子记录等特殊媒介记录中记载或者录入不真实信息的，处五年以下有期徒刑或者一千万元以下罚金。<改正 1995. 12. 29. >

（二）以虚假申报方式，致使公务员在执照、许可证、登记证或者护照上录入不真实信息的，处三年以下有期徒刑或者七万元以下罚金。<改正 1995. 12. 29. >

第二百二十九条　使用伪造的公文类

实施第二百二十五条至第二百二十八条所列之罪，制作的文书、图画、电子记录等特殊媒介记录、公证证书原件、执照、许可证、登记证或者护照的，处各罪规定处刑。

[全文改正 1995. 12. 29]

第二百三十条　舞弊使用公文书

舞弊使用公务员或者公务所文书、图画等的，处二年以下有期徒刑、拘留或者五百万元以下罚金。<改正 1995. 12. 29. >

第二百三十一条　私人文书的伪造、变造

以行使为目的，伪造、变造有关他人权利义务或者以证明事实为目的的文件、图画的，处五年以下有期徒刑或者一千万元以下罚金。<改正

1995. 12. 29. >

第二百三十二条　冒用资格制作私人文件

以行使为目的，冒用他人资格制作有关权利义务或者事实证明的文件、图画的，处五年以下有期徒刑或者一千万元以下罚金。<改正 1995. 12. 29. >

第二百三十二条之二　私人电子记录的伪造、变造

以事务处理为目的，伪造、变造有关他人权利义务或者事实证明的电子记录等特殊媒介记录的，处五年以下有期徒刑或者一千万元以下罚金。

[本条新设 1995. 12. 29.]

第二百三十三条　出具虚假诊断书等

医师、中医、牙科医师或者助产师伪造诊断书、检验书或者有关生死证明的，处三年以下有期徒刑或者拘留、七年以下中止资格或者三千万元以下罚金。

[全文改正 1995. 12. 29.]

第二百三十四条　使用伪造的私人文件

实施第二百三十一条至第二百三十三条所列之制造的文书、图画或者电子记录等特殊媒介记录的，处各罪规定处刑。

[全文改正 1995. 12. 29]

第二百三十五条　未遂犯

实施第二百二十五条至第二百三十四条之未遂犯，予以处罚。<改正 1995. 12. 29. >

第二百三十六条　舞弊使用私人文书

舞弊使用有关他人权利义务或者以证明事实为目的的文书、图画等的，处二年以下有期徒刑、拘留或者五百万元以下罚金。<改正 1995. 12. 29. >

第二百三十七条　并处中止资格

实施第二百二十五条至第二百二十七条之二及其使用之罪被判处有期徒刑的，可以并处十年以下中止资格。<改正 1995. 12. 29. >

第二百三十七条之二　复印文件等

在本章之罪中，使用电子复印机、临摹传送机等类似机器复印的文件或者图画的复制件，视为文件或者图画。

[本条新设 1995. 12. 29.]

第二十一章　妨害印章罪

第二百三十八条　公章等的伪造、舞弊使用

(一) 以行使为目的，伪造或者冒用公务所的印章、签名、署名或者符号的，处五年以下有期徒刑。

（二）伪造或者舞弊使用公务员或者公务机关的印章、签名、署名或者符号的，处罚同前款。

（三）前二款情形下，可以并处七年以下中止资格。

第二百三十九条　私人印章的伪造、舞弊使用

（一）以行使为目的的伪造或者不当使用他人的印章、署名、记名或者记号的，处三年以下有期劳役。

（二）使用伪造或者不当使用他人印章、署名、记名或者记号的，处三年以下有期劳役。

第二百四十条　未遂犯

本章的未遂犯，予以处罚。

第二十二章　妨害风俗罪

<改正 1995. 12. 29. >

第二百四十一条　删除<2016. 1. 6. >

第二百四十二条　中介卖淫

以营利为目的，中介他人实施奸淫的，处三年以下有期徒刑或者一千五百万元以下罚金。<改正 1995. 12. 29. ，2012. 12. 18. >

第二百四十三条　散布淫画等

散布、贩卖或者出租、公然展示、放映淫秽文件、图画图片、胶片等其他物品的，处一年以下有期徒刑或者五百万元以下罚金。

[正文改正 1995. 12. 29.]

第二百四十四条　制作淫画等

以实施第二百四十三条为目的，制造、持有、输入或者输出淫秽物品的，处一年以下有期徒刑或者五百万元以下罚金。<改正 1995. 12. 29. >

第二百四十五条　公然秽乱

公然实施秽乱行为的，处一年以下有期徒刑、五万元以下罚金、拘留或者科料。<改正 1995. 12. 29. >

第二十三章　赌博与彩票罪

<改正 2013. 4. 5. >

第二百四十六条　赌博与惯常赌博

（一）赌徒处以一千万元以下罚金。但是为娱乐程度者，不在此列。

（二）惯常性实施第一款之罪的，处三年以下有期徒刑或者二千万元以下罚金。

[正文改正 2013. 4. 5.]

第二百四十七条　开设赌博场所

以营利为目的，开设赌博场所或者空间的，处五年以下有期徒刑或者三千万元以下罚金。

[正文改正 2013. 4. 5.]

第二百四十八条　贩卖彩票等

（一）销售非法发行彩票的，处五年以下有期徒刑或者三千万元以下罚金。

（二）介绍销售第一款彩票的，处三年以下有期徒刑或者二千万元以下罚金。

（三）取得第一款彩票的，处一千万元以下罚金。

[正文改正 2013. 4. 5.]

第二百四十九条　并处罚金

实施第二百四十六条第二款、第二百四十七条和第二百四十八条第一款之罪的，可以并处一千万元以下罚金。

[正文改正 2013. 4. 5]

第二十四章　杀人罪

第二百五十条　杀人、杀害尊亲属

（一）杀人者，处死刑、无期徒刑或者五年以上有期徒刑。

（二）杀害自己或者配偶直系尊亲属的，处死刑、无期徒刑或者七年以上有期徒刑。

<改正 1995. 12. 29. >

第二百五十一条　杀害婴儿

直系尊亲属为了隐瞒耻辱、预计无法抚养或者是因特别考虑的动机杀害正在分娩或者分娩后的婴儿的，处十年以下有期徒刑。

第二百五十二条　受托、承诺杀人等

（一）受托或者允诺杀人的，处一年以上十年以下有期徒刑。

（二）教唆或者帮助他人自杀的，处罚同前款。

第二百五十三条　以诱骗等嘱托杀人等

前条情形下，以诱骗、强暴、胁迫手段使他人追托、承诺或者使其决心自杀的，依照第二百五十条的规定处罚。

第二百五十四条　未遂犯

前四条的未遂犯，予以处罚。

第二百五十五条　预备、阴谋

以犯罪为目的，预备或者阴谋实施第二百五十条和第二百五十三条之罪者，处十年以下有期徒刑。

第二百五十六条　并处中止资格

实施第二百五十条、第二百五十二条或者第二百五十三条之罪的，判处有期徒刑的，可以并处十年以下中止资格。

第二十五章　伤害与暴行罪

第二百五十七条　伤害、尊亲属伤害

（一）伤害他人身体的，处七年以下有期徒刑、十年以下中止资格或者一千万元以下罚金。<改正 1995. 12. 29. >

（二）对自己或者配偶的直系尊亲属实施第一款之罪的，处十年以下有期徒刑或者一千五百万元以下罚金。<改正 1995. 12. 29. >

（三）前二款未遂犯，予以处罚。

第二百五十八条　重伤害、尊亲属重伤害

（一）伤害他人身体导致其生命发生危险的，处一年以上十年以下有期徒刑。

（二）伤害他人身体导致其伤残、绝症或者疑难疾病的，处罚同前款。

（三）对自己或者配偶的直系尊亲属实施前二款之罪的，处二年以上十五年以下有期徒刑。<改正 2016. 1. 6. >

第二百五十八条之二　特殊伤害

（一）携带具有威力或者危险物品至团体或者公众聚集区域，实施第二百五十七条第一款或者第二款之罪的，处一年以上十年以下有期徒刑。

（二）以团体、聚众的暴力或者携带危险物品实施第二百五十八条之罪的，处二年以上二十年以下有期徒刑。

（三）第一款未遂犯，予以处罚。

[本条新设 2016. 1. 6.]

第二百五十九条　伤害致死

（一）伤害他人身体导致其死亡的，处三年以上有期徒刑。<改正 2016. 1. 6. >

（二）对自己或者配偶的直系尊亲属实施前款之罪的，处无期徒刑或者五年以上有期徒刑。<改正 2016. 1. 6. >

第二百六十条　暴行、尊亲属暴行

（一）对他人身体施以暴力的，处二年以下有期徒刑、五百万元以下罚金、拘留或者科料。<改正 2016. 1. 6. >

（二）对自己或者配偶的直系尊亲属实施第一款之罪的，处五年以下有期徒刑或者七万元以下罚金。<改正 2016. 1. 6. >

（三）实施第一款、第二款之罪，不得违背被害人明示之意提起公诉。<改正 2016. 1. 6. >

第二百六十一条　特殊暴行

以团体、聚众的暴力或者携带危险物品实施第二百六十条第一款或者第二款之罪的，处五年以下有期徒刑或者一千万元以下罚金。

第二百六十二条　暴行致死伤

实施前二条罪致人死伤的，依据第二百五十七条至第二百五十九条之规定处罚。

第二百六十三条　同时犯①

独立行为发生竞合，伤害结果无法判明孰为死伤原因的，按照共同正犯处罚。

第二百六十四条　惯常犯

惯常性实施第二百五十七条、第二百五十八条、第二百六十条或者第二百六十一条之罪的，再加重其罪所定刑量的二分之一。<改正 2016. 1. 6. >

第二百六十五条　并处中止资格

实施第二百五十七条第二款、第二百五十八条、第二百六十一条第二款、第二百六十一条或者前条之罪的，可以并处十年以下中止资格。<改正 2016. 1. 6. >

第二十六章　过失致死伤罪

<改正 1995. 12. 29. >

第二百六十六条　过失伤害

（一）过失致他人身体受到伤害的，处五百万元以下罚金、拘留或者科料。<改正 1995. 12. 29. >

（二）实施第一款之罪，不得违背被害人明示之意提起公诉。<改正

① 同时犯：又称为独立行为的竞合，是指没有意思联络的数个人的行为关联到所发生同一个结果的情况。同时犯时在犯罪人相互之间没有意思联络，数个行为偶然的同时或非同时实施导致了结果发生的情况。（译者注）

1995. 12. 29. >

第二百六十七条　过失致死

过失致人死亡的，处二年以下有期徒刑或者七万元以下罚金。<改正 1995. 12. 29. >

第二百六十八条　业务上过失、重大过失

因工作过失或者重大过失致人死亡的，处五年以下有期徒刑或者二千万元以下罚金。

第二十七章　堕胎罪

第二百六十九条　堕胎

（一）女性以药物等其他方法堕胎的，处一年以下有期徒刑或者二百万元以下罚金。<改正 1995. 12. 29. >

（二）接受女性的委托或者承诺使其堕胎的，处罚同第一款。

（三）实施第二款罪导致女性受到伤害的，处三年以下有期徒刑；致人死亡的，处七年以下有期徒刑。<改正 1995. 12. 29. >

第二百七十条　医生等堕胎、未经同意堕胎

（一）医生、中医、助产师或者药师接受女性委托或者承诺使其堕胎的，处二年以下有期徒刑。<改正 1995. 12. 29. >

（二）未经妇女委托或者允许使其堕胎的，处三年以下有期徒刑。

（三）实施第一款或者第二款之罪导致女性受到伤害的，处五年以下有期徒刑；导致女性死亡的，处十年以下有期徒刑。<改正 1995. 12. 29. >

（四）实施前三款之罪的，并处中止资格七年以下。<改正 1995. 12. 29. >

第二十八章　遗弃与虐待罪

<改正 1995. 12. 29. >

第二百七十一条　遗弃、遗弃尊亲属

（一）在法律上或者契约上有义务保护老、幼、病、残或者其他需要扶持人的义务却遗弃的，处三年以下有期徒刑或者五百万元以下罚金。<改正 1995. 12. 29. >

（二）对自己或者配偶的直系尊亲属实施第一款罪的，处十年以下有期徒刑或者一千五百万元以下罚金。<改正 1995. 12. 29. >

（三）实施第一款之罪使他人生命发生危险的，处七年以下有期徒刑。

（四）实施第二款之罪使他人生命发生危险的，处二年以上有期徒刑。

第二百七十二条　遗弃婴儿

直系尊亲属为了隐瞒耻辱或者预计无法抚养或者因其他值得考虑的动机遗弃婴儿的，处二年以下有期徒刑或者三万元以下罚金。

第二百七十三条　虐待、虐待尊亲属

（一）对于受自己保护或者监护者加以虐待的，处二年以下有期徒刑或者五百万元以下罚金。<改正 1995. 12. 29. >

（二）对自己或者配偶的直系尊亲属实施前款罪的，处五年以下有期徒刑或者七万元以下罚金。<改正 1995. 12. 29. >

第二百七十四条　摧残儿童

将自己保护或者监护的不满十六周岁之未成年人，引渡给准备从事对生命或身体有危险业务的营业主或者其业务人员的，处五年以下有期徒刑。接受引渡者，处罚亦同。

第二百七十五条　遗弃致人死伤

（一）实施第二百七十一条至第二百七十三条之罪导致他人伤害的，处七年以下有期徒刑；造成死亡的，处三年以上有期徒刑。

（二）对自己或者配偶的直系尊亲属实施第二百七十一条或者第二百七十三条之罪致伤害的，处三年以上有期徒刑；造成死亡的，处无期徒刑或者五年以上有期徒刑。

[全文改正 1995. 12. 29.]

第二十九章　非法逮捕与监禁罪

第二百七十六条　逮捕和监禁、尊亲属逮捕和尊亲属监禁

（一）非法逮捕或者监禁他人的，处五年以下有期徒刑或者七万元以下罚金。<改正 1995. 12. 29. >

（二）对自己或者配偶的直系尊亲属实施第一款之罪的，处十年以下有期徒刑或者一千五百万元以下罚金。<改正 1995. 12. 29. >

第二百七十七条　严重逮捕和严重监禁、尊亲属严重逮捕和尊亲属严重监禁

（一）非法逮捕或者监禁他人并实施残酷行为的，处七年以下有期徒刑。

（二）对自己或者配偶的直系尊亲属实施前款之罪的，处二年以上有期劳役。

第二百七十八条　特殊逮捕、特殊监禁

以团体、聚众的暴力或者携带危险物品实施前二条之罪的，加重至其罪所定刑量的二分之一。

第二百七十九条　惯常犯

惯常性实施第二百七十六条或者第二百七十七条之罪的，依照前条规定处罚。

第二百八十条　未遂犯

前四条的未遂犯，予以处罚。

第二百八十一条　逮捕、监禁等致人死伤

（一）实施第二百七十六条至第二百八十条之罪导致他人伤害的，处一年以上有期徒刑；造成死亡的，处三年以上有期徒刑。

（二）对自己或者配偶的直系尊亲属实施第二百七十六条至第二百八十条之罪导致他人伤害的，处二年以上有期徒刑；造成死亡的，处无期徒刑或者五年以上有期徒刑。

[全文改正 1995. 12. 29.]

第二百八十二条　并处中止资格

本章之罪，可并处中止资格十年以下。

第三十章　胁迫罪

第二百八十三条　胁迫、尊亲属胁迫

（一）胁迫他人的，处三年以下有期徒刑、五百万元以下罚金、拘留或科料。

（二）对自己或者配偶的直系尊亲属实施第一款之罪的，处五年以下有期徒刑或者七万元以下罚金。

（三）实施第一款、第二款之罪，不得违背被害人明示之意提起公诉。

第二百八十四条　特殊胁迫

以团体、聚众的暴力或者携带危险物品实施前条第一款、第二款之罪的，处七年以下有期徒刑或者一千万元以下罚金。

第二百八十五条　惯常犯

惯常性实施第二百八十三条第一款、第二款或者前条之罪的，加重其罪所定刑量的二分之一。

第二百八十六条　未遂犯

前三条的未遂犯，予以处罚。

第三十一章　掠取、诱拐与买卖人口罪

<改正 2013. 4. 5. >

第二百八十七条　掠取、诱拐未成年人

掠取或者诱拐未成年人的，处十年以下有期徒刑。

[全文改正 2013. 4. 5.]

第二百八十八条　以猥亵等为目的的掠取、引诱等

（一）猥亵、奸淫、结婚或者以营利为目的掠取或者诱拐他人的，处一年以上十年以下有期徒刑。

（二）以劳动力剥削、性买卖和性剥削、摘除器官为目的掠取或者诱拐他人的，处二年以上十五年以下有期徒刑。

（三）以移送境外为目的掠取、引诱他人，或者将掠取、拐卖之人遣送出境的，同第二款之处罚。

[全文改正 2013. 4. 5.]

第二百八十九条　买卖人口

（一）买卖人口的，处七年以下有期徒刑。

（二）猥亵、奸淫、结婚或者以营利为目的买卖人口的，处一年以上十年以下有期徒刑。

（三）以劳动力剥削、性买卖和性剥削、摘除器官为目的买卖人口的，处二年以上十五年以下有期徒刑。

（四）以移送境外为目的买卖人口或者将买卖的人遣送出境的，同第三款之处罚。

[全文改正 2013. 4. 5.]

第二百九十条　掠取、诱骗、买卖、移送等伤害、致伤

（一）实施第二百八十七条至第二百八十九条之罪，伤害被掠取、诱骗、买卖或者移送者的，处三年以上二十五年以下有期徒刑。

（二）实施第二百八十七条至第二百八十九条之罪，导致被掠取、诱骗、买卖或者移送者受到伤害的，处二年以上二十年以下有期徒刑。

[全文改正 2013. 4. 5.]

第二百九十一条　掠取、诱骗、买卖、移送等杀害、致死

（一）实施第二百八十七条至第二百八十九条之罪，杀害掠取、诱骗、买卖或者移送者的，处死刑、无期徒刑或者七年以上有期徒刑。

（二）实施第二百八十七条至第二百八十九条之罪，致被掠取、诱骗、买卖或者移送者死亡的，处无期徒刑或者五年以上有期徒刑。

[全文改正 2013. 4. 5.]

第二百九十二条　被掠取、诱骗、买卖、移送者的接受和藏匿等

（一）实施第二百八十七条至第二百八十九条之罪，接受或者藏匿被掠取、诱骗、买卖或者移送者的，处七年以下有期徒刑。

（二）实施第二百八十七条至第二百八十九条之罪，进行征集、运输、传递的，同第一款处罚。

［全文改正 2013. 4. 5.］

第二百九十三条　删除<2013. 4. 5.>

第二百九十四条　未遂犯

实施第二百八十七条至第二百八十九条、第二百九十条第一款、第二百九十一条第一款和第二百九十二条第一款之未遂犯，予以处罚。

［全文改正 2013. 4. 5.］

第二百九十五条　并处罚金

实施第二百八十八条至第二百九十一条、第二百九十二条第一款之罪及未遂犯，可并处五千万元以下罚金。

［全文改正 2013. 4. 5.］

第二百九十五条之二　减轻刑事处罚

实施第二百八十七条至第二百九十条、第二百九十二条和第二百九十四条之罪者，将被掠取、诱骗、买卖或者移送者释放至安全场所的，可以减轻其刑罚。［全文改正 2013. 4. 5.］

第二百九十六条　预备、阴谋

预备或者阴谋实施第二百八十七条至第二百八十九条第一款、第二百九十一条第一款和第二百九十二条第一款之罪者，处三年以下有期徒刑。

［全文改正 2013. 4. 5.］

第二百九十六条之二　世界主义

第二百八十七条至第二百九十二条及第二百九十四条，适用于在大韩民国领域外犯罪的外国人。

［本条新设 2013. 4. 5.］

第三十二章　猥亵和强奸罪

<改正 1995. 12. 29.>

第二百九十七条　强奸

以暴力或者胁迫手段强奸他人的，处三年以上有期徒刑。<改正 2012. 12. 18.>

第二百九十七条之二　类似强奸

以暴力或者胁迫的方法实施将生殖器塞入他人的口腔、肛门等身体（生殖器官除外）的内部或者向生殖器、肛门塞入手指、头部等身体（生殖器官除外）的一部分或者道具行为者，处二年以上有期劳役。

［本条新设 2013. 4. 5.］

第二百九十八条　强制猥亵

以暴行或者胁迫手段，对他人进行猥亵的，处十年以下劳役或者一千五百万元罚金。

[改正 1995. 12. 29.]

第二百九十九条　准强奸、准强制猥亵

利用他人心神丧失或者不可抗拒的状态进行奸淫或者强制猥亵的，依照第二百九十七条、第二百九十七条之二和第二百九十八条的规定处罚。<改正 2012. 12. 18. >

第三百条　未遂犯

第二百九十七条、第二百九十七条之二、第二百九十八条和第二百九十九条之未遂犯，予以处罚。<改正 2012. 12. 18. >

第三百零一条　强奸等伤害、致伤

实施第二百九十七条、第二百九十七条之二、第二百九十八条至第三百条之罪，伤害他人或者致他人受到伤害的，处无期徒刑或者五年以上有期徒刑。

<改正 2012. 12. 18. >

[全文改正 1995. 12. 29.]

第三百零一条之二　强奸等杀人、致死

实施第二百九十七条、第二百九十七条之二及第二百九十八条至第三百条之罪者，杀害他人的，处死刑或者无期徒刑；造成死亡的，处无期徒刑或者十年以上有期徒刑。

<改正 2012. 12. 18. >

[本条新设 1995. 12. 29.]

第三百零二条　奸淫未成年人

使用欺骗或者暴力手段对未成年人或者心神微弱者进行奸淫、猥亵的，处五年以下有期徒刑。

第三百零三条　利用业务等优势奸淫

(一) 以欺骗或者暴力手段对业务、雇用或者其他受到自己保护或者监护关系者进行奸淫的，处七年以下有期徒刑或者三千万元以下罚金。

<改正 1995. 12. 29.，2012. 12. 18.，2018. 10. 16. >

(二) 对被依法进行拘押、监护者进行奸淫的，处十年以下有期徒刑。

<改正 2012. 12. 18.，2018. 10. 16. >

第三百零四条　删除　<2012. 12. 18. >

第三百零五条　对未成年人的奸淫、猥亵

对不满十三周岁的未成年人进行奸淫、猥亵的，依据第二百九十七条、第二百九十七条之二、第二百九十八条、第三百零一条或者第三百零一条之

二之规定处罚。<改正 1995. 12. 29. ，2012. 12. 18. >

第三百零五条之二　惯常犯

惯常性实施第二百九十七条、第二百九十七条之二、第二百九十八条至第三百条、第三百零三条或者第三百零五条之罪者，加重其罪所定刑量的二分之一。<改正 2012. 12. 18. >

[本条新设 2010. 4. 15.]

第三百零六条　删除<2012. 12. 18. >

第三十三章　诽谤罪

第三百零七条　诽谤名誉

（一）公然散布不为人所知的事实损坏他人名誉的，处二年以下有期徒刑、拘留或者五百万元以下罚金。<改正 1995. 12. 29. >

（二）公然散布虚假事实损害他人名誉的，处五年以下有期徒刑、十年以下中止资格或者一千万元以下罚金。<改正 1995. 12. 29. >

第三百零八条　诽谤死者名誉

公然散布虚假事实损坏死者名誉的，处二年以下有期徒刑、拘留或者五百万元以下罚金。

第三百零九条　以出版物等诽谤名誉

（一）以诽谤他人为目的，通过报刊、杂志或者广播及其他出版物，实施第三百零七条第一款之罪的，处三年以下有期徒刑、拘留或者七百元以下罚金。<改正 1995. 12. 29. >

（二）以第一款方式实施第三百零七条第二款之罪的，处七年以下有期徒刑、中止资格十年以下或者处一千五百万元以下罚金。<改正 1995. 12. 29. >

第三百一十条　违法性的阻却

第三百零七条第一款之行为，确为真实事实且只涉及公共利益的，不予处罚。

第三百一十一条　侮辱

公然侮辱他人的，处一年以下有期徒刑、拘留或者二百万元以下罚金。<改正 1995. 12. 29. >

第三百一十二条　告诉与被害人之意

（一）第三百零八条和第三百一十一条之罪，只有告诉的才可提起公诉。<改正 1995. 12. 29. >

（二）第三百零七条和第三百零九条之罪，不得违背被害人明示之意提起公诉。<改正 1995. 12. 29. >

第三十四章　妨害信用、业务和拍卖罪

第三百一十三条　妨害信用

散布虚假事实或者以其他欺骗手段妨害他人信用的，处五年以下有期徒刑或者一千五百万元以下罚金。<改正 1995. 12. 29. >

第三百一十四条　妨害业务

（一）以第三百一十三条之方式或者威力阻碍他人业务的，处五年以下有期徒刑或者一千五百万元以下罚金。<改正 1995. 12. 29. >

（二）损毁计算机等信息处理装置或者电子记录等特殊介质记录，对信息处理装置输入虚假或者不正当的命令或者以其他方法干扰信息处理的，处罚同第一款。<新设 1995. 12. 29. >

第三百一十五条　妨害拍卖、投标

以欺骗、暴力或者其他方式妨害拍卖或者招标公正的，处二年以下有期徒刑或者七百万元以下罚金。<改正 1995. 12. 29. >

第三十五章　妨害秘密罪

第三百一十六条　妨害秘密

（一）私自拆启他人信件、文件或者图画的，处三年以下有期徒刑、拘留或者五百万元以下罚金。<改正 1995. 12. 29. >

（二）采用技术手段获取他人封缄的秘密装置、信件、文件、图画或者电子记录等特殊媒介记录中内容的，处罚同第一款。<新设 1995. 12. 29. >

第三百一十七条　泄露业务上的秘密

（一）医师、中医、牙科医师、助产师、律师、注册会计师、公证员、公证人、代书业者或者其职务上的助理或者此类人员，泄露在其业务处理中知悉的他人秘密的，处三年以下有期徒刑、拘留，停职资格十年以下或者七百万元以下罚金。<改正 1995. 12. 29. ，1997. 12. 13. >

（二）从事宗教职务或者曾经从事此类职务者，泄露因职务知悉的他人的秘密，处罚同前款。

第三百一十八条　告诉

本章之罪，必须告诉才可提起公诉。

第三十六章　侵入住宅罪

第三百一十九条　侵入住宅、拒不退出

（一）侵入他人的住宅、管理的建筑物、船舶、航空器或者他人占有的房屋的，处三年以下有期徒刑或者五百万元以下罚金。<改正 1995. 12. 29. >

（二）在前款场所被要求退出且拒不退出的，处罚同前款。

第三百二十条　特殊侵入住宅

以团体、聚众的暴力或者携带危险物品实施前条之罪的，处五年以下有期徒刑。

第三百二十一条　搜查人身、住宅

对他人的身体、居住、管理的建筑物、汽车、船舶、航空器或者占有的房间进行搜查的，处三年以下有期徒刑。<改正 1995. 12. 29. >

第三百二十二条　未遂犯

本章未遂犯，予以处罚。

第三十七章　妨害权利行使罪

第三百二十三条　妨害权利行使

对已经成为他人占有或者权利目标之自己的物品或者电子记录等特殊媒介记录，采取拿走、隐匿或者损毁妨害他人行使权利的，处五年以下有期徒刑或者七百万元以下罚金。<改正 1995. 12. 29. >

第三百二十四条　强制

（一）以暴力或者胁迫的手段阻碍他人行使权利或者从事无义务行为的，处五年以下有期徒刑或者三千万元以下罚金。<改正 1995. 12. 29. , 2016. 1. 6. >

（二）以团体、聚众的暴力或者携带危险物品实施第一款之罪的，处十年以下有期徒刑或者五千万元以下罚金。<新设 2016. 1. 6. >

第三百二十四条之二　人质强制

将他人逮捕、监禁、掠取或者引诱为人质，妨害第三方行使权利或者从事无义务行为的，处三年以上有期徒刑。

[本条新设 1995. 12. 29.]

第三百二十四条之三　人质伤害、致伤

实施第三百二十四条之二之罪，使人质受伤或者造成伤害的，处无期徒刑或者五年以上有期徒刑。

[本条新设 1995. 12. 29.]

第三百二十四条之四　人质杀害、致死

实施第三百二十四条之二之罪杀害人质的，处死刑或者无期徒刑；造成死亡的，处无期徒刑或者十年以上有期徒刑。

[本条新设 1995. 12. 29.]

第三百二十四条之五　未遂犯

实施第三百二十四条至第三百二十四条之四之未遂犯，予以处罚。

[本条新设 1995. 12. 29.]

第三百二十四条之六　减轻刑罚

实施第三百二十四条第二款或者第三百二十四条之三之罪及其未遂犯，将人质释放到安全场所的，可以减轻其刑罚。

[本条新设 1995. 12. 29.]

第三百二十五条　占有强取、准占有强取

(一) 以暴力或者胁迫的方式强取属于他人合法占有的自己物品的，处七年以下有期徒刑或者中止资格十年以下。

(二) 以暴力或者胁迫的方式对属于他人合法占有的自己物品，进行抗拒夺回、逃避逮捕或者灭失罪证的，处罚同前款。

(三) 前二款的未遂犯，予以处罚。

第三百二十六条　严重妨害权利行使

实施第三百二十四条或者第三百二十五条之罪导致他人生命发生危险的，处十年以下有期徒刑。<改正 1995. 12. 29. >

第三百二十七条　逃避强制执行

以逃避强制执行为目的，隐匿、损坏、转让财产，或者承担虚假债务危害债权人利益的，处三年以下有期徒刑或者一千万元以下罚金。<改正 1995. 12. 29. >

第三百二十八条　亲属间的犯罪与控告

(一) 直系血亲、配偶、同居亲属、同居家属或者配偶之间，实施第三百二十三条之罪的，免除刑罚。<改正 2005. 3. 31. >

(二) 第一款以外的亲属之间实施第三百二十三条之罪的，只有告诉才可提起公诉。

(三) 对前二款无身份关系的共犯，不适用前款规定。

第三十八章　盗窃与抢劫罪

第三百二十九条　盗窃

窃取他人财物的，处六年以下有期徒刑或者一千万元以下罚金。<改正 1995. 12. 29. >

第三百三十条　夜间侵入住宅盗窃

夜间侵入他人住宅、看守的房屋、建筑物、船舶或者占有的房屋窃取他人财物的，处十年以下有期徒刑。

第三百三十一条　特殊盗窃

（一）夜间破坏门窗、墙壁或者部分建筑物侵入他人住宅、看守的房屋、建筑物、船舶或者占有的房屋窃取他人财物的，处一年以上十年以下有期徒刑。

（二）携带凶器或者二人以上共同实施前条之罪的，处罚同前款。

第三百三十一条之二　非法使用汽车等

未经所有权者同意暂时使用他人的汽车、船舶、航空器或者动力自行车的，处三年以下劳役或者五百万元以下罚金。

第三百三十二条　惯常犯

惯常性实施第三百二十九条至第三百三十一条之二之罪的，刑罚加重其罪所定刑量的二分之一。<改正 1995. 12. 29. >

第三百三十三条　强盗

以暴力或者胁迫的手段强取他人财物或者财产上的利益或者使第三方取得财产上的利益的，处三年以上劳役。

第三百三十四条　特殊强盗

（一）夜间侵入他人住宅、看守的房屋、建筑物、船舶或者占有的房屋实施第三百三十三条之罪的，处无期徒刑或者五年以上有期徒刑。<改正 1995. 12. 29. >

（二）携带凶器或者二人以上共同实施前条之罪的，处罚同前款。

第三百三十五条　准盗窃

盗窃者以抗拒夺回财物、逃避逮捕或者销毁罪证为目的，实施暴力或者胁迫的，依照前款处罚。

第三百三十六条　挟持人质盗窃

逮捕、监禁、掠取或者引诱他人作为人质，以取得财物或者财产上的利益为目的，或者使第三方取得的，处三年以上有期徒刑。

[全文改正 1995. 12. 29.]

第三百三十七条　强盗伤害、致伤

以强盗伤害他人或者致人伤害的，处七年以上有期徒刑。<改正 1995. 12. 29. >

第三百三十八条　强盗杀人、致死

因强盗而杀害他人的，处死刑或者无期徒刑；造成死亡的，处无期徒刑或者十年以上有期徒刑。

[全文改正 1995. 12. 29.]

第三百三十九条　强盗强奸

强盗强奸他人的，处无期徒刑或者十年以上有期徒刑。<改正 2012. 12. 18. >

第三百四十条　海上强盗

（一）以团体或者聚众的暴力在海上强抢船舶或者侵入船舶内强夺他人财物的，处无期徒刑或者七年以上有期徒刑。

（二）实施第一款之罪伤害他人或者导致他人伤害的，处无期徒刑或者十年以上有期徒刑。<改正 1995. 12. 29. >

（三）实施第一款之罪杀害他人、致人死亡或者强奸他人的，处死刑或者无期徒刑。<改正 1995. 12. 29.，2012. 12. 18. >

第三百四十一条　惯常犯

惯常性实施第三百三十三条、第三百三十四条、第三百三十六条或者前条第一款之罪的，处无期徒刑或者十年以上有期徒刑。

第三百四十二条　未遂犯

第三百二十九条至第三百四十一条之未遂犯，予以处罚。

[全文改正 1995. 12. 29.]

第三百四十三条　预备、阴谋

以盗窃为目的进行预备或者阴谋的，处七年以下有期徒刑。

第三百四十四条　亲属间犯罪

第三百二十八条之规定，适用于第三百二十九条至第三百三十二条之罪及未遂犯。

第三百四十五条　并处中止资格

实施本章之罪，判处有期徒刑的，可并处十年以下中止资格。

第三百四十六条　动力

本章之罪能够控制的动力，视为财物。

第三十九章　诈骗与恐吓罪

第三百四十七条　诈骗

（一）以欺骗手段取得他人交付的财物或者取得财产上的利益的，处十年以下有期徒刑或者二千万元以下罚金。

（二）以前款方法使第三方取得他人交付的财物或者财产上的利益的，处罚同前款。<改正 1995. 12. 29. >

第三百四十七条之二　使用电脑诈骗

对计算机等信息处理装置输入虚假信息或者不正当的命令或者在未尽许可的情况下输入、变更信息从而取得财产上的利益或者使第三方取得财产上的利益的，处十年以下有期徒刑或者二千万元以下罚金。

[全文改正 2001. 12. 29.]

第三百四十八条　准诈骗

（一）利用未成年人的无知或者他人心神障碍，取得他人交付的财物或者财产上的利益的，处十年以下有期徒刑或者二千万元以下罚金。

（二）以前款方法使第三方取得不正当利益的，处罚同前款。

第三百四十八条之二　不当使用便利设施

以不正当的支付方法利用自动售货机、公用电话等其他自动收费设备获取财物或者财产利益的，处三年以下有期徒刑、五百万元以下罚金、拘留或者科料。

[本条新设 1995. 12. 29.]

第三百四十九条　不正当得利

（一）利用人的窘迫状态取得明显不正当利益的，处三年以下有期徒刑或者一千万元以下罚金。<改正 1995. 12. 29. >

（二）以前款方式使第三方取得不正当利益的，处罚同前款。

第三百五十条　恐吓

（一）以恐吓他人的方式取得他人交付的财物或者财产上利益的，处十年以下有期徒刑或者二千万元以下罚金。<改正 1995. 12. 29. >

（二）以前款方式使第三方交付财物或者财产上的利益的，处罚同前款。

第三百五十条之二　特殊恐吓

以团体、聚众的暴力或者携带危险物品实施第三百五十条之罪的，处一年以上十五年以下有期徒刑。

[本条新设 2016. 1. 6.]

第三百五十一条　惯常犯

惯常性实施第三百四十七条至前条之罪的，从重处罚至该罪规定之刑的二分之一。

第三百五十二条　未遂犯

第三百四十七条至第三百四十八条之二、第三百五十条、第三百五十条之二、第三百五十一条之未遂犯，予以处罚。<改正 2016. 1. 6. >

[全文改正 1995. 12. 29.]

第三百五十三条　并处中止资格

实施本章之罪，可并处中止资格十年以下。

第三百五十四条　亲属间的犯罪、动力

第三百二十八条和第三百四十六条的规定，适用本章之罪。

第四十章　侵占与渎职罪

第三百五十五条　侵占、渎职

（一）对他人财物有保管义务者侵占其财物或者拒不退还的，处五年以下有期徒刑或者一千五百万元以下罚金。<改正 1995. 12. 29.>

（二）对他人事务有管理责任者以违背其责任的行为获得财产上的利益或者使第三方取得利益，对本人造成损害的，处罚同前款。

第三百五十六条　业务上的侵占与渎职

违反业务任务实施第三百五十五条之罪的，处十年以下有期徒刑或者三千万元以下罚金。<改正 1995. 12. 29.>

第三百五十七条　业务受赠财

（一）对他人事务有管理责任者接受有关其任务的不正当请托，为取得财物或者财产上的利益或者使第三方取得利益的，处五年以下有期徒刑或者一千万元以下罚金。<改正 2016. 5. 29.>

（二）提供第一款财物或者利益者，处二年以下有期徒刑或者五百万元以下罚金。<改正 1995. 12. 29.>

（三）行为人或者知情的第三方取得的第一款所指的财物，予以没收；无法没收其财物或者财产上之利益的，追征与其相当的价额。<改正 2016. 5. 29.>

[题目改正 2016. 5. 29.]

第三百五十八条　并处中止资格

实施前三款之罪的，可并处中止资格十年以下。

第三百五十九条　未遂犯

实施第三百五十五条至第三百五十七条之未遂犯，予以处罚。

第三百六十条　侵占脱离物主的物品

（一）侵占遗失物、漂流物或者脱离他人占有之财物，处一年以下有期徒刑或者三百万元以下罚金或者科料。<改正 1995. 12. 29.>

（二）侵占埋藏物的，处罚同前款。

第三百六十一条　亲属间的犯罪、动力

第三百二十八条和第三百四十六条之规定，适用本章之罪。

第四十一章　赃物罪

第三百六十二条　赃物罪的取得、介绍等

（一）取得、转让、运输或者保管赃物的，处七年以下有期徒刑或者一千五百万元以下罚金。<改正 1995. 12. 29. >

（二）介绍前款行为的，处罚同前款。

第三百六十三条　惯常犯

（一）惯常性实施前款之罪的，处一年以上十年以下有期徒刑。

（二）第一款情况下，可并处十年以下中止资格或者一千五百万元以下罚金。<改正 1995. 12. 29. >

第三百六十四条　业务上过失、重大过失

因业务过失或者重大过失实施第三百六十二条之罪的，处一年以下有期徒刑或者五百万元以下罚金。<改正 1995. 12. 29. >

第三百六十五条　亲属间的犯罪

（一）实施前三条之罪者与被害人之间有第三百二十八条第一款、第二款身份关系的，适用同条之规定。

（二）实施前三条之罪者与主犯之间有第三百二十八条第一款之身份关系的，可减轻或者免除刑罚。但是，没有身份关系的共犯除外。

第四十二章　损毁罪

第三百六十六条　损毁财物等

损毁或者隐匿他人财物、文件或者电子记录等特殊媒介记录或者以其他方法损毁其效用的，处三年以下有期徒刑或者七百万元以下罚金。<改正 1995. 12. 29. >

第三百六十七条　损毁公益建筑物

破坏公益服务建筑物的，处十年以下有期徒刑或者二千万元以下罚金。<改正 1995. 12. 29. >

第三百六十八条　严重损毁

（一）实施前二条之罪使人的生命或者身体发生危险的，处一年以上十年以下有期徒刑。

（二）实施第三百六十六条或者第三百六十七条之罪导致他人伤害的，处

一年以上有期徒刑；致人死亡的，处三年以上有期徒刑。<改正 1995. 12. 29. >

第三百六十九条　特殊损毁

(一) 以团体、聚众的暴力或者携带危险物品实施第三百六十六条之罪的，处五年以下有期徒刑或者一千万元以下罚金。<改正 1995. 12. 29. >

(二) 以第一款方法实施第三百六十七条之罪的，处一年以上有期徒刑或者二千万元以下罚金。<改正 1995. 12. 29. >

第三百七十条　侵犯境界

损毁、移动、拆除或者以其他方法使土地境界无法识别的，处三年以下有期徒刑或者五百万元以下罚金。<改正 1995. 12. 29. >

第三百七十一条　未遂罪

第三百六十六条、第三百六十七条和第三百六十九条之未遂犯，予以处罚。

第三百七十二条　动力

第三百四十六条之规定，适用本章。

附　则

<第 15793 号，2018. 10. 16. >

本法自公布之日起施行。

中篇

大韩民国刑事诉讼法

大韩民国刑事诉讼法

[施行 2018.1.7.，法第 13720 号，2016.1.6.，部分修正]

第一编　总　则

第一章　法院的管辖

第一条　管辖的调查职权

法院应依照职权调查管辖。

第二条　违反管辖和诉讼行为的效力

诉讼行为在违反管辖的情况下，不影响其效力。

第三条　在管辖区域外执行职务

(一) 法院为了查清事实，在必要的情况下，可以在管辖区域外执行职务或者调查实施必要的处分。

(二) 前款之规定适用于受命法官。

第四条　地域管辖

(一) 地域管辖规定为犯罪地、被告人的住所、居所或者现在所在地。

(二) 对于在国外的大韩民国船舶内所犯之罪，除前款规定之地外，还包括船籍地或者犯罪后停泊地。

(三) 前项规定，适用于在国外的大韩民国航空器内所犯之罪。

第五条　地域管辖的合并

地域管辖涉及若干不同案件相关联时，对其中一个案件有管辖权的法院可以管辖其他案件。

第六条　地域管辖的合并审理

不同地域管辖的若干案件分别属于几个法院时，共同的直属上级法院根据检事[①]或者被告人的申请，决定由其中一个法院合并审理。

第七条　地域管辖的分离审判

地域管辖不同的若干关联案件属于一个法院的情况，如果没有合并审理的必要，法院可以决定将其分离，再移送至有管辖权的其他法院。

第八条　案件的职权移送

（一）法院在被告人不在其管辖区域内而有特殊情况时，可以决定将案件移送管辖被告人现在所在地的同级法院。

（二）独立判事[②]管辖的案件因起诉书的变更而变更为合议庭管辖的案件时，法院可以决定移送至有管辖权的法院。<新设 1995. 12. 29. >

第九条　事务管辖的合并

不同事务管辖的若干案件相关联时，由法院合议庭合并管辖。但是也可以决定移送到有管辖权的法院独任判事。

第十条　事务管辖的合并审理

不同事务管辖的若干相关联案件，分别由法院合议庭与独立判事审理时，合议庭可以决定合并审理属于独立判事审理的案件。

第十一条　关联案件的定义

相关联案件如下：

1. 一人所犯之数罪；
2. 数人共同所犯之罪；
3. 数人同时在同一场所所犯之罪；
4. 隐匿人犯罪、毁灭证据罪、伪证罪、虚假鉴定翻译罪或者有关赃物罪及其主犯罪。

第十二条　同一案件和若干诉讼系属

同一案件系属于市区管辖不同的若干法院时，由法院合议庭审判。

第十三条　管辖的竞合

同一案件系属于事务管理相同的若干法院时，由首先受理公诉的法院审判。但是各法院共同的直属上级法院根据检事或者被告人的申请，可决定由后受理公诉的法院审判。

---

① 检事：虽然是隶属于行政部门的行政公务员，但是与普通公务员不同，检事是行使检察权的国家机关单独制的官厅。韩国检察制度采取的是起诉垄断主义和起诉便利主义，只有检事才有权提起公诉；“起诉便利主义”，是指根据检事的裁量赋予不提起公诉的权限。（译者注）

② 判事：判事是法院法官中拥有独立通过法律调整或者解决诉讼当事人之间矛盾的权力的公务员。法官则是在法院工作的公务员的通称。（译者注）

第十四条　制定管辖的请求

检事在下列情况下应当向有关的第一审法院共同的直属上级法院申请制定管辖：

1. 检事的管辖不明确时；

2. 对于宣告管辖错误的裁判被确定的案件在没有其他案件管辖的法院时。

第十五条　转移管辖的申请

1. 管辖法院因法律上的规定或者特殊情况不能行使裁判权时；

2. 因犯罪的性质、属地民心、诉讼状况等情形，难以确保公正裁判时。

第十六条　指定管辖或者转移管辖的方式

（一）申请制定或者转移管理，应当向直属上级法院提出记载其事由的申请书。

（二）提起公诉后申请制定或者转移管辖时，应当立即通知接受公诉的法院。

第十六条之二　案件移送军事法院

对提起公诉的案件，法院判明军事法院取得裁判权或者具有裁判权时，要以决定将案件移送有裁判权的相同审判权的军事法院。在此情况下，移送前施行的诉讼行为，在移送之后不影响其效力。<改正 1987. 11. 28. >

[本条新设 1973. 1. 25.]

第二章　法院职员[①]的除斥、忌避、回避

第十七条　除斥的原因

法官在下列情况下须除斥职务执行：<改正 2005. 3. 1. >

1. 法官是被害人时；

2. 法官是被告人或者被害人家属，或者是有亲属关系时；

3. 法官是被告人或者被害人的法定代理人，或者监护人时；

4. 法官在本案中是证人、鉴定人、被害人的代理人时；

5. 法官在本案中是被告代理人、辩护人、辅助人员时；

6. 法官在本案中行使过检事或者司法警察官的职务时；

7. 法官在本案中参与过前审裁判或者基础性调查、审理时。

第十八条　忌避的原因和申请权者

（一）检事或者被告人在下列情况下可申请法官忌避：

---

① 法院职员，具体职务与区分见“相关法律链接”中《大韩民国法院组织法》内容。

1. 法官符合前条各项事由时；

2. 法官有不公正裁判的可能时。

（二）辩护人在不违反被告人明示之意的情况下，可申请法官忌避。

第十九条　忌避申请的管辖

（一）对合议法院法官的忌避，要向该法官所属法院申请；对受命法官、受托判事或者独立判事的忌避，要向该法官申请。

（二）忌避事由，要从申请之日起三日内用书面形式进行陈述。

第二十条　忌避申请的驳回与处理

（一）忌避申请明显以拖延诉讼为目的，或者违反第十九条规定内容的，接受申请的法院或者法官应予以决定驳回。<改正 1995. 12. 29. >

（二）被申请忌避的法官除前款情形外，应立即提出对忌避申请的意见书。

（三）在前款情况下，被申请忌避的法官认定忌避申请有相当的理由时，即视为忌避决定。

第二十一条　对忌避申请的裁判

（一）对忌避申请的裁判，要由被申请忌避的法官所属法院合议庭决定。

（二）被申请忌避的法官不能参与前款决定。

（三）被申请忌避的判事所在法院不能组成合议庭时，要由所属直接上级法院决定。

第二十二条　忌避申请和诉讼的停止

在有忌避申请时除第二十条第一款情况外，应停止诉讼。但是，紧急情况除外。

第二十三条　忌避申请的驳回与即时抗告

（一）对驳回忌避申请的决定，可即时抗告。

（二）对第二十一条第一款驳回的即时抗告，没有停止执行裁判的效力。<新设 1995. 12. 29. >

第二十四条　回避的原因等

（一）法官认为有第十八条规定之事由时，应当回避。

（二）回避，应该向所属法院提出书面申请。

（三）第二十一条之规定，适用于回避。

第二十五条　对法院事务官等的除斥、忌避、回避

（一）本章规定，除第十七条第七项之外，适用于法院的书记官、法院事务官、法院主事或者主事辅助官（以下称法院事务官）和翻译人员。<改正 2007. 6. 1. >

（二）对前款的法院事务官和翻译人员的忌避审判，应当由其所属法院决

定。但是第二十一条第一项之决定，要由被申请忌避者所属法官决定。<改正 2007. 6. 1. >

[题目改正 2007. 6. 1.]

第三章　诉讼行为的代理和辅助

第二十六条　无意识能力者和诉讼行为的代理

对于不适用《刑法》第九条至第十一条①之规定的犯罪案件，被告人或者嫌疑人无意识能力时，由其法定代理人代理刑事诉讼行为。<改正 2007. 6. 1. >

第二十七条　法人和诉讼行为的代理

（一）被告人或者嫌疑人是法人时，其代表人代理诉讼行为。

（二）在数人共同代表法人的情况下，各自代表诉讼行为。

第二十八条　诉讼行为的特别代理人

（一）依据前二条之规定，在无人代理或者代理被告人时，法院应依职权或者依检事的请求，选任特别代理人；在无人代理或者代理嫌疑人时，法院应依检事或者利害关系人的请求选任特别代理人。

（二）特别代理人执行任务至有人代理或者代理被告人或者嫌疑人进行诉讼行为时为止。

第二十九条　辅助者

（一）被告人或者嫌疑人的法定代理人、配偶、直系亲属者和兄弟姐妹可以作为辅助人。<改正 2005. 3. 31. >

（二）不能作为辅助者或者因残疾等原因不能担任辅助者的情况下，与被告人或者嫌疑人有信任关系者可以担任辅助者。<新设 2015. 7. 31. >

（三）要成为辅助者，需要经过逐级申请。<改正 2007. 6. 1. , 2015. 7. 31. >

（四）辅助者可以独立进行不违背被告人或者嫌疑人明示之意的诉讼行为。但是法律另有规定的除外。<改正 2015. 7. 31. >

---

① 《刑法》第 9 条规定：“刑事未成年者 未满十四岁者的行为不予处罚。”第 10 条规定：“心神障碍者（一）因心神障碍，没有辨别事物的能力或者没有决定自己意识能力者的行为，不予处罚；（二）因心神障碍，前款所列能力微弱者的行为，减轻处罚；（三）预见危险的发生，自行引起心神障碍者的行为，不适用前二款之规定。”第 11 条规定：“聋哑聋哑人的行为减轻处罚。”（译者注）

第四章 辩 护

第三十条 辩护人的选任权者

（一）被告人或者嫌疑人可任选辩护人。

（二）被告人或者嫌疑人的法定代理人、配偶、亲属关系者和兄弟姐妹可以是独立选任辩护人。<改正 2005. 3. 31. >

第三十一条 辩护人的资格与特别辩护人

辩护人应当从律师中选任。但是，除大法院以外的法院在特殊情况下可许可选任非律师为辩护人。

第三十二条 选任辩护人的效力

（一）选任辩护人，每个审级均应提交与辩护人联名的书面意见。

（二）提起公诉前的选任辩护人，在第一审中亦有效力。

第三十二条之二 首席辩护人

（一）有数名辩护人时，裁判长根据被告人、嫌疑人或者辩护人的申请，可以指定首席辩护人。对于该指定，可以撤回或者变更。

（二）在不具有第一款之申请时，裁判长可以依据职权指定首席辩护人。对于该指定，可以撤回或者变更。

（三）首席辩护人不得超过三名。

（四）首席辩护人通知或者送达的文书，对全体辩护人有效。

（五）第一款至第四款的规定，适用于嫌疑人有若干名辩护人、检事指定首席辩护人的情况。

[本条新设 1995. 12. 29]

第三十三条 国选辩护人

（一）符合下列情形之一者，没有辩护人时，法院应当依职权选定辩护人：

1. 被告人被拘留时；
2. 被告人为未成年人时；
3. 被告人为七十岁以上者时；
4. 被告人为聋哑人时；
5. 被告人为疑似心神障碍者时；
6. 被告人被控死刑、无期徒刑或者相当于三年以上徒刑，拘留的案件时。

（二）被告人因贫困等事由不能选任辩护人时，法院应为其选定辩护人。但是只限于被告人提出请求的情况下。

（三）法院应考虑被告人的年龄、智力和受教育程度等，认为需要保护其权利的，应当在不违背被告人明示之意的范围内选定辩护人。

[全文改正 2006. 7. 19.]

第三十四条　被告人、嫌疑人的借鉴、交通、诊疗

辩护人或者即将成为辩护人者，可以探视被羁押的被告人或者嫌疑人，可收受其文书或者物品，并请医生为其诊疗。

第三十五条　文件、物证的阅览、复制

（一）被告人和辩护人可以查阅和复制诉讼系属中的有关文件或者证物。<改正 2016. 5. 29.>

（二）被告人的法定代理人、第二十八条规定的特别代理人、第二十九条规定的辅助人，或者被告人的配偶、直系亲属、兄弟姐妹，提出被告人委任状和身份关系证明文书的，同第一款。

（三）裁判长对明显危及被害人、证人等案件有关人员生命或者身体的案件，应在第一款和第二款相关的阅览和复制之前，对案件相关人员的姓名等个人信息采取不予公开的保护措施。<新设 2016. 5. 29.>

（四）第三款中个人信息保护措施的方法和程序以及其他必要事项，根据大法院规则规定。<新设 2016. 5. 29.>

[全文修改 2007. 6. 1.]

[题目修改 2016. 5. 29.]

第三十六条　辩护人的独立诉讼行为权

辩护人可以独立进行诉讼行为。但是法律另有规定的除外。

第五章　裁　判

第三十七条　判决、决定、命令

（一）判决应当经过口头辩论作出，法律另有规定的除外。

（二）作出决定或者命令可不经过口头辩论。

（三）为作出决定或者命令，在有必要的情况下可调查事实。

（四）前款所列调查，可以责令合议庭进行，也可以委托其他地方法院的判事进行。

第三十八条　裁判书的方式

裁判要通过法官制作的裁判书作出。但是在告知决定或者命令时，可以不制作该文书，仅记载于笔录中即可。

第三十九条　裁判的理由

裁判应当明示其理由。但是，不得上诉的决定或者命令除外。

第四十条　裁判书的记载要件

(一) 裁判书应当记载接受裁判者的姓名、年龄、职业和住所。但是，法律另有规定的除外。

(二) 接受裁判者是法人时，应当记载其职称和事务所。

(三) 判决书应当记载提起公诉的检事和参与公开审判的检事的官职、姓名和辩护人的姓名。<改正 2011. 7. 18. >

第四十一条　裁判书的签字等

(一) 裁判书应当由进行裁判的法官签字并盖章。

(二) 裁判长不能签字盖章时，应当由其他法官记载事由并签名盖章；其他法官不能签名盖章时，由审判长记载事由并签字盖章。

(三) 判决书及其他除大法院规则规定的裁判书外的裁判书，第一款和第二款的签名盖章可以由签名章代替。

第四十二条　宣告、告知裁判的方式

裁判的宣告或者告知，在公审庭应当使用裁判书。在其他情况下，要用送达裁判书副本或者其他适当的方式进行。但是，法律另有规定的除外。

第四十三条　同前

裁判的宣告或者告知，由裁判长进行。宣告判决应当朗读全文，说明理由要旨。

第四十四条　检事拟执行指挥的案件

需要检事指挥执行的裁判，应当将裁判书或者裁判笔录的副本或者抄本，从宣告或者告知时起十日内送达检事。但是，法律另有规定的除外。

第四十五条　裁判书副本、抄本的请求

被告人及其他诉讼关系人可以在缴纳费用后，请求发放裁判书或者裁判笔录的副本或者抄本。

第四十六条　裁判书副本、抄本的制作

裁判书或者裁判笔录的副本、抄本应该根据原本制作。在不得已的情况下，可以根据副本制作。

第六章　文　书

第四十七条　诉讼文书的不予公开

有关诉讼的文书，如果没有公益上的必要及其他相当的理由，在公审开庭前不得公开。

第四十八条　笔录的制作方法

(一) 询问被告人、嫌疑人、证人、鉴定人、口译人员或者笔译人员，应

当由参与的法院事务官等制作笔录。<改正 2007. 6. 1. >

（二）笔录应当记载以下内容：

1. 被告人、嫌疑人、证人、鉴定人、口译人员或者笔译人员的陈述；

2. 证人、鉴定人、口译人员或者笔译人员没有宣誓的事由。

（三）应为陈述人宣读笔录，或者将笔录交陈述人阅览，并询问笔录内容正确与否。

（四）陈述人请求增减变更内容的，应当将其陈述记入笔录。

（五）参与讯问的检事、被告人、嫌疑人或者辩护人对笔录记载的正确性提出异议的，应当将其陈述的要点记载于笔录中。

（六）在前款情况下，裁判长或者审问的法官可以附记对其陈述的意见。

（七）笔录应当令陈述人在页间处签名盖章。但是，陈述人拒绝签字盖章的，应当记载其事由。

第四十九条　勘验等的笔录

（一）勘验、扣押及搜查，应当制作笔录。

（二）勘验笔录为了明确记载勘验物的现状，可以附图画或者照片。

（三）扣押笔录应当记载品种、外形特征和数量。

第五十条　各种笔录的记载要件

前二条笔录应当载明调查或者处分的年月日、地点，并由进行调查或者处分者和参与的法院事务官签字盖章或者盖签名章。但是除公审日期外，法院进行调查或者处分时，应当由裁判长或者法官和参与的法院事务官等签字盖章或者盖签名章。<改正 2007. 6. 1. >

第五十一条　公审笔录的记载要点

（一）对于公审日期的诉讼程序，应当由参与的法院事务官等制作公审笔录。<改正 2007. 6. 1. >

（二）公审笔录应当记载下列及其他一切诉讼程序：<改正 2007. 6. 1. >

1. 公审的日期和法院；

2. 法官、检事、法院事务官等的官职、姓名；

3. 被告人、代理人、代表人、辩护人、辅助人员和翻译人员的姓名；

4. 被告人出庭与否；

5. 公开与否或者禁止公开的事由；

6. 公诉事实的陈述或者变更公诉事实书面材料的朗读；

7. 提供被告人予以保护其权利所必要的陈述机会的事实和所陈述的事实；

8. 第四十八条第二款所列事项；

9. 进行证据调查时，作为证据的文书、物证和调查证据的方法；

10. 在公审庭进行的勘验或者扣押；

11. 辩论的要旨；

12. 裁判长命令记载的事项或者根据诉讼关系人的请求许可记载的事项；

13. 提供被告人或者辩护人以最后陈述权的事实及其所陈述的事实；

14. 宣告或者告知裁决和其他裁判的事实。

第五十二条　公审笔录制作的特例

公审笔录与公审日期外的询问证人笔录，不按照第四十八条第三款至第七款的规定办理，但是有陈述人请求的，应当宣读其陈述的部分；有增减变更请求的，应当记载其陈述。<改正 1995. 12. 29. >

第五十三条　公审笔录的签字等

（一）公审笔录应当由裁判长和参与的法院事务官等签名盖章或者盖签名章。<改正 2007. 6. 1. >

（二）裁判长不能签字盖章或者盖签名章时，应当由其他法官记明事由并签字盖章或者盖签名章；全体法官无法签字盖章或者盖签名章的，由参与的法院事务官等记明事由并签字盖章或者盖签名章。<改正 2007. 6. 1. >

（三）法院事务官等不能签字盖章或者盖签名章的，应当由裁判长或者其他法官记明事由并签字盖章或者盖签名章。<改正 2007. 6. 1. >

第五十四条　公审笔录的整理等

（一）公审笔录应当在公审日期后迅速整理。<改正 2007. 6. 1. >

（二）在下次公审日期前，应当根据笔录告知上次开庭审理的主要事项的要旨。但是到下次开庭审理为止，如果上次审理笔录没有整理完毕，可不按照笔录告知。<改正 2007. 6. 1. >

（三）检事、被告人或者辩护人对于笔录的记载，可请求变更或者提出异议。<改正 2007. 6. 1. >

（四）第三款有请求或者异议的，应当将其主旨和裁判长对此意见的笔录附卷。<改正 2007. 6. 1. >

第五十五条　被告人的公审笔录阅览权等

（一）被告人可以请求查阅或者抄录公审笔录。<改正 1995. 12. 29. >

（二）被告人不能阅读公审笔录的，可以请求宣读公审笔录。<改正 1995. 12. 29. >

（三）前二款均被拒绝时，公审笔录不能作为定罪的证据。

第五十六条　公审笔录的证明力

记载于公审笔录中的公审日期的诉讼程序，以笔录证明。

第五十六条之二　公审庭上的速记、录音和录像

（一）法院在检事、被告人或者辩护人提出申请时且没有特殊事由的情况下，应当将开庭审理案件的全部或者部分内容让速记员用速记机或者录音装置或者录像装置进行录音或者录像。在法院认为必要时，可以依职权责令录制。

（二）法院应当将速记记录、录音或者录像制品与公审笔录分别保管。

（三）检事、被告人或者辩护人承担速记、录音和录像之费用。可以依照第二款申请速记记录、录音或者录像制品的复制件。

[全文修改 2007. 6. 1.]

第五十七条　公务员的文书

（一）公务员制作的文书法律没有其他规定的，应当填写制作日期和所属公务机关并签字盖章或者盖签名章。<改正 2007. 6. 1. >

（二）文书应当在页间缝处盖章或者采取相应的措施。<改正 1995. 12. 29. >

（三）删除<改正 2007. 6. 1. >

第五十八条　公务员的文书

（一）公务员制作的文书不得更改文字。

（二）插入、删除或者栏外记载时，在记载处盖章并记载字数。但是删除的部分应当保留字体，以便辨认。

第五十九条　非公务员的文书

非公务员制作的文书应当注明年、月、日，并签名盖章。没有印章的，应按指印。<改正 2017. 12. 12. >

第五十九条之二　阅览、抄阅裁判确定记录

（一）任何人均可申请权利救济、学术研究或者以公益目的，在保管裁判确定案件的诉讼记录的检察厅查阅或者抄阅该诉讼记录。

（二）有下列情形之一的，检事可以限制阅览或者抄阅全部或者部分诉讼笔录。但是，非诉讼相关者或者有利害关系的第三方，在有相当理由的情况下除外。

1. 非公开审理的情况；

2. 因诉讼记录的公开，可能明显危害国家安全、善良风俗、公共秩序或者公共福利的情况；

3. 因诉讼记录的公开，可能严重损害案件相关联人员的名誉、私生活秘密或者生命、身体的安全，生活安宁的情况；

4. 因诉讼记录的公开，可能导致同案人员等毁灭证据或者逃逸，或者对有关案件的裁判有重大影响的情况；

5. 因诉讼记录的公开，可能对被告人的改善或者恢复造成显著影响的情况；

6. 因诉讼记录的公开，可能会对案件相关联人员的经营秘密（指《防止不正当竞争和保护商业秘密的法》第二条第二款[①]内容规定的商业秘密）有显著危害的情况；

7. 该诉讼参与人不同意诉讼记录公开的情况。

（三）检事依照第二款限制阅览或者抄阅的，应当向申请人明确告知事由。

（四）检事认为为保存诉讼记录有必要进行诉讼记录的阅览或者抄阅时，可以使用副本实施相应的行为。但是，该前提条件不适用于原本的阅览或者抄阅。

（五）阅览或者抄阅诉讼记录者，不得利用查阅或者抄阅所知悉的事项，危害公共秩序或者善良风俗、妨碍被告人改善和恢复、损害案件有关人员的名誉或者生活平稳。

（六）根据第一款的规定，当申请阅览或者抄阅诉讼记录者对检事不予批准的处理决定有异议时，可以向该检察厅的管辖法院提出申请，更改或者驳回检事不予批准的处理决定。

（七）第四百一十八条和第四百一十九条适用第六款的申诉。

[本条新设 2007. 6. 1.]

第五十九条之三　查阅、复制确定判决书等

（一）任何人均可在保管裁判确定案件的法院查阅、复制（包括通过互联网以及其他计算机信息处理系统的电子方法，下同）裁判书或者其副本、证据目录或者其副本，以及由检事、被告人或者辩护人向法院提交的文件、物品的名称、目录或者与之相关的信息（以下称“裁判书等”）。但是，有下列情形之一的，可以限制阅览或者复制裁判书等：

1. 非公开审理的情况；

2. 根据《少年法》第二条[②]涉及少年的案件；

3. 可能使同案人等毁灭证据或者逃跑，或者对有关案件的裁判有重大影响的情况；

4. 对国家安全造成明显危害的情况；

5. 第五十九条之二第二款第三项或者第六项的事由。但是，仅限于诉讼关系人申请的情况。

（二）法院事务官等和其他法院公务员在第一款规定的阅览和复印之前，

---

① 《防止不正当竞争和保护商业秘密的法》第 2 条第 2 款规定，“商业秘密”是指没有被公开宣扬而具有独立的经济价值，经过合理的努力而保持秘密的生产方法、销售方法以及对营业活动有用的技术上或者经营上的信息。(译者注)

② 《少年法》第 2 条规定：本法所称“少年”是指“未满十九岁”者；“监护人”是指法律上负有监护教育义务者或者目前的监护者。(译者注)

应当采取大法院规则规定判决书上记载的姓名等个人信息不得公开的保护措施。

（三）依照第二款采取保护个人信息措施的法院事务官等或者其他法院公务员，非因故意或者重大过失对第一款的查阅、复制，不承担民事和刑事责任。

（四）诉讼相关者或者有利害关系的第三方具有相当理由对资料进行阅览或者复印时不受第一款附加条件的限制，根据第一款正文的规定可以向法院事务官或者法院公务员提出申请，对资料进行阅览或者复印。当申请人对法院事务官或者法院公务员不予批准的处理决定有异议时，根据第一款正文的规定向法院申请更改或者驳回检事不予批准的处理决定。

（五）第四百一十七条和第四百一十八条适用于第四款的申诉。

（六）裁判书等阅览和复印的方法和程序，保护个人信息的方法和程序，以及其他必要事项，由大法院规则规定。

[本条新设 2011. 7. 18.]

[施行日：2014. 1. 1.，第五十九条之三修改的规定中除证据目录或者其副本外，检事或者被告人或者辩护人向法院提交的文件、物品的名称、目录或者与之相关的信息的电子方法阅览及复制的事项，独立裁判员裁判的案件及其上诉的案件，以及其他检事或者被告人或者辩护人向法院提交的文件、物品的名称、目录或者与之相应的信息的阅览及复制的事项。（包括电子方法的阅览和复印）]

第七章 送 达

第六十条 为了接受送达的申报

（一）被告人、代理人、代表人、辩护人或者辅助人员在法院所在地没有可以接受送达文书的住所或者事务所时，应当选任在法院所在地有住所或者事务所的人为送达领受人，并联名以书面形式上报。

（二）在有关送达上，视送达领受人为本人；视其住所或者事务所为本人住所或者事务所。

（三）送达领受人的选任，对同一地域内各级法院均有效力。

（四）前三款之规定，不适用于被羁押者。

第六十一条 邮寄送达

（一）住所、事务所或者受送达人的选任应当申报而未申报的，法院事务官等可以将文件邮递或者采取其他适当方法送达。<改正 2007. 6. 1.>

（二）邮寄的文书，到达时视为送达。

第六十二条　对检事的送达

对检事的送达文书，应当将文书送达所属的检察厅。

第六十三条　公告的送达

（一）被告人的住所、事务所和现在所在地不明时，可以以公告方式送达。

（二）被告人处于裁判权所不及之地的情况下，不能以其他方式送达时，方式同前款。

第六十四条　公告送达的方式

（一）公告的送达根据大法院规则所规定，可以以法院命令时为限进行。

（二）公告送达，应由法院事务官等保管需要送达的文件，并将其事由在法院的公告处上公告。<改正 1961. 9. 1.，2007. 6. 1.>

（三）法院可以命令将前款事由公告于公报或者报纸上。<改正 1961. 9. 1.>

（四）最初的公告送达，自第二款公告之日起经过二周后生效。但是第二次以后的公告送达，经过五日即生效。<改正 1961. 9. 1.>

第六十五条　民事诉讼法的适用

对于文书的送达，法律没有其他规定的，适用《民事诉讼法》相关规定。<改正 2007. 6. 1.>

[题目改正 2007. 6. 1.]

第八章　期　间

第六十六条　期间的计算

（一）期间的计算以时计算者，即时计算；以日、月或者年计算者，起始日不计算在内。但是，时效和羁押期间的起始日，不计时间算作一日。

（二）以年或者月规定的期间，按照历书计算。

（三）期间的最后一日为公休假日或者相当于周六的日期，不得计算在内。但是，时效和羁押期间的除外。<改正 2007. 6. 1.>

第六十七条　法定期间的延长

法定期间，根据进行诉讼行为人的住所或者事务所所在地与法院或者检察厅所在地的距离及交通通信的不方便程度，按照大法院规则可以延长。

[全文修改 1995. 12. 29.]

第九章　被告人的传唤、羁押

第六十八条　传唤

法院可以传唤被告人。

第六十九条　羁押的限定

本法所称羁押，包括传唤和拘禁。

第七十条　羁押的事由

（一）法院有足以认为被告人犯罪的相当的理由，并符合下列各项事由之一的，可以羁押被告人：

1. 被告人没有固定住所的；
2. 被告人有毁灭证据的可能的；
3. 被告人逃跑或者有逃跑可能的。

（二）法院审查第一款的拘留事由时，应当考虑犯罪的重大性、再犯罪的危险性以及对被害人和重要证人等危害等。<新设 2007. 6. 1. >

（三）对于数额不满五十万元以下的罚款，拘留或者罚金的案件除第一款第一项情形外，不得羁押。<改正 1973. 1. 25. ，1995. 12. 29. ，2007. 6. 1. >

第七十一条　拘传的效力

将拘传的被告人拘提到法院时，认定没有拘禁必要的，应当从拘提之时起二十四小时内释放。

第七十一条之二　拘传后的留置

当法院认为对被告人有必要实施留置时，有权将其留置于教导所、看守所及警察局拘留室中。在此情况下，留置时间不得超过二十四小时。

[本条新设 2007. 6. 1.]

第七十二条　羁押理由的告知

对于被告人，如果不是告知犯罪事实的要旨、羁押理由和可以选任辩护人并给予辩护机会的，不可羁押。但是，被告人有逃跑情形的除外。<改正 1987. 11. 28. ，2007. 6. 1. >

第七十二条之二　受命法官

法院可请合议庭履行第七十二条之程序。

[本条新设 2014. 10. 15.]

第七十三条　令状的签发

传唤被告人应当签发传票，拘传或者拘禁应当签发羁押票。

第七十四条　传票的方式

传票应当记载被告人的姓名、住所、案由、出庭时间和地点；无正当理由拒不到庭的视为有逃跑的可能，可签发羁押票，由裁判长或者受命法官签字盖章或者盖签名章。<改正 1995. 12. 29.，2017. 12. 12.>

第七十五条　羁押票的方式

（一）羁押票应当记载被告人的姓名、住所、案由、公诉事实的要旨、拘提、拘禁的场所、签发的年月日、有效期间和经过期间，当无法执行时应当交回主旨并由裁判长或者受命法官签字盖章。

（二）被告人的姓名不明时，可以用其相貌、体格、其他足以辨别被告人的事项表示被告人。

（三）被告人的住所不明时，可以省略其住所的记载。

第七十六条　传票的送达

（一）传票应予送达。

（二）被告人以书面形式提出届时到场的意思或者对于到场的被告人规定下次到场时间、命其到场的，与送达传票具有同等效力。

（三）前款命其到场，应当将其要旨记载于笔录。

（四）对被羁押的被告人，应通知监狱警察官进行传唤。<改正 1963. 12. 13.，2007. 6. 1.>

（五）被告人接收到监狱警察官传唤的通知，与送达传票具有同等效力。<改正 1963. 12. 13.，2007. 6. 1.>

第七十七条　羁押的委托

（一）法院可以向被告人现在所在地地方法院判事委托被告人的羁押。

（二）受托判事在被告人不在管辖区域内的，可以转托被告人现在所在地地方法院判事。

（三）受托判事应当签发羁押票。

（四）第七十五条之规定适用于前款羁押票。

第七十八条　根据委托羁押的程序

（一）前款情况下，根据委托签发羁押票的判事，应当从拘提被告人之时起二十四小时内调查确认被告人无误。

（二）确认被告人无误时，应当迅速送交指定场所。

第七十九条　到场、同行命令

必要时，法院可以命令被告人到场或者同行至指定场所。

第八十条　紧急处分

裁判长在紧急情况下，可以依据第六十八条至第七十一条、第七十一条之二、第七十三条、第七十六条、第七十七条和前条的规定作出处分，或者由合议庭的成员予以处分。<改正 2014. 10. 15.>

第八十一条　羁押票的执行

（一）羁押票在检事指挥下由司法警察官执行。但是在紧急情况下可以由裁判长、受命法官或者受托判事指挥执行。

（二）第一款但书情形下，可以责令法院事务官等执行。法院事务官等认为有必要的，可以要求司法警察官管理、监狱警察或者法院警卫予以补助，也可以在管辖范围外执行。<修改 2007. 6. 1. >

（三）对监狱或者看守所的被告人发出的羁押票，由监狱警察按照检事的指挥执行。<修改 1963. 12. 13. ，2007. 6. 1. >

第八十二条　数份羁押票的制作

（一）羁押票可以制作数份，交给司法警察官数人。

（二）前款情况下，应当将事由记载于羁押票。

第八十三条　管辖区域外羁押票的执行和委托

（一）检事根据必要，可以在管辖区域外指挥羁押票的执行，或者可以委托该管辖区域的检事指挥执行。

（二）司法警察官根据必要，可以在管辖区域外执行羁押票或者可以委托该管辖区域的司法警察官执行。

第八十四条　对高等检察厅检察长或者地方检察厅检察长的侦查委托

在被告人现在的位置不明确的情形下，裁判长可以委托高等检察厅检察长或者地方检察厅检察长执行其侦查和羁押令。<改正 2004. 1. 20. >

[题目改正 2004. 1. 20.]

第八十五条　羁押票执行的程序

（一）执行羁押票，应向被告人出示，并迅速拘提到指定法院或者其他场所。

（二）执行第七十七条第三款羁押票，应当拘提给签发羁押票的判事。

（三）没有携带羁押票而紧急情况下，向被告人告知公诉事实的要旨和已签发羁押票的事实后，予以执行。

（四）前款执行完毕后，应当迅速出示羁押票。

第八十六条　护送中的临时留置

在执行羁押票、护送被告人的情况下，必要时可以留置于附近的监狱或者看守所。

第八十七条　羁押的通知

（一）羁押被告人时，有辩护人的情况下，向辩护人告知；没有辩护人的情况下，向第三十条第二款所规定的范围中被告人之指定者告知，被告人的案由、羁押日期、场所、犯罪事实的要旨、羁押的理由可以任选辩护人的主旨。<修改 1987. 11. 28. ，1995. 12. 29. >

（二）第一款的通知，应当迅速以书面进行。

第八十八条　羁押和公诉事实等的告知

羁押被告人时，应当立即告知公诉事实的要旨和可以任选辩护人的情况。

第八十九条　被羁押的被告人的接见、接受诊疗

被羁押的被告人在法律允许的范围内，可以接见他人、收受文书或者物品，接受医生的诊疗。

第九十条　辩护人的委托选任

（一）被羁押的被告人，可以向法院、监狱长或者看守所长或者其代理人指定律师，委托选任辩护人。

（二）接受前款委托的法院、监狱长或者看守所长或者其代理人，应当迅速将其主旨通知被告人指定的律师。<修改 1963. 12. 13.>

第九十一条　与非辩护人的接见、交通

法院有相当的理由认为有逃跑或者毁灭证据可能时，依职权或者根据检事的请求，可以禁止被羁押的被告人与第三十四条规定之外的人接见，可以对收受的文书和其他物品进行检查、禁止收受或者扣押。但是，不能禁止收受或者扣押衣服、食品、医疗物品。

第九十二条　羁押期间和更新

（一）羁押期间为二个月。<改正 2007. 6. 1.>

（二）依照第一款之规定，特别需要继续羁押的可以逐级逐月，分两次作出决定。但是，上诉审只能在被告人或者辩护人申请的调查证据提出书面补充上诉理由等不得已的情况下进行第三次更新。<改正 2007. 6. 1.>

（三）依照第二十二条、第二百九十八条第四款、第三百零六条第一款和第二款规定的中止裁判程序期间，以及起诉前的逮捕、拘传、羁押期限不计算在第一款和第二款所述的期间。<新设 1961. 9. 1.，1995. 12. 29.，2007. 6. 1.>

第九十三条　羁押的撤销

没有羁押事由或者羁押事由消灭时，法院应当依职权或者根据检事、被告人、辩护人和第三十条第二款所规定之人的请求，决定撤销羁押。

第九十四条　保释的请求

被告人、被告人的辩护人、法定代理人、配偶、直系亲属、兄弟姐妹、亲属、同居人或者雇主均可向羁押被告人的法院请求保释。

[全文改正 2007. 6. 1.]

第九十五条　必要的保释

有保释之请求时，除下列情形外，应该准予保释。<改正 1973. 12. 20.，1995. 12. 29.>

1. 被告人被判处死刑、无期徒刑或者十年以上有期徒刑、拘留的；

2. 被告人属于累犯或者有惯常犯之罪的；

3. 有充分的理由相信被告人毁灭证据或者有毁灭证据可能的；

4. 有充分理由相信被告人逃跑或者有逃跑可能的；

5. 被告人的住所不明；

6. 有充分理由相信被告人对被害人、对裁判必要案件事实之人或者亲属的生命、身体或者财产进行加害或者有加害可能的。

[全文改正 1973. 1. 25.]

第九十六条　任意的保释

法院认为有充分理由时，可以不受第九十五条之约束，依据职权或者根据第九十四条之规定人员的请求，决定准予保释。<改正 1995. 12. 29. >

第九十七条　保释、羁押的撤销和检事的意见

(一) 裁判长在作出取保候审的决定前，应当征求检事的意见。<改正 2007. 6. 1. >

(二) 作出撤销羁押的决定，除要根据检事的请求或者紧急情况外，与第一款同。<改正 1995. 12. 29. >

(三) 检事应当根据第一款、第二款提出的意见请求及时提出意见。<新设 2007. 6. 1. >

(四) 对撤销羁押的决定，检事可以即时抗告。

<改正 1995. 12. 29.，2007. 6. 1. >

[全文改正 1973. 1. 25.]

第九十八条　保释的条件

法院准予保释的，应当在必要的和相当的范围内考虑符合下列各项一个以上的条件：

1. 在法院指定的时间、地点出庭，并提交不毁灭证据誓约书；

2. 向法院提出能够缴纳相当的保证金缴款项的书面协议；

3. 被告人需居住在法院指定的地方，当被告人的居住地需要变更时，需提前取得法院的批准，并且被告人需要签名同意，接受法院以防止其逃走为目的而采取的一切措施；

4. 被告人不得前往被害人、证人以及案件相关者亲属的住处或者公司附近，以此保证被害人、案件证人以及其亲属的生命、身体及财产安全；

5. 被告人之外者出具的出庭保证书；

6. 宣誓未经法院许可不出国境；

7. 根据法院的处理决定，被告人在取保候审时应提供相应的担保金或者担保物，其价值视被害人受到权利侵害的严重程度而定；

8. 被告人或者法院指定者缴纳保证金或者提供担保；

9. 此外，为保证被告人出庭，应履行法院规定的适当条件。

[全文改正 2007. 6. 1.]

第九十九条　保释条件决定时的考虑事项

（一）法院规定第九十八条的条件时，应当考虑下列事项：

1. 犯罪的性质与罪行；

2. 证据的证明力；

3. 被告人的前科、性格、环境与资产；

4. 对被害人的赔偿等与犯罪后情况有关的事项。

（二）被告人的资历或者资产程度是无法确定履行的条件的。

[全文改正 2007. 6. 1.]

第一百条　保释执行的程序

（一）除履行第九十八条第一项、第二项、第五项、第七项和第八项之条件外，不得执行准予保释的决定；在法院认为必要时，可以就履行其他条件规定后执行保释许可决定。<改正 2007. 6. 1.>

（二）法院可以准许被请求保释者以外的人缴纳保证金。

（三）法院可以准许用有价证券或者被告人以外的人出具的保证书代替保证金。<改正 2007. 6. 1.>

（四）前款所列保证书应当明确记载保证金额。

（五）根据法院的保释决定被告人在相关规定的前提下，具有要求公共行政机关及其附属机构采取正当合法的执行措施的权利。<新设 2007. 6. 1.>

[题目改正 2007. 6. 1.]

第一百条之二　对出庭保证人的罚金

（一）法院根据第九十八条第五项规定的保释许可决定，被释放的被告人没有正当理由逾期不出庭的，可以决定对其出庭保证人处以五百万元以下的罚款。

（二）对第一款之决定，可以即时抗诉。

[本条新设 2007. 6. 1.]

第一百零一条　羁押的停止执行

（一）法院有充分理由时，可以决定将被羁押的被告人托付给亲属、保护团体及其他适当的人，或者限制被告人居所，即停止执行羁押。

（二）作出前款决定，应当听取检事的意见。但是，紧急情况除外。

（三）删除<2015. 7. 31.>

（四）依据宪法第四十四条之规定，对被羁押的国会议员有释放要求时，要当然地停止羁押票的执行。

（五）接受前款要求释放通告的监察总长应指挥立即释放，并将事由告知受诉法院。

［全文改正 1973. 1. 25.］

第一百零二条　保释条件的变更与取消等

（一）法院可以依职权或者第九十四条之规定者的申请，决定变更被告人的取保候审条件或者暂缓履行一定期限。

（二）被告人符合以下各项条件之一的，法院依职权或者根据检事的请求，可以撤销保释或者羁押的停止执行。但是根据第一百零一条第四款规定的羁押票的停止执行，在其会期中取消。

1. 逃跑的；

2. 有充分理由相信有逃跑和销毁证据可能性的；

3. 经传唤无正当理由不到庭的；

4. 有充分理由相信被害人，认为知道对本案裁判所必需的事情者或者其亲属的生命、身体、财产，进行危害或者进行危害可能的；

5. 违反法院所规定条件的。

（三）如果被告人在没有正当理由的情况下，违反取保候审条件的，法院将根据决定对被告人处以一千万元以下罚金或者可以处二十日以内拘留。

（四）对第三款的决定，可以即时抗告。

［全文改正 2007. 6. 1.］

第一百零三条　保证金等的没收

（一）法院撤销保释时，可以依照职权或者检事的请求，决定没收全部或者部分保证金。

（二）法院对于以缴纳保证金或者提供担保为条件被释放的被告人，在对同一犯罪事实被判处刑罚，判决确定后，为了执行而传唤，无正当理由拒不到庭的，应当依据职权或者检事的请求，决定没收全部或者部分保证金。

［全文修改 2007. 6. 1.］

第一百零四条　保证金等的发还

撤销羁押保释，或者羁押票效力消失的，应当自请求不没收的保证金或者担保之日起的七日内退还。<改正 2007. 6. 1. >

［题目改正 2007. 6. 1.］

第一百零四条之二　保释条件的失效等

（一）羁押期限届满的，保释条件即行失效。

（二）保释被撤销的，与第一款同。但是，符合第九十八条第八项之条件的除外。

［本条新设 2007. 6. 1.］

第一百零五条　上诉和羁押的有关决定

有关在上诉期间或者上诉中的案件，对羁押期间的延长、羁押的撤销、保释、羁押的停止执行及其停止的撤销决定，如诉讼卷宗在原审法院时，应当由原审法院作出。

第十章　扣押和搜查

第一百零六条　扣押

（一）在必要的情况下，法院有权扣押与案件相关的证物或者案件中被没收的物品。但是，法律另有规定的除外。<改正 2011. 7. 18. >

（二）法院可以指定扣押的物品，责令所有人、持有人或者保管人交出。

（三）法院扣押的标的物为计算机光盘，以及类似的信息存储媒体（以下称“信息存储媒体等”）的情况，应当规定所记录的信息的范围，进行输出或者复制。但是记录规定范围难以进行以输出或者复制方式扣押的，可以扣押信息载体等。<新设 2011. 7. 18. >

（四）法院依照第三款获得信息的，应当及时向《个人信息保护法》第二条第三款规定的信息主体告知该事实。<新设 2011. 7. 18. >

第一百零七条　邮递物的扣押

（一）法院认为必要时，根据能够认定与被告案件有关的情况，作为关于邮递物或者《通信秘密保护法》第二条第三款①规定的通信（以下称“电器通信”），可以责令邮电机关或者其他有关机关等交出保管的物品，或者扣押。<改正 2011. 7. 18. >

（二）删除<改正 2011. 7. 18. >

（三）进行第一款的处分时，应当将其主旨通知发件人或者收件人。但是，可能妨害审理的除外。<改正 2011. 7. 18. >

第一百零八条　任意提出物等的扣押

所有人、持有人或者保管人任意提出的物品或者遗留的物品，可以无令状扣押。

第一百零九条　搜查

（一）法院认为必要时，以能够认定与被告案件有关为限，可以对被告人的身体、物品或者住所及其他场所进行搜查。<改正 2011. 7. 18. >

---

①《通信秘密保护法》第 2 条第 3 款“电器通信”，是指通过有线、无线、光线以及其他电子方式，通过电话、电子邮件、会员制信息服务、传真、无线电呼叫等方式，传送、接收任何种类的声音、文言、符号或者图像。(译者注)

（二）对于非被告人的身体、物品、住所及其他场所的搜查，限于足以认定有相应扣押物品的情形。

第一百一十条　军事上的秘密和扣押

（一）对于军事上应当保密的场所，不经其负责人的允许不得进行扣押或者搜查。

（二）前款的负责人除了危害国家重大利益的情况外，不得拒绝允许。

第一百一十一条　公务上的秘密和扣押

（一）对于公务员或者曾为公务员者，所持有或者保管的物品，在本人或者其所属公务机关申报属于职务涉及秘密的物品时，不经过其所属公务机关或者有关监督机关的允许，不得扣押。

（二）所属公务机关或者有关监督机关除了危害国家重大利益的情况下，不得拒绝允许。

第一百一十二条　业务上的秘密和扣押

律师、专利代办人、公证人、注册会计师、税务师、代书业者、医生、中医师、牙医师、药剂师、药商、助产师、护士、宗教相关职业者，在其业务上受托所持有或者保管的物品属于涉及他人秘密的物品时，可以拒绝扣押。但是，该他人允许或者在重大公益上有必要的除外。<改正 1980. 12. 18.，1997. 12. 13.>

第一百一十三条　扣押、搜查证

在公审庭外进行扣押或者搜查的，应当签发扣押、搜查证后执行。

第一百一十四条　令状的方式

（一）扣押、搜查证应当载明被告人姓名、罪名、应予扣押的物品、应予搜查的场所、身体、物品、签发日期、有效期以及逾期不执行应当返还令状为宗旨的其他大法院规则的事项，由裁判长或者受命法官签名盖章。但是，扣押、搜查的物品是与电气通信有关的，应记录制作日期。<改正 2011. 7. 18.>

（二）第七十五条第二款的规定适用于前款扣押、搜查证。

第一百一十五条　令状的执行

（一）扣押、搜查令按照检事的指挥，由司法警察官执行。但是，在必要的时候，裁判长可以责令法院事务官等执行。<改正 2007. 6. 1.>

（二）第八十三条的规定，适用于扣押、搜查证的执行。

第一百一十六条　注意事项

扣押、搜查证的执行，应当注意保守他人的秘密，不危害被扣押、搜查人的名誉。

第一百一十七条　执行的协助

法院的事务官等在扣押、搜查证的执行上，有必要时可以请求司法警察官的协助。<改正 2007. 6. 1. >

第一百一十八条　令状的出示

扣押、搜查证应当向被扣押、搜查人出示。

第一百一十九条　执行中的禁止出入

（一）在执行扣押、搜查令的业务时，可以禁止他人出入。

（二）对违反前款规定者，可以命其退出或者派人看守至执行完毕。

第一百二十条　执行和必要的处分

（一）在扣押、搜查证的执行上，可以进行开启锁具或者启封以及其他必要的处分。

（二）前款的处分，对扣押物也可以执行。

第一百二十一条　令状的执行和当事人的在场

检事、被告人或者辩护人可以在执行扣押、搜查证时在场。

第一百二十二条　令状的执行和有权在场人的通知

执行扣押、搜查证，应当将执行的时间和地点事先通知前条规定之人。但是，前条规定之人明确表示不参与或者有紧急情况时除外。

第一百二十三条　令状的执行和负责人的在场

（一）在公务机关、军用航空器、船舶、车内执行的扣押、搜查证，应当通知其负责人在场。

（二）在前款规定之外的他人住所、有看守人的住宅、建筑物、航空器、船舶、车内执行扣押、搜查证，应当命居住者、看守者或者其他相关人员在场。

（三）不能使前款之人在场时，应当命邻居或者地方公共团体的职员在场。

第一百二十四条　女性的搜查和在场

搜查女性身体，应当命令其他成年女性在场。

第一百二十五条　夜间执行的限制

日出前、日落后，如扣押、搜查证上没有注明可以夜间执行的记录，就不得为了执行扣押、搜查证而进入他人的居所、有看守人的住宅、建筑物、航空器或者船舶、车内。

第一百二十六条　限制夜间执行的例外

在下列场所执行扣押、搜查时，不受前条规定限制：

1. 被认定常用于赌博、妨害风化行为的场所；

2. 在公开开放时间内的旅店、餐饮店或者其他公众可以夜间出入的场所。

第一百二十七条　终止执行和必要的处分

中止扣押、搜查令的执行后，在必要的情况下，可以封闭或者命人看守其场所，直至执行完毕。

第一百二十八条　证明书的交付

经搜查，没有物证或者可供没收的物品的，应当交付其主旨的证明书。

第一百二十九条　扣押目录的交付

扣押时，应当制作目录，交付所有人、持有人、保管人或者其他相关人员。

第一百三十条　扣押物品的保管与废弃

（一）不便搬运或者保管的扣押物，可以命人看守或者经承诺使所有人或者其他适当的人选保管。

（二）有发生危险之虑的扣押物，可以废弃。

（三）在法令上对于生产、制造、持有、禁止流通的扣押物，有腐败隐患或者不易保管的扣押物，经所有人等有权人士同意，可以销毁。<新设2007.6.1.>

第一百三十一条　注意事项

为了防止扣押物的丧失或者毁损，应当采取适当措施。

第一百三十二条　扣押物的代价保管

（一）对于应当没收的扣押物存在灭失、损坏、腐败或者存在明显贬值或者难以保管的，可以拍卖保存其代价。

（二）对于应当退还的扣押物，不知退回接受对象或者接受对象下落不明的，该扣押物存在灭失、损坏、腐败或者存在明显贬值或者难以保管的，可以拍卖保存其代价。

［全文改正2007.6.1.］

第一百三十三条　扣押物的发还和暂时发还

（一）认定没有继续扣押必要的扣押物，或者是被告案件终结前也应当决定发还；供作证据的扣押物，根据所有人、持有保管人或者交出人的请求，可以暂时发还。

（二）以只供作证据使用为目的的扣押物，其所有人或者持有人应当继续使用的物品，要迅速采取照相或者其他保存原样的措施后，暂时发还。

第一百三十四条　扣押的赃物发还被害人

扣押的赃物，有明显发还被害人理由的，或者是被告案件终结前也可以决定发还被害人。

第一百三十五条　扣押物的处分和通知当事人

作出前三条的决定，应当事先通知检事、被害人、被告人或者辩护人。

第一百三十六条　受命法官

（一）法院可以命合议庭进行扣押或者搜索，可以委托管辖标的物所在地的地方法院判事。

（二）受托判事在扣押或者搜查的目的物不在其管辖区域内时，可以转托其目的物所在地地方法院判事。

（三）受命法官、受托判事进行的扣押或者搜查，适用于法院进行扣押或者搜查的规定。

第一百三十七条　羁押票的执行和搜查

检事、司法警察官或者依照第八十一条第二款规定的法院事务官等执行羁押票时，可以进入他人居所、有人看守的房屋、建筑物、航空器、船舶内搜查被告人。<改正 2007. 6. 1. >

第一百三十八条　适用规定

第一百一十九条、第一百二十条、第一百二十三条和第一百二十七条之规定，适用于前条规定的检事、司法警察官、法院事务官等进行的搜查。<改正 2007. 6. 1. >

第十一章　勘验

第一百三十九条　勘验

法院为了查清事实，有必要时，可以进行勘验。

第一百四十条　勘验和必要的处分

进行勘验时，可以检查身体、解剖尸体、挖掘坟墓、破坏物品及其他必要的处分。

第一百四十一条　检查身体的注意事项

（一）检查身体时，应当考虑被检查人的性别、年龄、健康状态及其他状况，注意不要损害被检查人的健康和名誉。

（二）对被告人以外的人员进行身体检查时，以有明显理由可以确定存在证据痕迹的情况为限。

（三）检查女性身体时，应该由女性医师或者成年女性在场。

（四）解剖尸体或者挖掘坟墓，应该注意当地的风俗习惯并事先通知其遗属到场。

第一百四十二条　检查身体和传唤

法院为了检查身体，可以传唤除被告人以外的相关人员到法院或者其他规定的场所。

第一百四十三条　时刻的限制

（一）日出前、日落后，非经居住人、看守者或者其他相关者的允许，不得为进行勘验进入他人的居所、有人看守的住宅、建筑物、航空器或者船舶、车内。但是，日出后勘验有不能到达之目的的情况除外。

（二）日落前开始勘验的，日落后可以继续勘验。

（三）第一百二十六条所规定的场所，不受第一项的限制。

第一百四十四条　勘验的协助

执行勘验业务，必要时，可以命令司法警察官进行协助。

第一百四十五条　适用规则

第一百一十条、第一百一十九条至第一百二十三条、第一百二十七条和第一百三十六条之规定，适用勘验。

第十二章　询问证人

第一百四十六条　证人的资格

法院可以对任何人进行作为证人的询问，但是法律另有规定的除外。

第一百四十七条　公务上的秘密和证人资格

（一）对于公务员或者曾是公务员者，因其职务而获得的事实，在本人或者其所属公务机关申报属于职务上涉及秘密的事项时，不经其所属公务机关或者有关监督机关的允许，不得以证人身份接受询问。

（二）所属公务机关或者有关监督机关除危害国家重大利益的情况下，不得拒绝承诺。

第一百四十八条　近亲的刑事责任和拒绝证言

任何人可以拒绝有下列各项情形之一的关系者被刑事追诉或者提起公诉或者受有罪判决事实的证言。<改正 2005. 3. 31. >

1. 亲属或者有亲属关系者；
2. 法定代理人、监护人。

第一百四十九条　业务上的秘密和拒绝证言

律师、专利代办人、公证人、注册会计师、税务师、代书业者、医生、中医师、牙医师、药剂师、药商、助产师、护士、宗教相关职业者，因业务委托的关系所获知的事实，属于涉及他人秘密的，可以拒绝作出证言。但是，经本人同意或者在重大公益上有必要的除外。<改正 1980. 12. 18.，1997. 12. 13. >

第一百五十条　拒绝证言事由的陈明

拒绝证言者，应当明确陈述拒绝事由。

第一百五十条之二　证人的传唤

（一）法院以送达传票、电话、电子邮件以及其他适当的方法传唤证人。

（二）为使证人出庭，证人的申请者有义务作出合理的努力。

[本条新设 2007. 6. 1.]

第一百五十一条　证人未出庭情况的罚金等

（一）法院在送达传票的证人无正当理由拒不到庭的情况下，决定将因不出席而引起的诉讼费用由证人承担，可以处五百万元以下罚金。根据第一百五十三条及第七十六条第二款、第五款规定送达的传唤书与送达的传票具有同等效力。

（二）法院对证人受到第一款罚金的裁判后，无正当理由拒不到庭的，将决定处证人七天以内的拘留。

（三）法院应当在拘留裁判的日期传唤证人，就第二款是否有正当理由进行裁决。

（四）根据裁判法院裁判长的命令，拘留由司法警察官、狱警、法院警卫或者法院事务官等在监狱、看守所或者警察署的拘留所执行。

（五）被判处拘留的证人被羁押在第四款规定的拘留设施内的，该监督设施场所的负责人应当立即向法院通报。

（六）法院接到第五款通知时，应当及时开庭询问。

（七）对于法院处以监置[①]决定的证人在其结束证词陈述后，法院须立即取消对其的监置决定，并立即释放。

（八）对第一款和第二款的决定，可以立即抗诉。本款不适用于第四百一十条。

[全文改正 2007. 6. 1.]

第一百五十二条　传唤不到和拘传

对于无正当理由而传唤不到的证人，可以拘传。

第一百五十三条　适用规定

第七十三条、第七十四条、第七十六条的规定，适用证人的传唤。

第一百五十四条　内部证人的传唤

证人在法院院内时，可以不经传唤直接询问。

第一百五十五条　适用规定

第七十三条、第七十五条、第七十七条、第八十一条至第八十三条、第

---

① “监置制度”，是指对有能力缴纳罚款却故意滞纳或者经常性滞纳者，通过法院的审判在缴纳罚款前拘留一段时间，以间接强制缴纳罚款的制度。“监置”是强制缴纳罚款的一种民事制裁，并不是对滞纳罚款者的刑罚等刑事制裁。此为大韩民国法务部《违反秩序行为限制法》的解释。（译者注）

八十五条第一款和第二款的规定，适用于证人的拘传。

第一百五十六条　证人的宣誓

询问证人前，应当命令证人进行宣誓。但是，法律有特别规定的除外。

第一百五十七条　宣誓的方式

（一）宣誓应当按照宣誓书进行。

（二）宣誓书应当记载“我发誓，要凭良心按照事实说真话，不隐瞒不虚构，如有谎言，愿受伪证罪的处罚”。

（三）裁判长应当令证人朗读宣誓书并签字盖章。证人不能朗读宣誓书或者不能签字的，应由参加的法院事务官等代行。<改正 2007. 6. 1.>

（四）宣誓时应起立，严肃进行。

第一百五十八条　对宣誓证人的告知

裁判长应当在宣誓前对宣誓的证人告知伪证的处罚规定。

第一百五十九条　无宣誓能力

证人属于以下各项之一的，应当不经宣誓进行审问：

1. 不满十六周岁；
2. 不能理解宣誓主旨的。

第一百六十条　拒绝证言权的告知

证人符合第一百四十八条、第一百四十九条之规定的，裁判长应当在询问前说明可以拒绝作出证言。

第一百六十一条　宣誓、证言的拒绝和罚金

（一）证人无正当理由而拒绝宣誓或者作出证言的，可以决定处五十万元以下罚金。<改正 1973. 1. 25.，1995. 12. 29.>

（二）对第一款的决定，可以即时抗告。<改正 1995. 12. 29.>

第一百六十一条之二　询问证人的方式

（一）证人先由检事、辩护人或者被告人询问，再由其他检事、辩护人或者被告人询问。

（二）裁判长可以在前款询问之后询问。

（三）裁判长认为有必要时，可以不按前款规定，随时可以进行询问，可以变更第一款的询问顺序。

（四）法院依职权询问证人或者依照被害人的申请询问证人，询问方式由裁判长决定。<改正 1987. 11. 28.>

（五）合议庭经告知裁判长后可以询问。

[本条新设 1961. 9. 1.]

第一百六十二条　个别询问和对质

（一）询问证人，应当分别进行。<改正 1961. 9. 1.>

（二）未询问的证人在庭时，应当命其退庭。

（三）必要时可以命证人与其他证人或者被告人对质。

（四）删除<1961. 9. 1. >

第一百六十三条　当事人的参与权、询问权

（一）检事、被告人或者辩护人可以参与询问证人。

（二）询问证人的时间与场所，应当事先通知依照前款规定可以参与者。但是，明确表示不参与之意者除外。

第一百六十三条之二　有信赖关系者的同席

（一）法院询问犯罪受害人为证人的情况下，要考虑到证人的年龄、身心状况和其他情况，证人显著不安或者紧张的时候，根据职权或者被害人、法定代理人、检事的申请，可以让与被害人有信赖关系者同席。

（二）被害人年纪未满十三岁或者身体、精神上具有明显缺陷或者不具有正常的认知能力的情况下，法院应允许与被害人有信赖关系者陪同出席庭审。

（三）根据第一款或者第二款，同席者不得妨碍法院、诉讼参与人的询问或者证人的陈述，或者对陈述的内容有不正当影响的行为。

（四）根据第一款或者第二款可以同席的信赖者的范围、同席的程序及方法等必要的事项，由大法院规则规定。

[本条新设 2007. 6. 1.]

第一百六十四条　询问的请求

（一）检事、被告人或者辩护人不参与询问证人时，可以请求法院询问必要的事项。

（二）在被告人或者辩护人没有参与的情况下询问证人，陈述对被告人预期外的不利证言时，必须将陈述内容告知被告人或者辩护人。

（三）删除<1961. 9. 1. >

第一百六十五条　证人的法庭外询问

法院考虑到证人的年龄、职业、健康状态等情况，经征求检事、被告人或者辩护人的意见后，可以传唤证人到法庭以外的或者其所在地进行询问。

第一百六十五条之二　询问证人时的录像等中转装置

若证人符合下述任意一条件的情况，法院可以在听取检事、被告人及律师的意见后，通过录像等间接设备或者屏蔽设备进行询问。<修改 2009. 6. 9. , 2011. 8. 4. , 2012. 12. 18. >

（一）《儿童福利法》第七十一条第一款第一项至第三项[①]所列罪行的受害者。

（二）《儿童、青少年性保护法》第七条、第八条、第十一条至第十五条以及第十七条第一款[②]规定的犯罪对象。

---

① 《儿童福利法》第71条第1款第1项 有第1款（根据《儿童、青少年性保护法》第12条的买卖行为除外）行为的，处10年以下有期徒刑；第1项之2：有第2款行为的，处10年以下有期徒刑或者1亿元以下罚金；第2项：有第3款至第8款规定行为的，处5年以下有期徒刑或者5000万元以下罚金；第3项：有第10项或者第11项行为的，处3年以下有期徒刑或者3000万元以下罚金。（译者注）

② 《儿童、青少年性保护法》第7条 对儿童、青少年实施强奸、强行猥亵等（一）以暴力、胁迫强奸儿童、青少年的，处无期徒刑或者5年以上有期徒刑。（二）对儿童、青少年实施下列暴力、胁迫行为之一的，处五年以上有期徒刑：1. 在口腔、肛门等身体内部（性器官除外）放置生殖器的行为；2. 将手指或者工具放入（性器官除外）口腔或者肛门的行为。（三）对儿童、青少年实施犯《刑法》第298条之罪的，处2年以上有期徒刑或者1000万元以上3000万元以下罚金。（四）对儿童、青少年实施犯《刑法》第299条之罪的，以第1款至第3款为例。（五）以伪计或者威力奸淫儿童、青少年或者猥亵儿童、青少年的，以第1项至第3项为例。（六）第1款至第5款的未遂犯，予以处罚。

《儿童、青少年性保护法》第8条 对残疾儿童、青少年实施奸淫等（一）19岁以上者奸淫残疾儿童、青少年（依据《残疾人福利法》第2条第1款所称残疾人，是指身体上或者精神上残疾，辨认事物或者决定意志能力不强的13岁以上的儿童、青少年。以下同本条）或者使残疾儿童、青少年奸淫他人的，处3年以上有期徒刑。（二）19岁以上者猥亵残疾儿童、青少年的，或者使残疾儿童、青少年猥亵他人的，处十年以下有期徒刑或者1500万元以下罚金。

《儿童、青少年性保护法》第八条之二 对13岁以上不满16岁的儿童、青少年实施奸淫等（一）19岁以上者，利用13岁以上未满16岁的儿童、青少年（第八条残疾儿童、青少年不满16周岁的除外，以下同本条）的窘迫生存状态，进行奸淫或者使当事儿童、青少年奸淫他人的，处3年以上有期徒刑。（二）19岁以上者利用13岁以上不满16岁的儿童、青少年的窘迫生存状态，猥亵该儿童、青少年或者使该儿童、青少年猥亵他人的，处10年以下有期徒刑或者1500万元以下罚金。［本条新设2019. 1. 15.］［本条施行日：2019. 7. 16.］

《儿童、青少年性保护法》第11条 儿童、青少年淫秽物品的制作与发行等（一）制造、进口、出口儿童与青少年相关淫秽物品的，处无期徒刑或者5年以上有期徒刑。（二）以营利为目的，销售、出租、散发、提供儿童和青少年相关的淫秽物品或者以此为目的持有、运输、公然展示或者放映的，处10年以下有期徒刑。（三）散发、提供儿童、青少年淫秽物品或者公然展示、放映的，处7年以下有期徒刑或者5000万元以下罚金。（四）明知制造是儿童、青少年相关淫秽物品的，依然将儿童、青少年介绍给儿童、青少年淫秽物品的制作者的，处3年以上有期徒刑。（五）明知是儿童、青少年相关淫秽物品依然持有的，处1年以下有期徒刑或者2000万元以下罚金。（六）第1款的未遂犯，予以处罚。

（三）因犯罪性质、证人年龄、身心状况、与被告人的关系，以及认为当面陈述会因心理负担明显丧失精神平稳的情形。

［本条新设 2007. 6. 1.］

（接上页注）《儿童、青少年性保护法》第 12 条　儿童、青少年的交易行为（一）明知是儿童、青少年性行为或者制造儿童、青少年淫秽物品的行为的对象，依然将儿童、青少年买卖或者移送到国外或者将居住在国外的儿童、青少年移送到国内的，处无期徒刑或者五年以上有期徒刑。（二）第 1 款的未遂犯，予以处罚。

《儿童、青少年性保护法律》第 13 条　儿童、青少年性行为等（一）驱使儿童、青少年有性行为的，处 1 年以上 10 年以下有期徒刑或者 2000 万元以上 5000 万元以下罚金。（二）为了收买儿童、青少年的性行为，引诱或者诱骗儿童、青少年卖淫的，处 1 年以下有期徒刑或者 1000 万元以下罚金。

《儿童、青少年性保护法》第 14 条　对儿童、青少年进行强迫的（一）符合下列情形之一的，处 5 年以上有期徒刑：1. 以暴力或者胁迫的方式迫使儿童、青少年成为儿童、青少年的性行为人；2. 使用先拂金或者其他债务方法使儿童、青少年陷入困境，或以其地位或者威力使儿童、青少年成为与儿童、青少年发生性关系的行为人；3. 利用工作或其他关系迫使接受自己保护或监督的儿童、青少年成为儿童、青少年性行为人；4. 引诱、劝诱儿童、青少年成为儿童、青少年性行为的相伴者。（二）实施犯第 1 款第 1 项至第 3 项罪的，获取全部或部分回报，或要求或承诺的，处七年以上有期徒刑。（三）引诱、劝诱使儿童、青少年成为嫖娼行为的对象的，处 7 年以下有期徒刑或者 5000 万元以下罚金。（四）第 1 款、第 2 款的未遂犯，予以处罚。

《儿童、青少年性保护法》第 15 条　斡旋营业行为等（一）有下列情形之一的，处 7 年以上有期徒刑：1. 为儿童、青少年提供性行为场所营业者；2. 介绍儿童、青少年进行性行为的，或者以信息通信网提供性信息的行为的营业者；3. 明知用于第一项或者第二项犯罪的事实而提供资金、土地或者房屋者；4. 为儿童、青少年性行为提供场所、介绍场所、雇用童工者。（二）有下列情形之一的，处 7 年以下有期徒刑或者 5000 万元以下罚金：1. 引诱、劝诱或者强迫儿童、青少年进行性交易的；2. 为儿童、青少年嫖娼行为提供场所者；3. 介绍儿童、青少年进行性行为或者通过信息通信网提供介绍信息者；4. 承诺从事第 2 项或者第 3 项活动的。（三）引诱、劝诱或者强迫儿童、青少年进行性行为的，处五年以下有期徒刑或者 3000 万元以下罚金。

《儿童、青少年性保护法》第 17 条第 1 款　在自己管理的信息通信网中，发现儿童、青少年相关的淫秽物品，不采取总统令规定的措施或者立即删除发现的儿童、青少年淫秽物品，不采取防止或者中断传送等技术性措施的网络服务提供者，处 3 年以下有期徒刑或者 2000 万元以下罚款。但是，网络服务提供者在信息通信网上发现儿童、青少年利用的淫秽物，没有忽视对情况的注意，或者想要防止或者中断发现的儿童、青少年相关淫秽物的传送，而技术上有明显困难的情况除外。（译者注）

第一百六十六条　同行命令的拘传

(一) 法院在必要时，可以决定令证人同行至指定场所。

(二) 证人无正当理由拒绝同行时，可以拘传。

第一百六十七条　受命法官、受托判事

(一) 法院可以命合议庭庭外询问证人，或者可以委托证人所在地方法院判事询问。

(二) 受托判事在证人不在管辖区域的情况下，可以转托其现在所在地的地方法院判事。

(三) 受命法官或者受托判事询问证人，可以进行属于法院或者裁判长的处分。

第一百六十八条　证人的旅费、津贴、住宿费

被传唤的证人依照法律规定，可以申请旅费、津贴和住宿费。但是，无正当理由拒绝宣誓或者陈述证言者除外。

第十三章　鉴　定

第一百六十九条　鉴定

法院可以令有学识经验者进行鉴定。

第一百七十条　宣誓

(一) 鉴定前应当令鉴定人宣誓。

(二) 宣誓应当按照宣誓书进行。

(三) 宣誓书应当记载“我发誓，要凭良心按照事实说真话，不隐瞒不虚构，如有谎言，愿受伪证罪的处罚”。

(四) 第一百五十条第三款、第四款、第一百五十八条之规定，适用于鉴定人。

第一百七十一条　鉴定报告

(一) 鉴定的经过及其结果，应当令鉴定人提出书面报告。

(二) 鉴定人为多人时，可以分别或者共同提出报告。

(三) 鉴定的结果，应当明示其判断理由。

(四) 必要时，可以令鉴定人予以说明。

第一百七十二条　法院外的鉴定

(一) 法院在必要时，可以令鉴定人在法院外进行鉴定。

(二) 前款情况下，可以将需要鉴定的物品交付鉴定人。

(三) 有必要进行有关被告人精神或者身体的鉴定时，法院可以规定期限，将被告人留置于医院或者其他适当的场所，鉴定完毕后应当立即解除留置。

（四）进行前款留置，应当签发鉴定拘票。<修改 1973. 1. 25. >

（五）进行第三款的留置，必要时法院依照职权或者经收容被告人的医院或者其他场所管理者的请求，可以命司法警察官看守被告人。<新设 1973. 1. 25. >

（六）法院在必要时可以延长或者缩短留置的时间。<新设 1973. 1. 25. >

（七）有关羁押的规定，法律无特别规定时，适用于第三款的留置。但是，有关保释规定的除外。<新设 1973. 1. 25. >

（八）第三款的留置，在未决拘禁日数的计算时视为羁押。<新设 1973. 1. 25. >

第一百七十二条之二　鉴定留置和羁押

（一）对羁押中的被告人执行鉴定拘票时，其留置期间视为羁押的停止执行。

（二）前款情况下，前条第三款的留置处分被撤销或者留置期届满时，视为羁押的停止执行的撤销。

[本条新设 1973. 1. 25.]

第一百七十三条　鉴定的必要处分

（一）鉴定人在进行鉴定必要时，经法院许可，可以进入他人的居所、有人看守的住宅、建筑物、航空器、船舶、车内进行身体检查、尸体解剖、挖掘坟墓、破坏物品。

（二）前款许可，应当签发记载被告人姓名、罪名、需要进入的场所、需要检查的身体、需要解剖的尸体、需要挖掘的坟墓、需要破坏的物品，以及鉴定人姓名和有效期间的许可证。

（三）鉴定人应当向受第一款处分者出示许可证。

（四）前二款之规定，不适用于鉴定人在公审进行的第一款处分。

（五）第一百四十一条、第一百四十三条之规定，适用于第一款规定的情形。

第一百七十四条　鉴定人的参与权、询问权

（一）鉴定人在进行鉴定必要时，经裁判长许可，可以阅览或者抄录文书或者证物，参与被告人或者证人的询问。

（二）鉴定人可以要求询问或者经裁判长许可直接发问被告人或者证人。

第一百七十五条　受命法官

法院可以令合议庭成员就鉴定作出必要的处分。

第一百七十六条　当事人参与

（一）检事、被告人或者辩护人可以参与鉴定。

（二）第一百二十二条之规定，适用于前款情形。

第一百七十七条　适用规定

前章规定，除了有关拘传的规定外，适用于本章。

第一百七十八条　旅费、鉴定费等

依照法律规定，鉴定人除了旅费、津贴、住宿费以外，可以请求补偿鉴定费和因鉴定所支付的费用。

第一百七十九条　鉴定证人

询问依据特别知识获知的以往事实时，不依照本章规定，应依照前章规定。

第一百七十九条之二　鉴定的委托

（一）法院认为必要时，可以向公务机关、学校、医院及其他有相当设备的团体或者机关委托鉴定。这种情况下，不适用宣誓相关的规定。

（二）在第一款情况下，法院可以令该公务机关、学校、医院、团体或者机关指定人员说明鉴定。

[本条新设 1995. 12. 29.]

第十四章　口译和笔译

第一百八十条　口译

对不通晓国语者的陈述，应当令口译人员进行口译。

第一百八十一条　聋哑人的口译

对聋人或者哑人的陈述，可以令翻译人员进行口译。

第一百八十二条　笔译

对非本国国语、国文或者符号的，应当进行笔译。

第一百八十三条　适用规定

前章规定，适用于本章。

第十五章　证据的保全

第一百八十四条　保全证据的请求及程序

（一）检事、被告人、嫌疑人或者辩护人，在有未预先保全证据就难以使用该证据的情况下，即或第一次公审日期之前，亦可以向判事请求进行扣押、搜查、勘验、询问证人或者鉴定。

（二）接受前款之请求的判事，其处分具有法院或者裁判长相同的效力。

（三）第一款之请求，应当以书面形式陈明理由。

（四）对于驳回第一款请求的决定，可以在三日内抗告。<新设 2007. 6. 1. >

第一百八十五条　文书的预览等

检事、被告人、嫌疑人或者辩护人，经判事的许可，可以阅览或者抄录有关前条处分的文书和证物。

第十六章　诉讼费用

第一百八十六条　被告人诉讼费的承担

（一）宣告刑罚时，应当由被告人承担全部或者部分诉讼费用。但是，因被告人的经济情况不能缴纳诉讼费用的情况除外。<改正 1995. 12. 29. >

（二）因被告人应当承担责任的事由而产生的费用，在不宣告刑罚的情况下，亦可以由被告人承担。

第一百八十七条　共犯的诉讼费用的承担

共犯的诉讼费用，可以由共犯连带承担。

第一百八十八条　告诉人等诉讼费用的承担

因告诉或者告发而提起的诉讼案件，被告人受无罪或者免于诉讼的判决时，告诉人或者告发人有故意或者重大过失的，可以由告诉人或者告发人承担全部或者部分诉讼费用。

第一百八十九条　检事上诉的撤回和诉讼费用的承担

只有检事上诉或者请求再审的情况下，上诉或者再审的请求驳回或者撤回时，不得由被告人承担诉讼费用。

第一百九十条　第三方诉讼费用的承担

（一）非检事上诉或者再审的情况下，上诉或者再审的请求被驳回或者撤回时，可以由其承担诉讼费用。

（二）非被告人撤回被告人提起的上诉或者再审请求的情况下，与前款同。

第一百九十一条　诉讼费用的裁判

（一）以裁判使诉讼程序终了的情况下，由被告人承担诉讼费用的，应当依据职权裁判。

（二）以本案的裁判上诉的情况为限，对于前款的裁判可以不服。

第一百九十二条　第三方承担的裁判

（一）以裁判使诉讼程序终了的情况下，由非被告人承担诉讼费用的，应当依据职权决定。

（二）对于前款的决定，可以即时抗告。

第一百九十三条　未经裁判的程序终结

（一）未经裁判诉讼程序终结的情况下，诉讼费用的承担应当由案件的最后系属法院依据职权决定。

（二）对于前款的决定，可以即时抗告。

第一百九十四条　承担数额的算定

承担诉讼费用的裁判没有标明数额时，由指挥执行的检事算定。

第一百九十四条之二　无罪判决与费用补偿

（一）在被国家判决确定无罪时，应对本案的被告人补偿裁判所需要的费用。

（二）有下列情形之一的，可以不补偿第一款所列全部或者部分费用：

1. 被告人犯徇私舞弊罪或者制造其他有罪证据，认定为被起诉情况的；

2. 竞合犯对其中一项罪名作出无罪判决，但是对另外罪名作出有罪判决的情况；

3. 根据《刑法》第九条、第十条第一款[①]的事由确定无罪的；

4. 该费用是作为对被告人承担责任的事由而出现的。

[本条新设 2007. 6. 1.]

第一百九十四条之三　费用补偿的程序等

（一）第一百九十四条之二第一款的费用补偿，根据被告人的请求，由宣判无罪的法院合议庭决定。

（二）第一款之请求，应当在告知确定无罪事实之日起三年，作出无罪判决之日起五年以内进行。<改正 2014. 12. 30.>

（三）对第一款的决定，可以即时抗告。

[本条新设 2007. 6. 1.]

第一百九十四条之四　费用补偿的范围

（一）第一百九十四条之二规定的费用补偿范围，限于曾是被告人或者辩护人的人在开庭准备和开庭时所需要的旅费、津贴、住宿费和辩护人的报酬。关于补偿金额，依据刑事诉讼费用等法律中适用对被告人的规定、对辩护人的规定以及国选辩护人的规定。

（二）法院在立案准备或者公审当天出席的辩护人是二人以上的，考虑到案件的性质、审理情况以及除此以外的其他情况，可以将辩护人的旅费、日薪以及住宿费限定为代表辩护人或者其他部分辩护人的费用。

---

① 《刑法》第 9 条　刑事未成年者未满 14 岁者的行为不予处罚。《刑法》第 10 条第 1 款　因心神障碍，没有辨别事物的能力或者没有决定自己意识能力者的行为，不予处罚。（译者注）

[本条新设 2007.6.1.]

第一百九十四条之五　适用规定

关于费用赔偿请求、费用补偿程序、费用补偿与其他法律规定的损害赔偿的关系、获得赔偿的权利的转让、扣押或者被告人的继承人的费用补偿等，除本法规定的以外，根据《刑事补偿法》规定执行。

[本条新设 2007.6.1.]

第二编　第一审

第一章　搜　查

第一百九十五条　检事的搜查

检事认为有犯罪嫌疑时，应当侦查犯人、犯罪事实和证据。

第一百九十六条　司法警察官

(一) 搜查官、警务官、总警、警监、警卫级别作为司法警察的警官，应该受检事的指挥进行搜查。

(二) 在司法警察官认为有犯罪嫌疑时，应当开始对犯人、犯罪事实和证据进行侦查。

(三) 司法警察官应当在检事的指挥下进行侦查。检事指挥的具体事项，由总统令规定。

(四) 司法警察官在搜查犯罪时，应将相关文书和证物及时报告检事。

(五) 警查、警长、巡警作为司法警察的警员，应当辅助搜查。

(六) 除第一款和第五款规定者以外，以法律确定司法警察官。

[全文修改 2011.7.18.]

第一百九十七条　特别司法警察官

有关森林、海事、专卖、税务、军队搜查机关等特殊事项，履行司法警察官职务者及职能范围，依据法律规定。

第一百九十八条　注意事项

(一) 对嫌疑人的搜查，原则上不予拘留。

(二) 检事、司法警察官以及其他与搜查工作有关的人员，应当尊重嫌疑人或者他人的人权，严守在搜查过程中获取的秘密，防止发生妨碍搜查的情况。

(三) 检事、司法警察官以及其他与搜查工作有关的人员，在侦查过程中，对搜查和在搜查中取得的文件或者物品，应当制作完整目录。<新设

2011. 7. 18. >

[全文修改 2007. 6. 1.]

第一百九十八条之二　检事的逮捕、羁押场所的监察

(一) 地方检察厅长或者支厅长为调查有无非法逮捕、羁押的情况，应当命令检事每月一次以上监察管辖区域内搜查机关逮捕、羁押嫌疑人的场所。进行监察的检事，应当审问被逮捕或者羁押者，并调查相关文书。<改正 1995. 12. 29. >

(二) 检事有相当的理由怀疑没有按照法定程序逮捕或者羁押时，应当命其立即释放被逮捕或者羁押者，或者命其将案件送交检察机关。<改正 1995. 12. 29. >

[本条新设 1961. 9. 1.]

[题目改正 1995. 12. 29.]

第一百九十九条　搜查和必要的调查

(一) 为了达到搜查的目的，可以进行必要的调查。但是，强制处分限于本法有特别规定的情况，并应当仅在必要的最小的限度内进行。<改正 1995. 12. 29. >

(二) 为了搜查，可以函询公务机关等公私团体，要求报告必要事项。

第二百条　嫌疑人的出庭要求

检事或者司法警察官搜查需要时，可以要求嫌疑人出庭作证。

[题目改正 2007. 6. 1.]

第二百条之二　逮捕令

(一) 有相当的理由怀疑嫌疑人犯罪时，对第二百条规定的到场要求，无正当理由而不到场的或者有不到场可能的，检事可以通过请求管辖地方法院判事，签发的逮捕令，逮捕嫌疑人；司法警察官可以向检事申请，由检事请求地方法院判事签发逮捕令，逮捕嫌疑人。但是，对于属最高五十万元以下的罚款，拘留或者科料的案件，只限于嫌疑人没有固定居所或者无正当理由没有按照第二百条之规定到庭的情形。

(二) 接受第一款请求的地方法院判事认为适当时，签发逮捕令。但是，在不能明确有逮捕的必要时除外。

(三) 接受第一款请求的地方法院判事不签发逮捕令时，应在请求书上记载其主旨及理由，签字盖章后交付提出请求的检事。

(四) 检事提出第一款的请求，对同一犯罪事实的嫌疑人，在前已经申请或者已经被签发逮捕令的情况下，应当重新记载申请逮捕令的主旨和理由。

(五) 逮捕嫌疑人需要羁押的，应当自逮捕时起四十八小时内依照第二百零一条的规定申请羁押，期满未申请的，应当立即释放。

[本条新设 1995. 12. 29.]

[题目改正 2007. 6. 1.]

第二百条之三　紧急逮捕

（一）检事或者司法警察官有充分的理由怀疑嫌疑人犯有属于死刑、无期徒刑或者三年以上有期徒刑或者监禁的，如果有下列情形之一，因情况紧急，不能立即取得地方法院判事签发的逮捕令，可以先告知其原因，在没有逮捕令的情况下逮捕嫌疑人。这里的紧急情况是指，如偶然发现嫌疑人等没有时间取得逮捕令的情况。<改正 2007. 6. 1. >

1. 当嫌疑人有毁灭证据的可能时；

2. 嫌疑人有可能逃跑或者逃跑时。

（二）司法警察官依照第一款规定逮捕嫌疑人时，应当立即取得检事的批准。

（三）检事或者司法警察官依据第一项的规定逮捕嫌疑人时，应当制作紧急逮捕书。

（四）第三款规定的紧急逮捕书应当记载犯罪事实的要旨、紧急逮捕的事由等。

[本条新设 1995. 12. 29.]

第二百条之四　紧急逮捕和令状请求期

（一）检事或者司法警察官依照第二百条第三款的规定逮捕嫌疑人，需要羁押的，检事应当及时向管辖地方法院的判事申请羁押票，司法警察官应当向检事申请，通过检事请求管辖地方法院的判事申请羁押票。在这种情况下，羁押票应当自逮捕嫌疑人之日起四十八小时内提出，并附加第二百条之三规定的紧急逮捕书。<改正 2007. 6. 1. >

（二）没有依据第一款规定请求羁押票或者未能取得签发时，应当立即释放嫌疑人。

（三）对于依据第二款规定释放嫌疑人的，不能因同一犯罪事实无令状逮捕。

（四）检事没有依照第一款申请羁押票释放嫌疑人的，应当自释放之日起三十日内书面通知法院下列事项，并附紧急逮捕令副本。<新设 2007. 6. 1. >

1. 紧急逮捕后被释放者的个人资料；

2. 紧急逮捕的时间、地点和紧急逮捕的具体理由；

3. 释放的时间、地点和事由；

4. 紧急逮捕和释放的检事或者司法警察官的声明。

（五）紧急逮捕后被释放者或者其辩护人、法定代理人、配偶、直系亲属、兄弟姐妹可以查阅和抄录通知书以及相关文书。<新设 2007. 6. 1. >

(六) 司法警察官对紧急逮捕的嫌疑人不申请羁押，予以释放的应当立即报告检事。<新设 2007. 6. 1. >

[本条新设 1995. 12. 29.]

第二百条之五　逮捕和嫌疑事实等的告知

检事或者司法警察官在逮捕嫌疑人时，应当向其说明嫌疑事实的主旨、逮捕的理由和辩护人的选任，及给予申辩的机会。

[本条新设 2007. 6. 1.]

[以前的第二百条之五移至第二百条之六<2007. 6. 1. >]

第二百条之六　适用规定

第七十五条，第八十一条第一款与第三款，第八十二条，第八十三条，第八十五条第一款、第三款与第四款，第八十三条至第九十一条、第九十三条，第一百零一条第四款与第一百零二条第二款但书的规定，适用于检事或者司法警察官逮捕嫌疑人的情况。此时，“羁押”视为“逮捕”，“羁押票”视为“逮捕令”。<改正 2007. 6. 1. >

[本条新设 1995. 12. 29.]

第二百零一条　羁押

(一) 有相当的理由怀疑嫌疑人有犯罪行为的，属于第七十条第一款所列各项内容之一事由的，检事可以通过请求管辖地方法院检事申请，取得羁押票并羁押嫌疑人；司法警察官可以向检事申请，通过检事的请求取得管辖地方法院判事签发的羁押票，羁押嫌疑人。但是，对于属于最高五十万元以下罚款、拘留或者科料的案件，限于嫌疑人没有固定居所的情况。<改正 1980. 12. 18. , 1995. 12. 29. >

(二) 请求羁押票，应当提出可以认定有羁押必要性的资料。<改正 1980. 12. 18. , 1995. 12. 29. >

(三) 接受第一款请求的地方法院判事，应当迅速决定是否签发羁押票。<改正 1980. 12. 18. , 1995. 12. 29. >

(四) 检事提出第一款要求，对同一犯罪事实的嫌疑人，曾有过请求签发或者获取过羁押票的，应当重新记载请求羁押票的主旨和理由。<改正 1980. 12. 18. , 1995. 12. 29. >

[全文改正 1973. 1. 25.]

第二百零一条之二　羁押令状的请求和嫌疑人的审问

(一) 对于依据第二百条之二、第二百条之三或者第二百一十二条规定逮捕的嫌疑人，申请逮捕令的判事官应当及时讯问嫌疑人。在没有特别情况下，应当在申请拘捕令的次日进行审问。

(二) 对于第一款以外的嫌疑人，申请羁押令的判事，对于怀疑嫌疑人犯罪的，应当发出拘传令，待拘传后进行审问。但是，嫌疑人因逃跑等原因不能进行讯问的除外。

（三）判事在第一款的情况下，应当立即通知检事、嫌疑人和辩护人审问的日期与地点；在第二款的情况下，应当拘提嫌疑人后，立即通知检事、嫌疑人和辩护人审问的日期与地点。在嫌疑人被捕的情况下，检事须使嫌疑人按时到场。

（四）检事和辩护人可以在第三款的审问日期出庭陈述意见。

（五）判事根据第一款或者第二款进行审问时，应当采取必要的措施，对共同犯罪者分开审问或者对搜查中的秘密进行必要的保密。

（六）依照第一款或者第二款审问嫌疑人的，法院事务官等应当将审问要旨等情况制作成笔录。

（七）进行嫌疑人的审问，从法院接受羁押票请求书、搜查有关文书及证物之日起，截至向检察厅返还之日止，适用第二百零二条和第二百零三条，不计入其羁押期间。

（八）审问的嫌疑人没有辩护人的，地方法院判事应当用职权选定辩护人。在这种情况下，辩护人的选定除了对嫌疑人的羁押票申请被驳回，效力已经消失的情况之外，具有到第一审为止的效力。

（九）在辩护人的审定及除此以外的其他原因导致选定辩护人的决定被撤销时，法院可以用职权重新选定辩护人。

（十）第七十一条，第七十一条之二，第七十五条，第八十一条至第八十三条，第八十五条第一款、第三款、第四款，第八十六条，第八十七条第一款，第八十九条至第九十一条与第二百条之五第二款规定的拘传，适用于第四十八条，第五十一条，第五十三条，第五十六条之二与第二百七十六条之二的规定审问嫌疑人的情况。

[全文改正 2007. 6. 1.]

第二百零二条　司法警察官的羁押期

司法警察官羁押嫌疑人，在十日内未向检事拘提嫌疑人的，应予以释放。

第二百零三条　检事的羁押期

检事羁押嫌疑人，或者接受司法警察官拘提的嫌疑人，在十日内未提起公诉的，应予以释放。

第二百零三条之二　羁押期间的计算

根据第二百零三条之二、第二百条之三、第二百零一条第二款或者第二百一十二条的规定逮捕或者拘传嫌疑人时，应当根据第二百零二条或者第二百零三条的羁押期间从逮捕或者拘传嫌疑人之日开始计算。<改正 1997. 12. 13. ，2007. 6. 1. >

[本条新设 1995. 12. 29.]

第二百零四条　签发令状和通知法院

签发逮捕令或者羁押票后，没有逮捕或者羁押嫌疑人、释放逮捕或者羁押的嫌疑人时，应当将事由书面通知签发令状的法院。<改正 1995. 12. 29. >

第二百零五条　羁押期的延长

(一) 地方法院判事根据检事的申请，认为有相当理由继续搜查的，可以允许延长一次第二百零三条之羁押期限，以不超过十日为限。

(二) 前款申请，应当提交可以认定延长羁押期限需要的材料。

第二百零六条　删除<1995. 12. 29. >

第二百零七条　删除<1995. 12. 29. >

第二百零八条　再羁押的限制

(一) 被检事或者司法警察官逮捕后释放者，除发现其他重要证据的情况外，不得对同一犯罪事实再次予以羁押。

(二) 前款情况下，为了一个目的而同时进行或者手段与结果相联系的行为，视为同一犯罪事实。

[全文改正 1973. 1. 25.]

第二百零九条　准用规则

第七十条第二款，第七十一条，第七十五条，第八十一条第一款正文、第三款，第八十二条、第八十三条、第八十五条至第八十七条，第八十九条至第九十一条，第九十三条，第一百零一条第一款，第一百零二条第二款正文（保释的撤销部分除外）与第二百条之五，适用于检事或者司法警察官对嫌疑人的羁押。<改正 2007. 12. 21. >

[全文改正 2007. 6. 1.]

第二百一十条　司法警察官的管辖区域外搜查

第七十条第二款，第七十一条，第七十五条，第八十一条第一款正文、第三款，第八十二条，第八十五条至第八十七条，第八十九条，第一百零一条至第九十一条，第九十三条，第一百零一条第二款正文和第二百条之五，适用于检事或者司法警察官羁押嫌疑人的情况。<改正 1961. 9. 1. , 1995. 12. 29. >

第二百一十一条　现行犯和准现行犯

(一) 犯罪在实行中或者刚刚实行后的人，为现行犯。

(二) 有下列情形之一的，视为现行犯罪：

1. 被指控为罪犯且被追捕时；
2. 持有赃物或者足以认定为用于犯罪的凶器及其他物品的；
3. 身体或者衣物等处有明显证据痕迹的；

4. 被询问身份时企图逃跑的。

第二百一十二条　现行犯人的逮捕

对于现行犯人，任何人都可以无令状进行逮捕。

第二百一十二条之二　删除<1987. 11. 28. >

第二百一十三条　被逮捕现行犯的交付

（一）非检事或者司法警察官者逮捕现行犯时，应当立即交付检事或者司法警察官。

（二）司法警察官接受现行犯的交付时，应当询问逮捕人姓名、居所、逮捕事由，必要时可以要求逮捕人同行到警察官署。

（三）删除<1987. 11. 28. >

第二百一十三条之二　适用规定

第八十七条、第八十九条、第九十条、第二百条第二款和第二百条五项之规定，适用于由检事或者司法警察官逮捕现行人犯或者接受交付现行人犯。<改正 1995. 12. 29.，2007. 6. 1. >

［本条新设 1987. 11. 28. ］

第二百一十四条　轻微案件和现行犯的逮捕

对于属最高处五十万元以下罚金、拘留或者科料的现行犯，限于犯人居住不明的情况下，适用第二百一十二条至第二百一十三条之规定。<改正 1973. 1. 25.，1980. 12. 18.，1995. 12. 29. >

第二百一十四条之二　逮捕和羁押当否的审查

（一）被逮捕或者拘留的嫌疑人或者其辩护人、法定代理人、配偶、直系亲属、兄弟姐妹、同居者或者亲属，可以请求管辖法院审查逮捕或者拘留是否得当。<改正 1987. 11. 28.，1995. 12. 29.，2005. 3. 31.，2007. 6. 1. >

（二）逮捕或者拘留嫌疑人的检事或者司法警察官，应当告知被逮捕或者拘留的嫌疑人可以依照第一款规定请求做适当审查。<新设 2007. 6. 1. >

（三）法院依据第一款的请求，有下列情形之一的，可以不经过第四款的审问，决定驳回请求：<改正 1987. 11. 28.，1995. 12. 29.，2007. 6. 1. >

1. 非请求权者请求，或者对同一逮捕令或者羁押票的签发再请求的；

2. 共犯或者共同嫌疑人的依次请求，明显属于以妨碍搜查为目的的。

（四）收到第一款请求的法院应当自收到请求之日起四十八小时内，审问被逮捕或者拘留的嫌疑人，调查有关搜查的文书和证物，认为请求没有理由的，即决定驳回；认为请求有理由的，即责令释放被逮捕或者拘留的嫌疑人。经审查请求后，对嫌疑人提出公诉的，亦同。<改正 1995. 12. 29.，2004. 10. 16.，2007. 6. 1. >

（五）法院对羁押的嫌疑人（包括提出审查请求后提起公诉的），可以缴纳保证嫌疑人出席的保证金为条件，可以责令第四款的释放。但是，有下列情形的除外：<新设 1995. 12. 29.，2004. 10. 16.，2007. 6. 1.>

1. 有相当的理由相信有毁灭证据可能的；

2. 有相当的理由相信，对被害人、被认为知道对本案裁判必要事实的人或者其亲属的生命、身体及财产，进行加害或者有加害可能的。

（六）作出第五款的释放决定时，可以附加限制居住、在法院或者检事指定的时间、地点的义务出席等其他适当的条件。<新设 1995. 12. 29.，2007. 6. 1.>

（七）根据第九十九条与第一百条第五款的规定，适用于依据第五款的规定以缴纳保证金为条件进行释放的情况。<新设 1995. 12. 29.，2007. 6. 1.>

（八）对本条第三款、第四款的决定，不可抗告。<改正 2007. 6. 1.>

（九）检事、辩护人、请求人可以在本条第四款规定的审问日期出席并陈述意见。<改正 2007. 6. 1.>

（十）被逮捕或者羁押的嫌疑人没有辩护人时，适用于第三十三条之规定。<改正 1995. 12. 29.，2007. 6. 1.>

（十一）法院进行第四款的审问时，应当采取适当措施，对共同犯罪者分开审问或者对搜查中的秘密进行必要的保密。<改正 2007. 6. 1.>

（十二）签发逮捕令或者羁押票的法官不得参与第四款至第六款的审问、调查和决定。但是，除了签发逮捕令或者羁押证的法官，没有进行审问、调查和决定的判事，不在此限。<改正 1995. 12. 29.，2007. 6. 1.>

（十三）从法院接受搜查有关文书和证物之时起，到决定后返还到检察厅时为止的期间，在第二百条之二第五款（包括第二百一十三条之二的适用情形）与第二百条之四第一款的适用上，不计入其限制期间；在第二百零二条、第二百零三条与第二百零五条的适用上，不计入其羁押期间。<改正 2007. 6. 1.>

（十四）适用于第二百零一条之二第六款依照第四款讯问嫌疑人情形。<新设 2007. 6. 1.>

[本条新设 1980. 12. 18.]

[题目改正 1995. 12. 29.]

第二百一十四条之三　再逮捕与再羁押的限制

（一）对于根据第二百一十四条之二的规定，通过逮捕或者羁押得当与否的决定释放的嫌疑人，除有逃跑或者毁灭罪证的可能以外，对同一犯罪事实，不得再次逮捕或者拘留。<改正 1995. 12. 29.，2007. 6. 1.>

（二）对于根据第二百一十四条之二第五款决定释放的嫌疑人，除符合下列情形之一者外，不得以同一个犯罪事实再次逮捕或者羁押：<新设

1995. 12. 29. , 2007. 6. 1. >

1. 逃跑的；

2. 有相当的理由相信有逃跑或者毁灭证据可能的；

3. 接到出席要求后无正当理由不到场的；

4. 违反居住限制等法院所规定条件的。

[本条新设 1980. 12. 18.]

[题目改正 1995. 12. 29.]

第二百一十四条之四　保证金的没收

（一）法院在符合下列之一的情况下，可以依照职权或者检事的请求，决定没收按照第二百一十四条之二第五款规定缴纳的全部或者部分保证金。<改正 2007. 6. 1. >

1. 依据第二百一十四条之二第五款规定被释放的，因第二百一十四条之三第二款所列事由被再次羁押的；

2. 提起公诉之后，法院对依据第二百一十四条之二第五款规定释放的，以同一犯罪事实再次羁押的。

（二）依据第二百一十四条之二第五款规定释放的，以同一犯罪事实受到刑罚的宣告且判决确定之后，接到为执行而被传唤，无正当理由拒不出席或者逃跑的，法院应当根据职权或者检事的请求，决定没收全部或者部分保证金。<改正 2007. 6. 1. >

[本条新设 1995. 12. 29.]

第二百一十五条　扣押、搜查、勘验

（一）检事在搜查犯罪必要时，限于嫌疑人涉嫌犯罪和认为与本案有关的情况，可以请求地方法院判事按照签发的拘票进行扣押、搜查或者勘验。

（二）司法警察官在搜查犯罪时，限于怀疑嫌疑人犯罪的情况和能够认定与本案有关的情况，向检事提出申请，根据检事的请求，由地方法院判事签发的拘票，可以进行扣押、搜查或者勘验。

[全文改正 2011. 7. 18.]

第二百一十六条　不依照令状的强制处分

（一）检事或者司法警察官依照第二百条之二、第二百条之三、第二百零一条或者第二百一十二条的规定逮捕或者羁押嫌疑人的情况，必要时可以无令状进行下列处分：<改正 1995. 12. 29. >

1. 在他人的住所或者有人看守的住宅、建筑物、航空器、车船内，搜查嫌疑人；

2. 在逮捕现场扣押、搜查、勘验。

（二）前款第二项规定适用于检事或者司法警察官对被告人执行羁押票的

情况。

（三）犯罪在实施中，或者刚刚实施之后，因情况紧急无法取得法院判事签发的令状时，可以无令状进行扣押、搜查或者勘验。此种情况下，事后应当迅速取得令状的签发。<新设 1961. 9. 1. >

第二百一十七条　不依照令状的强制处分

（一）检事或者司法警察官根据第二百条之三的规定，对逮捕之人所有、持有或者保管的物品有必要紧急扣押的，可以在逮捕时起二十四小时以内，无须令状进行扣押、搜查或者勘验。

（二）检事或者司法警察官依照第一款或者第二百一十六条第一款第二项对有必要继续扣押的物品，应当及时申请扣押令状。此种情况下，令状的请求应当自逮捕时起四十八小时以内提出。

（三）检事或者司法警察官未按第二款规定申请扣押令状的，扣押的物品应当立即退还。

[全文改正 2007. 6. 1.]

第二百一十八条　不依据令状的扣押

检事、司法警察官可以不依据令状扣押嫌疑人等遗留的物品或者所有人、持有人或者保管人任意提出的物品。

第二百一十八条之二　扣押物品的发还、暂时发还

（一）检事在确保副本的情况下，对认为不需要继续扣押的扣押物品以及用于证据的扣押物品，在公诉前可以依据其所有人、持有人、保管人或者提案人的请求，予以发还或者暂时发还。

（二）检事拒绝第一款之请求的，申请人可以向检事官所属的检察厅请求相应法院决定退还或者暂时退还扣押物。

（三）对第二款的请求，法院决定退还或者暂时退还的，检事应当将扣押的物品退还或者暂时退还。

（四）关于司法警察官的退还或者暂时退还的处分，适用第一款至第三款的规定。这种情况下，司法警察官应受检事的指挥。

[本条新设 2011. 7. 18.]

第二百一十九条　适用规定

第一百零六条，第一百零七条，第一百零九条至第一百一十二条，第一百一十四条，第一百一十五条第一款正文、第二款，第一百一十八条至第一百三十条，第一百三十四条，第一百三十五条，第一百四十条，第一百四十一条，第三百三十三条第二款，第四百八十六条之规定适用于检事或者司法警察官根据本章进行的扣押、搜查或者勘验。但是，司法警察官依据第一百三十条、第一百三十二条与第一百三十四条进行处分，应当接受检事的指挥。

<改正 1980. 12. 18. ，2007. 6. 1. ，2011. 7. 18. >

第二百二十条　紧急处分

依据第二百一十六条的规定进行紧急处分时，可以不根据第一百二十三条、第一百二十五条之规定执行。

第二百二十一条　对第三方的出席要求

（一）检事或者司法警察官在搜查必要时，可以要求非嫌疑人出席，并听取陈述。在这种情况下，经过其同意，可以进行影像录制。

（二）检事或者司法警察官在搜查必要时，可以委托鉴定、口译或者笔译。

（三）第一百六十三条第二款至第三款适用于检事或者司法警察官调查犯罪被害人的情况。

[全文改正 2007. 6. 1.]

第二百二十一条之二　询问证人的请求

（一）明知对搜查犯罪所必需的事情者，拒绝根据前条规定到场或者陈述的情况下，限于第一次公审日期前，检事可以向判事请求对其进行证人询问。

（二）删除<2007. 6. 1. >

（三）进行第一款的请求，应当书面陈明事由。<改正 2007. 6. 1. >

（四）接到第一款之请求的判事，关于对证人的询问，与法院或者裁判长有相同的权限。

（五）判事依照第一款的请求规定证人询问的日期，应当通知被告人、嫌疑人或者辩护人参加询问。<改正 2007. 6. 1. >

（六）判事根据第一款之请求进行对证人的询问时，应当立即将与此有关的文书报送检事。<改正 2007. 6. 1. >

[本条新设 1973. 1. 25.]

第二百二十一条之三　委托鉴定和鉴定留置的请求

（一）检事依据第二百二十一条之规定进行委托鉴定时，有第一百七十二条第三款留置处分的必要时，应当请求判事。<改正 1980. 12. 18. >

（二）判事认为第一款之请求适当时，应当予以留置处分，这种情况下，适用于第一百七十二条与第一百七十二条之二之规定。<改正 1980. 12. 18. >

[本条新设 1973. 1. 25.]

第一百二十一条之四　鉴定必要的处分、许可证

（一）根据第二百二十一条的规定接受鉴定委托者，经过判事的许可，可以进行第一百七十三条第一款规定的处分。

（二）第一款许可的请求，应当由检事提出。<改正 1980. 12. 18. >

（三）判事认为第二款之请求适当时，应当签发许可证。<改正

1980. 12. 18. >

（四）第一百七十三条第二款、第三款与第五款的请求适当时，准用于第三款的许可。<改正 1980. 12. 18. >

[本条新设 1973. 1. 25.]

第二百二十二条　非正常死亡者的检视

（一）遇有非正常死亡或者尸体的，应当由管辖所在地的地方检察厅检事检视。

（二）经过前款检视，认定为有犯罪嫌疑且情况紧急时，可以无令状进行勘验。<新设 1961. 9. 1. >

（三）检事可以命令司法警察官进行前二款的处分。<新设 1961. 9. 1. >

第二百二十三条　告诉权者

因犯罪而被害之人，可以告诉。

第二百二十四条　告诉的限制

不得告诉本人或者配偶的直系尊亲属。

第二百二十五条　非被害人的告诉权人

（一）被害人的法定代理人可以独立告诉。

（二）被害人已经死亡时，其配偶、直系尊亲属或者兄弟姐妹可以告诉。

第二百二十六条　非被害人的告诉权人

被害人的法定代理人是嫌疑人或者法定代理人的尊亲属是嫌疑人时，被害人的尊亲属可以独立告诉。

第二百二十七条　非被害人的告诉权人

对于损毁死者名誉的犯罪，其亲属或者子孙可以告诉。

第二百二十八条　告诉权者的指定

对于亲告罪，没有告诉人而由利害关系者申请时，检事应当在十日内指定可以告知的人。

第二百二十九条　配偶的告诉

（一）《刑法》第二百四十一条情形下，非因婚姻解除或者提起离婚诉讼后，不得告诉。<改正 2007. 6. 1. >

（二）前款情况下，在恢复婚姻或者撤回离婚诉讼时视为撤回告诉。

第二百三十条　告诉期间

（一）对于亲告罪，自知道案犯之日起超过六个月的，不能告诉。但是，有不能告诉的不可抗事由的，从其事由消失之日起计算。

（二）删除<2013. 4. 5. >

第二百三十一条　数名告诉权者

可以告诉的人为多人时，其中一人的延误期间不影响其他人员的告诉。

第二百三十二条　告诉的取消

（一）第一裁判决宣告之前，可以撤回告诉。

（二）撤回告诉者，不得再告诉。

（三）在不能违背被害人明示之意而论罪的案件中，对于希望处罚之意表示撤回的，适用于第二款的规定。

第二百三十三条　告诉的不可分

对于亲告罪共犯中的一人或者数人的告诉予以撤回的，对其他共犯亦有效力。

第二百三十四条　告发

（一）任何人认为有犯罪时，均可以告发。

（二）公务员在执行职务中，认为有犯罪的，应当告发。

第二百三十五条　告发的限制

第二百二十四条的规定，适用于告发。

第二百三十六条　代理告诉

告诉及撤回，可以让代理人进行。

第二百三十七条　告诉、告发的方式

（一）告诉或者告发，应当以书面或者口头形式向检事或者司法警察官进行。

（二）检事或者司法警察官接受口头告诉或者告发时，应当制作笔录。

第二百三十八条　告诉、告发和司法警察官的措施

司法警察官接受口头告诉或者告发时，应当立即调查，将相关文书和物证移送检事。

第二百三十九条　适用规定

前二条的规定，适用于告诉或者告发的撤回。

第二百四十条　自首和适用规定

第二百三十七条和第二百三十八条的规定，适用于自首。

第二百四十一条　讯问嫌疑人

检事或者司法警察官在讯问嫌疑人时，应先审问其姓名、年龄、登录基准地、住所和职业，以确认嫌疑人无误。<改正 2007. 5. 17. >

第二百四十二条　讯问嫌疑人的事项

检事或者司法警察官应当对嫌疑人讯问有关犯罪事实和情节的必要事实，并给予其陈述有利事实的机会。

第二百四十三条　讯问嫌疑人和参与者

检事讯问嫌疑人时，应当有检察厅搜查官或者书记官或者书记参与；司法警察讯问嫌疑人时，应当有司法警察官参与。<改正 2007. 6. 1. ,

2007. 12. 21. >

第二百四十三条之二　辩护人的参与等

（一）检事或者司法警官应当按照嫌疑人或者其辩护人、法定代理人、配偶、直系亲属、兄弟姐妹的申请，安排辩护人会见嫌疑人。

（二）参加讯问的辩护人为二人以上时，由嫌疑人指定参加讯问的辩护人中的一人参加。没有指定的情况下，可以由检事或者司法警察官指定。

（三）参加讯问的辩护人可以在讯问后陈述意见。但是在讯问时，即使是不当的讯问方法也不能够提出异议。必须经检事或者司法警察官批准，方可陈述意见。

（四）第三款记载辩护人意见的嫌疑人笔录应当在交辩护人阅览后，辩护人需在笔录上签名或者盖签名章。

（五）检事或者司法警察官应当将辩护人参与讯问及有关限制的事项记入嫌疑人的讯问笔录。

[本条新设 2007. 6. 1.]

第二百四十四条　嫌疑人讯问笔录的制作

（一）嫌疑人的陈述，应当记载于笔录中。

（二）第一款笔录应当交嫌疑人查阅或者对其宣读，讯问笔录有无如实记载或者有无与事实不符的部分，由嫌疑人提出增减或者变更请求等异议或者陈述意见的，应当追加记入笔录。在此种情况下，嫌疑人提出异议的部分要在笔录中予以保留。<改正 2007. 6. 1. >

（三）嫌疑人对笔录没有异议或者意见的，由嫌疑人亲笔书写主旨，在笔录最后签名或者盖签名章。<改正 2007. 6. 1. >

第二百四十四条之二　嫌疑人的陈述影像录制

（一）嫌疑人的陈述可以录像。在实施前应事先告知录像事实，并对调查开始到结束的全过程及客观情况进行录像。

（二）第一款录像完成时，应当在嫌疑人或者辩护人面前及时查封原件，并让嫌疑人签章或者盖签名章。

（三）在第二款的情况下，如嫌疑人或者辩护人提出要求的，应当播放录像。对其中内容提出异议的，应当附其主旨的书面记载。

[本条新设 2007. 6. 1.]

第二百四十四条之三　拒绝陈述权等告知

（一）检事或者司法警察官讯问嫌疑人前，应当告知其下列事项：

1. 可以不作任何陈述、不回答任何问题；

2. 不作任何陈述，也不会受到任何伤害；

3. 放弃拒绝陈述的权利所作的陈述，可以作为法庭上有罪的证据；

4. 嫌疑人接受讯问时，辩护人可以参加，可以接受辩护人的协助。

（二）检事或者司法警察官依照第一款的规定履行告知时，应询问嫌疑人是否行使拒绝陈述的权利和接受辩护人助力的权利，并将嫌疑人的答复记录在案。嫌疑人的答复应当由嫌疑人亲笔书写，或者由检事或者司法警察官在记载嫌疑人答复的部分签章或者盖签名章。

[本条新设 2007. 6. 1.]

第二百四十四条之四　搜查过程的记录

（一）从检事或者司法警察官将嫌疑人带到搜查场所之时开始进行搜查，自搜查开始至搜查结束以及其他为确认调查进行的经过，需要将必要的事项记录在嫌疑人笔录上或者另行书面记录，然后编印在搜查记录上。

（二）第二百四十四条第二款与第三款，适用于第一款的笔录或者书面材料。

（三）第一款和第二款，适用于对非嫌疑人进行的调查。

[本条新设 2007. 6. 1.]

第二百四十四条之五　残疾人等特殊需要保护的人的特殊规则

检事或者司法警察官对嫌疑人进行讯问时，符合下列情形之一者，可以根据职权或者嫌疑人、法定代理人的申请，可让与嫌疑人有信赖关系者同席。

1. 嫌疑人因身体或者精神障碍，对事物辨识或者决定、传达能力不足时；

2. 考虑到嫌疑人的年龄、性别、国籍等情况，为其心理上的稳定和顺利沟通所必需的情况时。

[本条新设 2007. 6. 1.]

第二百四十五条　与参考人的对质

检事或者司法警察官为查清事实必要时，可以使嫌疑人与其他嫌疑人或者非嫌疑人对质。

第二百四十五条之二　专门搜查咨询委员的参与

（一）检事为了澄清是否提出指控的事实关系，在必要时可以依据职权、嫌疑人或者辩护人的申请，指定专门调查咨询委员参与搜查程序，听取咨询。

（二）专门搜查咨询委员可以提交以专门知识为依据的说明或者记录意见的书面材料，或者以专门知识作说明或者陈述意见。

（三）检事应当依照第二款，就专门搜查咨询委员提出的书面或者说明陈述的意见，给嫌疑人或者辩护人口述或者书面陈述意见的机会。

[本条新设 2007. 12. 21.]

第二百四十五条之三　指定专门搜查咨询委员

（一）委托专门搜查咨询委员参与调查程序的，由检事指定每个案件有一人以上的专门搜查咨询委员。

(二) 检事认为有相当理由能够认定的情况下，可以取消专门搜查咨询委员的指定。

(三) 嫌疑人或者辩护人对于检事指定的专门搜查咨询委员有异议的，可以向所辖高等检察厅检察长提出。

(四) 对专门搜查咨询委员支付津贴，必要时可以支付旅费、日薪及住宿费。

(五) 专门搜查咨询委员的指定及取消、提出异议的程序及方法、支付报酬等其他必要事项由法务部规定。

[本条新设 2007. 12. 21.]

第二百四十五条之四　适用规定

第二百七十九条之七、第二百七十九条之八，以检事的专门搜查咨询委员为标准。

[本条新设 2007. 12. 21.]

第二章　公　诉

第二百四十六条　国家追诉主义

公诉，由检事提起。

第二百四十七条　起诉便利主义

检事根据《刑法》第五十一条①的事项，可以酌情不提起公诉。

[全文改正 2007. 6. 1.]

第二百四十八条　公诉效力的范围

(一) 公诉，对于检事指定为被告人以外的人无效。

(二) 对于部分犯罪事实，公诉的效力及于全部。

[全文改正 2007. 6. 1.]

第二百四十九条　公诉时效的期间

(一) 公诉时效，经过下列期间完成：<改正 1973. 1. 25.，2007. 12. 21.>

1. 应处以死刑的犯罪，公诉时效为十五年；
2. 应处以无期劳役或者无期徒刑的犯罪，公诉时效为十年；
3. 应处以十年以上劳役或者徒刑的犯罪，公诉时效为十年；
4. 应处以十年以下劳役或者徒刑的犯罪，公诉时效为七年；

---

① 《刑法》第 51 条　量刑应参酌下列事项：1. 犯人的年龄、性情行为、认知能力和所处环境；2. 与被害人的关系；3. 犯罪的动机、手段和结果；4. 犯罪后的情况。（译者注）

5. 应处以五年以下劳役或者徒刑、十年以上停止资格或者相当的罚金的犯罪，公诉时效为五年；

6. 应处以五年以上停止资格的犯罪，公诉时效为三年；

7. 应处以五年以下停止资格、拘留、罚金或者没收的犯罪，公诉时效为一年。

（二）提起公诉的犯罪，未经判决确定，从提起公诉之日起经过二十五年的，视为公诉时效已经完成。<新设 1961. 9. 1.，2007. 12. 21>

第二百五十条　二个以上的刑罚和时效期间

对于二个和二个以上的刑罚，或者在二个以上的刑罚中处罚其中一个刑罚的犯罪，按照其中最重的刑罚适用前条的规定。

第二百五十一条　刑罚的加重、减轻和时效期间

依据《刑法》加重或者减轻处罚的情况下，依照不加重或者减轻的刑罚，适用第二百四十九条之规定。<改正 2007. 6. 1.>

第二百五十二条　时效的起算点

（一）时效从犯罪终了之时起计算。

（二）共犯从最终行为终了之时起对全部共犯计算时效期间。

第二百五十三条　时效的停止和效力

（一）时效从公诉的提起停止进行，从撤销起诉或者违反管辖的裁判确定时开始进行。<改正 1961. 9. 1.>

（二）对共犯中之一的前款时效中止，其效力及于其他共犯，从案件裁判确定时开始进行。<改正 1961. 9. 1.>

（三）犯人以避免刑事处分为目的而留在国外的情况下，在此期间内停止公诉时效。<新设 1995. 12. 29.>

第二百五十三条之二　公诉失效的适用排除

对杀人犯（从犯除外）判处死刑的犯罪，不适用第二百四十九条至第二百五十三条规定的公诉时效。

[本条新设 2015. 7. 31.]

第二百五十四条　提起公诉的方式和起诉书

（一）提起公诉，应当向管辖法院提出起诉书。

（二）起诉书应附与被告人数相当的副本。

（三）起诉书应当记载下列事项：

1. 被告人的姓名等足资认定被告人的事项；
2. 罪名；
3. 公诉事实；
4. 适用法条。

（四）公诉事实应当明确记载犯罪的日期、场所和方法，以确定犯罪事实特征。

（五）可将若干诉因和适用法条，进行预备性或者选择性记录。

第二百五十五条　公诉的撤销

（一）至第一审判决宣告之前，可以撤销公诉。

（二）撤销公诉，应当记载理由以书面进行。但是在公审庭上可以口头进行。

第二百五十六条　移送管辖法院

在案件不属于其所属检察厅所对应的法院管辖时，检事应当将案件与文书、物证一同移送至与管辖法院相对应的检察厅检事。

第二百五十六条之二　至军事检事的移送案件

在案件属于军事法院裁判时，检事应当将案件与文书、物证一同移送至具有管辖权的军事检察部军事检事。这种情况下，移送之前进行的诉讼行为，在移送之后不影响其效力。<改正 1987. 11. 28.，2016. 1. 6.>

[本条新设 1973. 1. 25.]

[题目改正 2016. 1. 6.]

第二百五十七条　告诉等案件的处理

检事依据告诉或者检举搜查犯罪时，应当自受理告诉或者检举之日起三个月内搜查终结，并决定是否提起公诉。

第二百五十八条　向告诉人等的告知处理

（一）检事对于告诉或者告发的案件，在作出提起或者不提起公诉的处分、撤销公诉或者进行第二百五十六条之移送时，应当从其处分之日起七日内，将情况通知告诉人或者告发人。

（二）检事在不起诉或者作出第二百五十六条之处分时，应当立即将主旨告知嫌疑人。

第二百五十九条　向告诉人等告知不提起公诉的理由

检事对于告诉或者告发的案件，作出不提起公诉处分而有告诉人或者告发人的请求时，应当在七日内向告诉人或者告发人书面说明理由。

第二百五十九条之二　对被害人等的通知

检事在犯罪被害人或者其法定代理人（在被害人已死亡的情况下，代理人包括其配偶、直系亲属、兄弟姐妹）申请时，应当立即通知是否对案件提起公诉、公审的时间、地点、裁判结果，以及嫌疑人、被告人的拘留、释放等有关羁押的相关事实等。

[全文改正 2007. 6. 1.]

第二百六十条 裁定申请

（一）作为起诉权者，控告人（《刑法》第一百二十三条至第一百二十六条之罪，包括检举人，下同）在接到检事不予提起公诉的通知时，可以向该检事所属地方检察厅所在地的高等法院（以下为“所辖高等法院”）申请裁定。但是，《刑法》第一百二十六条①之罪不得违背被公示者明示之意申请裁定。<改正 2011. 7. 18.>

（二）依据第一款申请裁定，应当经《检察厅法》第十条②之规定抗诉。但是，符合下列情形之一的驳回抗诉：

1. 抗诉后，经重新侦查，通知不再提起公诉的；
2. 抗诉申请后，对抗诉没有作出处分，经过三个月的；
3. 检事在公诉时效届满之日三十日前不提起公诉的。

（三）依照第一款申请裁定的，应当自接到驳回抗诉决定之日或者第二款情形发生之日起十日内，向地方检察厅检事长或者支厅长提出裁定申请。但是，根据第二款第三项之规定，上诉时效期满前一天为止可以提交裁定申请书。

（四）裁定申请书应当写明裁定申请的对象、犯罪事实和证据等有理由申请裁定的事由。

[全文改正 2007. 6. 1.]

---

① 《刑法》第 126 条 公开嫌疑事实 判事、检事、警察官及其他行使、监督、辅助犯罪搜查机关职务的人员，将因执行职务所悉知的嫌疑事实在提起公诉之前予以公开的，处 3 年以下劳役或者 5 年以下中止资格。(译者注)

② 《检察厅法》第 10 条 上诉和重新上诉（一）对检察机关不起诉处理不服的告诉人或者举报人可以通过该检事所属的地方检察厅或者支厅，以书面形式向有管辖权的高等检察厅检事长提出上诉。在这种情况下，有关地方检察厅或者支厅的检事认为抗诉具有相当的理由，应当更正处分。(二）高等检察厅检事长认为第 1 项的抗诉具有相当理由时，可以委托所属检事更正地方检察厅或者地方检察厅检事的不起诉处分。在这种情况下，高等检察厅的检事被视为执行地方检察厅或者支厅的检事职务。(三）第 1 款所述的上诉人（根据《刑事诉讼法》第 260 条有资格申请裁定的上诉人除外，下同）对驳回抗诉的处分不服或者自提出抗诉之日起，对抗诉的处分超过 3 个月没有作出裁决的，可以通过该检事所属的高等检察厅，书面向检察总长提出再抗诉。在这种情况下，该高等检察厅的检事认为再抗诉具有相当理由时，应当更正处分。(四）第 1 款的上诉，应当在收到《刑事诉讼法》第 258 条第 1 款规定的通知之日起 30 日内提出。(五）第 3 款的再抗诉，应当在收到法院驳回上诉的通知或者上诉后满 3 个月没有作出裁决之日起 30 日内提起。(六）第 4 款和第 5 款的情形，抗诉或者再抗诉人出于非自身的原因未能在规定期限内提出抗诉或者再抗诉的，抗诉或者再抗诉的期限应当自事由消除之日起重新计算。(七）第 4 款和第 5 款规定的期限届满后收到的抗诉或者再抗诉，应当予以驳回。但是，告诉人或者检举人说明理由的，新发现重要证据的除外。[全文改正 2009. 11. 2.]

第二百六十一条　地方检察厅检事长的处理

依据第二百六十条第三款收到裁定申请书的地方检察厅检察长或者支厅长，应当自收到裁定申请书之日起七日内，将裁定申请书、意见书、调查关系文件及证物，经所辖高等检察厅送交至管辖高等法院。第二百六十条第二款有下列情形之一的，地方检察厅检事长或者支厅长应依照以下区分作出处理：

1. 认定申请有理由时，应当立即提起公诉，并将其主旨通知所辖高等法院和裁定申请人。

2. 认定申请没有理由时，应当在三十日内报送所辖高等法院。

[全文改正 2007. 6. 1.]

第二百六十二条　审理和判决

(一) 法院收到裁定申请时，应当自收到之日起十日内向嫌疑人通知事实。

(二) 法院自收到裁定申请之日起三个月内，根据抗诉程序，按照下列区分决定。在必要的时候，可以调查证据。

1. 申请违反法律程序或者没有事由的，驳回申请；

2. 申请有事由的，决定对案件提起公诉。

(三) 裁定申请案件的审理除非有特殊情况，否则不予公开。

(四) 对第二款第一项的决定，可以依照第四百一十五条立即抗诉，对第二款第二项的决定不可抗诉。对于第二款第一项决定确定的案件，除发现其他重要证据外，不能追诉。<改正 2016. 1. 6. >

(五) 法院作出第二款之决定时，应当立即将副本发送至申请人、嫌疑人和所辖地方检察厅检事长或者支厅长。在作出第二款第二项决定时，应当将案件记录一并报送所辖地方检察厅检事长或者支厅长。

(六) 收到根据第二款第二项决定作出裁定决定的管辖地方检察厅检事长或者支厅长，应当立即指定负责案件的检事，被指定的检事应当提起公诉。

[全文改正 2007. 6. 1.]

第二百六十二条之二　裁定申请案件档案查阅、备案

在审理裁定申请案件中，不得查阅或者抄阅有关文件、证物。但是法院可以允许阅览或者抄阅第二百六十二条第二款后段的证据调查过程中所填写的全部或者部分文件。

[本条新设 2007. 6. 1.]

第二百六十二条之三　费用负担等

(一) 法院根据第二百六十二条第二款第一项决定或者第二百六十四条第二款撤销的情况，可以决定由裁定申请人负担全部或者部分按照申请程序产生的费用。

（二）法院可以依职权或者嫌疑人的申请，责令裁定申请人支付其在裁定申请程序中所负担或者应当承担的选任费等全部或者部分费用。

（三）对第一款和第二款的决定，可以立即抗诉。

（四）依照第一款和第二款支付费用的范围和程序等，由大法院规则规定。

[本条新设 2007. 6. 1.]

第二百六十二条之四　公诉时效的停止

（一）依据第二百六十条的规定提出的裁定申请，即停止公诉时效的进行，直到第二百六十二条规定的裁定确定时为止。<改正 2007. 12. 21.，2016. 1. 6.>

（二）依据第二百六十二条第二款第二项作出决定时，就追诉时效的决定而言，在决定之日提起公诉。

[全文改正 2007. 6. 1.]

[原第二百六十二条之二<2007. 6. 1.>]

第二百六十三条　删除<2007. 6. 1.>

第二百六十四条　代理人的申请和一人申请的效力及撤销

（一）裁定申请可以由代理人提出。共同申请权人中一人的申请效力及于全体。

（二）裁定申请可以撤销，至第二百六十二条第二款作出决定时为止。被撤销者不得再提起裁定申请。<改正 2007. 6. 1.>

（三）前款的撤销，其效力不及于其他共同申请权人。

第二百六十四条之二　公诉取消的限制

检事依照第二百六十二条第二款第二项的决定提起的公诉，不得撤销。

[本条新设 2007. 6. 1.]

第二百六十五条　删除<2007. 6. 1.>

第三章　公　审

第一节　公判准备与公审程序

第二百六十六条　起诉书副本的送达

提起公诉时，法院应当迅速将起诉书副本送达至被告人或者辩护人。应当在第一次公审日期前五日送达。

第二百六十六条之二　提交意见书

（一）被告人或者辩护人应当在收到起诉状副本之日起七日内，向法院提交记载公诉事实是否认定、立案准备程序的意见等文书。但是，被告人拒绝陈述的，可以提交载明其主旨的书面意见。

（二）法院在第一款意见文书提出时，应当报送检事。

[本条新设 2007. 6. 1.]

第二百六十六条之三　报案人对检事存档等的查阅与抄阅

（一）被告人或者辩护人可以申请对检事提起的公诉案件相关文书或者物品（以下称“文书等”）目录及可能影响公诉事实的认定或者量刑文件进行查阅、抄阅或者书面交付。但是，被告人有辩护人的情况下，被告人只能申请查阅。

1. 检查需要提交的材料；

2. 检事将申请作为证人的姓名、与案件的关系等书面记录或者其在公审之前所作陈述的记录；

3. 第一款或者第二款的书面或者文件等的证明力及关联性的文件等；

4. 被告人或者辩护人所作的在法律上与事实上的主张有关之文件（包括相关刑事裁判的确定记录、不起诉处分记录等）。

（二）检事因考虑到文书的查阅、抄阅或者书面交付对国家安全、保护证人的必要性、销毁证据的顾虑以及可能给相关案件的搜查造成障碍的具体事由等，有相当的理由时，可以拒绝或者限制提供查阅、抄阅或者书面交付。

（三）检事拒绝提供查阅、抄阅及书面交付的，或者有限制范围的，应当及时书面通知理由。

（四）自检事接到被告人或者辩护人第一款申请之时起四十八小时内未作出第三款通知的，可以进行第二百六十六条之四第二款的申请。

（五）检事不得拒绝第二款所列文件目录的查阅或者抄阅等。

（六）第一款文件等包括图纸、照片、录音带、录像带、计算机光盘，以及除此之外的内含信息的物品，包括特殊媒体，而非纸质文件。在这种情况下，对特殊媒体的抄阅仅限于最小限度的范围。

[本条新设 2007. 6. 1.]

第二百六十六条之四　法院对查阅、抄阅的相关决定

（一）当被告人或者其律师提出对案件相关资料进行阅览、抄阅或者进行书面文件交付的要求被检事拒绝时，可以再次向法院提出对案件相关资料进行阅览、抄阅或者进行书面文件交付的申请。

（二）当发生第一款所述的情况，被告人或者其律师的要求被检事拒绝后再次向法院提出申请时，法院在作决定前应该充分考虑到以下几个方面：该资料向被告人公开后可能发生的后果；是否有助于案件审判的进程；该资料是否有必要向被告人公开。在充分考虑上述事项后，法院有权要求检事准许被告人或者其律师对案件相关资料实施阅览、抄阅或者进行书面文件交付的行为。并且，法院有权规定阅览或者抄阅的时间及方法，可以规定被告人或者其律师在实施上述行为时，应该遵守的附加条件及相关义务。

（三）法院作出第二款之决定时，应当给予检事提出意见的机会。

（四）法院认为必要时，可以要求检事出示相关文件等，也可以讯问被告人或者其他利害关系人。

（五）检事拒绝执行第二款所述的内容的，在法院同意申请的情况下，仍然拒绝被告人或者其律师对案件相关资料实施阅览、抄阅或者进行书面文件交付的，则该检事不得继续向法院提交证人或者证据的申请。

[本条新设 2007. 6. 1.]

第二百六十六条之五　公审准备程序

（一）裁判长为了集中高效审理，可以将案件交付审判准备程序。

（二）公审准备程序是提出主张及验证计划等书面准备，或者在召开公审准备日期进行。

（三）检事、被告人或者辩护人应当配合做好公审准备程序，事先收集、整理证据。

[本条新设 2007. 6. 1.]

第二百六十六条之六　为公审准备提出的书面意见

（一）检事、被告人或者辩护人可以向法院提交法律上、事实上主张的要旨和证明主旨等书面材料。

（二）裁判长可以责令检事、被告人或者辩护人依照第一款提出书面意见。

（三）依照第一款或者第二款提出的书面申请，法院应当将副本送达至对方。

（四）裁判长可以对检事、被告人或者辩护人提出法院公诉等的书面说明，或者下达除此以外公审准备的必要命令。

[本条新设 2007. 6. 1.]

第二百六十六条之七　公审准备日期

（一）法院可以听取检事、被告人或者辩护人的意见，指定裁判准备日期。

（二）检事、被告人或者辩护人可以向法院申请指定公审准备日期。此种情况下，对法院对该申请的决定不得不服从。

（三）法院可以让合议庭安排公审准备日期。此种情况下，数名法官对公审准备日期的权限与法院或者裁判长相同。

（四）公审准备日期应公开。但是，如果公开有可能妨碍程序的正常进行，便可以不公开。

［本条新设 2007. 6. 1.］

第二百六十六条之八　检事与辩护人等的出席

（一）公审准备的日期应当有检事和辩护人出席。

（二）在公审准备日由法院事务官等人参加。

（三）法院应当通知检事、被告人和辩护人公审准备的日期。

（四）法院对于已指定公审准备日期的案件，对没有辩护人的，应当依照职权选定辩护人。

（五）法院认为必要的时候，可以传唤被告人，法院没有传唤被告人时，可以在公审准备日期出庭。

（六）裁判长应当告知出席的被告人可以拒绝陈述。

［本条新设 2007. 6. 1.］

第二百六十六条之九　公审准备相关事项

（一）法院在立案准备程序中可以作出下列行为：

1. 明确公诉事实或者适用法律之行为；
2. 允许公诉事实或者适用法律追加、撤销或者变更之行为；
3. 明确公诉事实的主张内容，以清理案件争议之行为；
4. 预测困难以及除此以外其他说明复杂内容之行为；
5. 申请证据之行为；
6. 就所申请的证据明确所证明的主旨和内容等行为；
7. 确认申请证据意见之行为；
8. 决定采纳证据之行为；
9. 调查证据的顺序和方法的确定之行为；
10. 与文书等的查阅或者抄阅相关事项的申请之行为；
11. 指定或者变更公审日期之行为；
12. 除上述以外，进行公审程序所必要的事项之行为。

（二）第二百九十六条与第三百零四条适用于公审准备程序。

［本条新设 2007. 6. 1.］

第二百六十六条之十　公审准备日期结果的确认

（一）法院在公审准备日期前，应当向检事、被告人或者辩护人告知关于争议和证据的整理结果，确认有无异议。

（二）法院应当将争议和证据的整理结果记入公审准备日期笔录。

［本条新设 2007. 6. 1.］

第二百六十六条之十一　被告人或者辩护人对收藏资料的阅览、抄阅

（一）当被告人或者律师在庭审日及准备庭审的过程中处于不在场或者精神状态不稳定的状态时，根据相关法律规定检事有权要求被告人或者其律师，允许其对案件相关资料实施阅览、抄阅或者进行书面文件交付的行为。

1. 被告人或者辩护人申请证据的文书等；
2. 被告人或者辩护人申请的证人姓名、与案件的关系等书面材料；
3. 第一项的文书等或者第二项有关书面证明力的文件等；
4. 被告人或者辩护人所做的法律上、事实上的主张和相关的文书等。

（二）被告人或者辩护人对于检事拒绝依照第二百六十六条第三款第一项要求阅览、抄阅或者书面交付，可以依照第一款拒绝阅览、抄阅或者书面交付等。但是，法院依据第二百六十六条之四第一款作出驳回申请的决定时除外。

（三）在被告人或者辩护人根据第一款拒绝要求时，检事可以向法院申请准许阅览、抄阅或者书面交付材料。

（四）第二百六十六之四第二项至第五项的规定，适用于第三款的申请情况。

（五）第一款所相关文件等，适用于第二百六十六条第三款第六项。

[本条新设 2007. 6. 1.]

第二百六十六条之十二　公审准备程序的终结事由

法院有符合下列情形之一的，应当终结公审准备程序。但是，有相当的理由必须继续进行第二项或者第三项审判的除外：

1. 当争议和证据整理完成时；
2. 案件的公审准备程序历经三个月的；
3. 检事、辩护人或者被传唤的被告人未到场的。

[本条新设 2007. 6. 1.]

第二百六十六条之十三　公审准备日期终结的效果

（一）在公审准备期间没有提出申请的证据，有符合下列情形之一的，可以在公审期间申请：

1. 该申请不以延迟公审为目的；
2. 无重大过失，在开庭准备期间无法提出等不得已之事由。

（二）法院依据职权调查证据时，可以不参照第一款之规定。

[本条新设 2007. 6. 1.]

第二百六十六条之十四　适用规定

第三百零五条适用于公审准备期间的重启。

[本条新设 2007. 6. 1.]

第二百六十六条之十五　公审准备程序日期

法院为了处理争议和证据，在必要的情况下，可以在第一次公审结束后将案件交付裁判准备程序。此种情况下，适用提前开庭程序的规定。

[本条新设 2007. 6. 1.]

第二百六十六条之十六　禁止滥用查阅、抄阅的文书等

（一）被告人或者辩护人不得将检事根据第二百六十六条之三所列文书查阅或者抄阅的资料及副本用于除案件判决或者诉讼以外的用途，且不得向第三方进行展示或者交付（包括使用电子通信设备进行的资料告知的行为）。

（二）被告人或者辩护人违反第一款的，处一年以下有期徒刑或者五百万元以下罚金。

[本条新设 2007. 6. 1.]

第二百六十七条　公审日期的指定

（一）裁判长应当确定公审日期。

（二）在公审日期，应当传唤被告人、代表人或者代理人。

（三）公审日期，应当通知被告人、辩护人和辅助人员。

第二百六十七条之二　集中审理

（一）公审日期的审理应集中。

（二）有必要审理二日以上的，无不得已的情况，应当每日联系开庭。

（三）裁判长可以指定多个公审日期。

（四）裁判长因不得已的事由不能每日联系开庭的，在没有特别的情况下，应当在前次公审日期起十四日以内指定下一次公审日期。

（五）诉讼关系人应当遵守期限，不妨碍审理，裁判长对此可以采取必要的措施。

[本条新设 2007. 6. 1.]

第二百六十八条　送达传票的拟制

对在法院内的被告人通知公审日期时，即有送达传票的效力。

第二百六十九条　第一次公审日期的缓期期间

（一）第一次公审日期，应当从送达传票之后起有五日以上的缓期期间。

（二）被告人没有异议时，可以保留前款的缓期期间。

第二百七十条　公审日期的变更

（一）裁判长依职权或者检事、被告人及变化人的申请，可以变更公审日期。

（二）驳回变更公审日期申请的命令，不予送达。

第二百七十一条　不到庭事由与资料的提出

在公审日期，被传唤或者接到通知书之人，因疾病或者其他事由不能到场时，应当出具医生的诊断书或者其他的资料。

第二百七十二条　对公务机关等的函询

（一）法院依职权或者根据检事、被告人及辩护人的申请，可以函询公务机关或者公私团体，要求其报告必要事项或者交付所保管的文书。

（二）驳回前款的申请，应当以决定为之。

第二百七十三条　公判日期前的证据调查

（一）根据检事、被告人及变化人的申请，法院认为对公审准备有必要时，可以在公审日期以前讯问被告人或者证人，并责令勘验、鉴定或者翻译。

（二）裁判长可以令合议庭进行前款行为。

（三）驳回第一款的申请，应当以决定为之。

第二百七十四条　当事人公审日期前的证据提出

检事、被告人或者辩护人，可以在公审日期前将文书或者物品作为证据向法院提出。<改正 1961. 9. 1. >

第二百七十五条　公审法庭的审理

（一）在公审日期由公审法庭审理。

（二）公审法庭应有裁判、检事、法院事务官等出席开庭。<改正 2007. 6. 1>

（三）检事的座位与被告人及辩护人的座位对等，在面对法台的左右两侧，证人的座位在法台的正面。但是，在讯问被告人时，被告人应当坐到证人席上。<改正 2007. 6. 1. >

第二百七十五条之二　被告人的无罪推定

被告人在有罪判决确定之前，推定为无罪。

[本条新设 1980. 12. 18.]

第二百七十五条之三　口头辩论主义

开庭辩论应当以口头方式进行。

[本条新设 2007. 6. 1.]

第二百七十六条　被告人到庭的权利

公审日期被告人没有到庭时，在没有特别规定的情况下，不得开庭。但是，被告人为法人时，可以由代理人出庭。

第二百七十六条之二　残疾人等需要特殊保护者的特殊规则

（一）裁判长或者法官在讯问被告人时，遇有下列情形之一的，可以依据职权或者被告人、法定代理人、检事的申请，准予与被告人有信赖关系者同席：

1. 被告人因身体或者精神障碍，对事物辨识或者决定、传达能力不足时；

2. 考虑到被告人的年龄、性别、国籍等情况，为其心理上的稳定和顺利沟通所必须的情况时。

(二) 依照第一款可以同席的信赖者的范围、同席的程序及方法等必要事项，由大法院规则规定。

[本条新设 2007. 6. 1.]

第二百七十七条　轻微案件等与被告人不出席

有下列情形之一的案件，不需要被告人出席。此种情况下，代理人可以代替被告人出席。

1. 涉案金额在五百万元以下的罚金或者科料；

2. 明显要撤销起诉或者免予起诉的案件；

3. 处三年以下有期徒刑或者劳役、数额超过五百万元的罚金或者拘留的案件，被告人申请不出席，法院认为被告人不出席不妨碍其权利保护而准许的案件。但是，依据第二百八十四条，在进行程序和宣告判决的公审日期，应当出席。

[本条新设 2007. 6. 1.]

第二百七十七条之二　被告人的拒绝到庭和公审程序

(一) 在被告人不到庭不能开庭的情况下，被羁押的被告人无正当理由而拒绝到庭时，并且确认由教导官拘提不可能或者明显困难时，可以在被告人不到庭的情况下进行公审程序。

[本条新设 2007. 6. 1.]

(二) 根据第一款的规定进行公审程序时，应当听取到庭检事与辩护人的意见。

[本条新设 1995. 12. 29.]

第二百七十八条　检事的不到庭

检事接到公审日期通知二次以上而不到庭，或者只宣告判决时，可以在检事不到庭的情况下开庭。<改正 1995. 12. 29. >

第二百七十九条　裁判长的诉讼指挥权

公审日期的诉讼指挥，由裁判长进行。

第二百七十九条之二　专门审理委员参与

(一) 法院为明确诉讼关系或者为诉讼程序顺利进行，在必要的情况下，可以根据职权或者检事、被告人或者辩护人的申请，决定指定专门审理委员参加公审准备和公审日期等诉讼程序。

(二) 专门审理委员会可以提交书面专业说明或者意见资料，也可以在公审日期依据专业知识进行口头说明或者陈述。

（三）专门审理委员应当在期限内经裁判长许可，直接向被告人或者辩护人、证人或者鉴定人等诉讼参与者询问明确诉讼关系所必要的事项。

（四）法院根据第二款之规定，应当由专门审理委员出具书面材料或者由专门审理委员进行说明或者陈述意见。对此应当给予检事、被告人或者辩护人口述或者书面陈述意见的机会。

[本条新设 2007. 6. 1.]

第二百七十九条之三　专门审理委员会参与决议的撤销

（一）法院认为相当确认时，可以依据检事、被告人或者辩护人的申请或者依据职权撤销第二百七十九条之二第一款的决定。

（二）经检事、被告人和辩护人协商，申请撤销第二百七十九条第二款的决定的，法院应当予以撤销。

[本条新设 2007. 6. 1.]

第二百七十九条之四　专门审理委员会的指定等

（一）根据第二百七十九条之二第一款由专门审理委员参加诉讼程序的，法院听取检事、被告人或者辩护人的意见，在每一案件中指定一人以上的专门审理委员。

（二）按照大法院规则对专门审理的委员给予津贴，必要的情况下，可以支付除此以外的旅费、日薪及住宿费。

（三）此外关于专门审理委员的指定，必要的事项由大法院规则规定。

[本条新设 2007. 12. 21.]

第二百七十九条之五　专门审理委员的排除与回避

（一）自第十七条至第二十条与第二十三条，适用于专门审理委员。

（二）申请排除或者回避的专门审理委员，在申请决定确定前，不得参与申请案件的诉讼程序。此种情况下，专业审理委员可以就该排除或者回避申请陈述意见。

[本条新设 2007. 12. 21.]

第二百七十九条之六　数名法官等的权限

数名法官或者受委托法官进行诉讼程序的情况，依照第二百七十九条之二第二款至第四款所规定的法院和裁判长的职务，由数名法官或者受委托法官执行。

[本条新设 2007. 12. 21.]

第二百七十九条之七　秘密泄露罪

曾任专业审理委员或者现任专门审理委员泄露其执行职务时知悉的他人秘密的，处二年以下有期徒刑、拘留或者一千万元以下罚金。

[本条新设 2007. 12. 21.]

第二百七十九条之八　处罚适用上的公务员议题

专门审理委员依照《刑法》第一百二十九条至第一百三十二条[①]之规定，视为公务员适用处罚规定。

[本条新设 2007. 12. 21.]

第二百八十条　公审法庭上身体拘束的禁止

在公审法庭上不得拘束被告人的身体。但是，裁判长认为被告人有行使暴力或者逃跑可能的，可以命令拘束被告人的身体或者采取其他必要措施。<改正 1995. 12. 29. >

第二百八十一条　被告人的在庭义务、法庭警察权力

(一) 被告人不经裁判长的许可，不得退庭。

(二) 裁判长为制止被告人退庭或者维持法庭秩序，可以作出必要的处分。

第二百八十二条　必要的辩护

符合第三十三条第一款所列案件之一与同条第二款、第三款之规定，没有辩护人在场的情况下，不得开庭审理。但是，只宣告判决的除外。<改正 2006. 7. 19. >

[题目改正 2006. 7. 19.]

第二百八十三条　国选辩护人

第二百八十二条正文中辩护人不出庭的情况下，法院应依据职权选定辩护人。<改正 2006. 7. 19. >

[题目改正 2006. 7. 19.]

---

① 《刑法》第 129 条　受贿、事前受贿（一）公务员或者仲裁人，接受、索取或者约定与职务有关的贿赂的，处 5 年以下劳役或者 10 年以下中止资格。（二）将担任公务员、仲裁者在履行职务中索要、约定收受或者收受财物的，处 3 年以下劳役或者 7 年以下中止资格。

《刑法》第 130 条　向第三方提供贿赂公务员或者仲裁者依其职务接受不正当请托，而将贿赂供与、索要或者约定供与第三方，处 5 年以下劳役或者 10 年以下中止资格。

《刑法》第 131 条　受贿与徇私舞弊、事后受贿（一）公务员与仲裁人实施前二条罪徇私舞弊的，处 1 年以上有期徒刑。（二）公务员、仲裁人实施违背职务之不正行为后，收受、索要或者约定贿赂或者将贿赂供与或者约定供与第三方的，处罚同前款。（三）公务员、仲裁人在职期间接受请托，实施违背职务之不正行为，收受、索要或者约定贿赂的，处 5 年以下劳役或者 10 年以下中止资格。（四）前三款情况下，可并处 10 年以下中止资格。

《刑法》第 132 条　斡旋受贿　公务员利用职务斡旋属于其他公务员职务的事项，收受、索要或者约定贿赂的，处 3 年以下劳役或者 7 年以下中止资格。（译者注）

第二百八十三条之二　被告人的拒绝陈述权

（一）被告人可以不陈述或者对个别讯问可以拒绝陈述。

（二）裁判长应当告知被告人第一款所述的拒绝陈述权。

[本条新设 2007. 6. 1.]

第二百八十四条　认定审问

裁判长应当询问被告人的姓名、年龄、登记基准地、住址和职业，确认是否为被告人。<改正 2007. 5. 17. >

第二百八十五条　检事的开头陈述

检事应当按照起诉书宣读公诉事实、罪名与适用法条，在裁判长认为必要时可以让检事陈述公诉的要点。

[全文改正 2007. 6. 1.]

第二百八十六条　被告人的开头陈述

（一）被告人应当在检事开头陈述后，作出是否认定公诉事实的陈述。但是，被告人行使拒绝陈述权的除外。

（二）被告人和辩护人可以陈述有利的事实等。

[全文改正 2007. 6. 1.]

第二百八十六条之二　简易公判程序的决定

被告人在公审过程中对公诉事实供认不讳时，法院可以根据该公诉事实限定依据简易公判程序裁判。<改正 1995. 12. 29. >

[本条新设 1973. 1. 25.]

第二百八十六条之三　决定的撤销

法院对于作出前款决定的案件，认为被告人的供认不可信或者认为以简易公审程序进行裁判明显不当时，可以询问检事的意见后，撤销其决定。

[本条新设 1973. 1. 25.]

第二百八十七条　裁判长的争论整理与检事、辩护人证据相关的陈述

（一）裁判长在被告人开头陈述完毕后，可以向被告人或者辩护人提出必要的问题，以解决争议。

（二）裁判长在调查证据前，可以要求检事及辩护人提交与证明公诉事实等有关的主张及证据计划等。但是，不能作为证据或者无意作为证据申请的材料，不得向法院陈述可能对案件产生预断或者偏见的事项。

[全文改正 2007. 6. 1.]

第二百八十八条　删除<1961. 9. 1. >

第二百八十九条　删除<2007. 6. 1. >

第二百九十条　证据调查

证据调查要在第二百八十七条规定的程序结束后进行。

[全文改正 2007. 6. 1.]

第二百九十一条　同前

(一) 对于诉讼关系人作为证据提出的文书及物品或者依据第二百七十二条、第二百七十三条规定制作及交付的文书，要通过检事、辩护人及被告人在公审法庭上分别指示说明，进行调查。

(二) 裁判长可以依据职权在公审法庭上调查前款的文书或者物品。

[全文改正 1961. 9. 1.]

第二百九十二条　文书证据调查方式

(一) 根据检事、被告人或者辩护人的申请调查文书证据时，应当由申请人宣读。

(二) 法院依据职权调查文书证据时，应由持票人或者裁判长宣读。

(三) 裁判长认为必要时，可以不参照第一款和第二款采取告知内容的方法进行调查。

(四) 裁判长可以让法院事务官等依照第一款至第三款的规定宣读或者告知。

(五) 裁判长认为查阅比其他方式更加适宜时，可以用出示文书证据的方式进行调查。

[全文改正 2007. 6. 1.]

第二百九十二条之二　物品证据调查方式

(一) 根据检事、被告人或者辩护人的申请调查物品证据，应当由申请人提出。

(二) 法院利用职权调查物证时，应由持票人或者裁判长提出。

(三) 裁判长可以让法院事务官等依照第一款和第二款提出。

[本条新设 2007. 6. 1.]

第二百九十二条之三　其他证据调查方式

图纸、照片、录音带、录像带、电脑光盘，此外作为包含信息的物品，需要调查证据不是文件的事项将由大法院规则规定。

[本条新设 2007. 6. 1.]

第二百九十三条　调查证据结果和被告人的意见

裁判长应当询问被告人对调查各种证据结果的意见，并告知为了保护权利可以申请必要的证据调查。

第二百九十四条　当事人的证据申请

(一) 检事、被告人或者辩护人可将文书或者物品作为证据提出；可以申请询问证人、鉴定人、口译人员或者笔译人员。

(二) 法院认为检事、被告人或者辩护人以推迟开庭审理为目的的故意延迟申请证据的，可以依职权或者根据对方的申请，决定驳回。

[全文改正 2007.6.1.]

第二百九十四条之二　被害人的陈述权

（一）被害人或者其法定代理人（被害人死亡的情况下，包括其配偶、直系亲属和兄弟姐妹，以下称被害人等）提出申请时，法院应当将被害人等作为证人询问。但是，符合下列情形之一的除外：

1. 删除<2007.6.1.>

2. 认为申请人已经就该案件在公审程序或者搜查程序中作出充分陈述，没有必要再作陈述的必要时；

3. 因申请人的陈述，公审程序有明显的拖延的可能时。

（二）法院依照第一款询问被害人等的情况时，应当给予其陈述受害程度及后果、关于对被告人处罚意见的机会；以及除此以外，对该案陈述意见的机会。<改正 2007.6.1.>

（三）法院在同一犯罪事实中，根据第一款规定的申请人为多人时，可以限制陈述人数。<改正 2007.6.1.>

（四）根据第一款规定的申请人，接到传唤后无正当理由而不到庭的，视为撤回申请。<改正 2007.6.1.>

[本条新设 1987.11.28.]

[题目改正 2007.6.1.]

第二百九十四条之三　被害人陈述的不公开

（一）法院询问因犯罪而产生的被害人，应当根据该被害人、法定代理人或者检事的申请，对被害人的隐私保密，认为有必要保护其人身安全的，可以决定不公开审理。

（二）第一款决定附具理由，予以告知。

（三）法院作出第一款之决定的，认为适当的可以许可。

[本条新设 2007.6.1.]

第二百九十四条之四　被害人等的公审记录查阅、抄阅

（一）继续诉讼中的案件，被害人（被害人死亡或者身心遭受重大残疾的情况，包括其配偶、直系亲属和兄弟姐妹）、被害人本人的法定代理人或者受其委托的被害人的配偶、直系亲属、兄弟姐妹、辩护人可以向裁判长申请查阅或者抄阅诉讼记录。

（二）在有第一款之申请时，裁判长应当及时通知检事、被告人或者辩护人其主旨。

（三）裁判长认为为了救济被害人等权利需要或者有其他正当理由时，考虑到犯罪的性质、审理情况，以及鉴于其他情况认为相当时，可以许可查阅或者抄阅。

(四) 裁判长依照第三款许可抄阅的情况下，可以对诉讼笔录的使用目的予以限制或者附适当的条件。

(五) 根据第一款查阅或者抄阅诉讼笔录的，应悉知使用或者抄阅事项，不得危害有关人员的名誉和生活安宁，不得妨碍搜查和裁判。

(六) 对第三款和第四款的裁判，不可不服。

[本条新设 2007. 6. 1.]

第二百九十五条　对申请证据的决定

法院对第二百九十四条及第二百九十四条之二的申请证据，应当作出决定，并可以依据职权调查证据。<改正 1987. 11. 28.>

第二百九十六条　对调查证据的异议申请

(一) 检事、辩护人及被告人对调查证据可以提出异议申请。

(二) 法院对前款的申请，应当作出决定。

第二百九十六条之二　被告人审问

(一) 检事或者辩护人在调查证据后，可以顺次审问被告人有关公诉事实和情节的必要事项。但是裁判长认为必要时，可以许可在证据调查完毕以前讯问。

(二) 裁判长认为必要的时候，可以审问被告人。

(三) 适用于自第一百六十一条之二第一款至第三款与第五款的第一项之相关审问。

[本条新设 2007. 6. 1.]

第二百九十七条　被告人的退庭

(一) 裁判长认为证人及鉴定人在被告人及任何当庭者在场情况下不能充分陈述时，可以使其退庭再作陈述。认定被告人在其他被告人在场情况下不能充分陈述时，方法亦同。

(二) 依照前款的规定使被告人退庭的情况下，在证人、鉴定人及共同被告人陈述终了时，应当命退庭的被告人重新入庭，并令法院事务官告知其陈述主旨。<改正 1961. 9. 1.，2007. 6. 1.>

第二百九十七条之二　简易公审程序的证据调查

对于有第二百八十六条之二决定的案件，可以不适用第一百六十一条之二、第二百九十条至第二百九十三条、第二百九十七条之规定，按照法院认为适当的方式进行证据调查。

[本条新设 1973. 1. 25.]

第二百九十八条　起诉书的变更

(一) 检事经法院许可，对起诉书记载的公诉事实及适用法条可以追加、撤回或者变更。此种情况下，法院在不危害公诉事实统一性的限度内，应当予以许可。

（二）法院根据审理经过情况认为适当时，应当要求追加或者变更公诉事实及适用法条。

（三）追加、撤回或者变更公诉事实及适用法条时，法院应当迅速告知被告人或者辩护人。

（四）法院认为依据前三款规定的诉讼事实或者适用法条的追加、撤回或者变更，可能增加被告人不利因素时，应该依据职权或者根据被告人或者辩护人的申请，可以决定必要期间内停止公审程序，以便被告人作出必要的防御准备。

[全文改正 1973. 1. 25.]

第二百九十九条　不必要辩论等的限制

诉讼关系人的陈述或者讯问是重复或者与该诉讼无关时，裁判长在不危害诉讼关系人本质性权利的限度内，可以进行限制。

第三百条　辩论的分离与合并

法院认为有必要时，依据职权或者根据检事、被告人或者辩护人的申请，可以决定将辩论分离或者合并。

第三百零一条　公审程序的更新

公审开庭后更换判事时，应当更新公审程序。但是，只宣告判决的情况除外。

第三百零一条之二　简易公审程序决定的撤销和公审程序的更新

第二百八十六条之二的决定撤销时，应当更新公审程序。但是，在检事、被告人或者辩护人无异议的情况下除外。

[本条新设 1973. 1. 25.]

第三百零二条　证据调查后检事的意见陈述

审问被告人和调查证据结束时，检事应当对事实和法律适用陈述意见。但是，在第二百七十八条情形下按照起诉书记载事项，视为有检事意见陈述。

第三百零三条　被告人的最后陈述

裁判长听取检事的意见后，应当给予被告人和辩护人以陈述最后意见的机会。

第三百零四条　对裁判长处分的异议

（一）检事、被告人或者辩护人对裁判长的处分，可以提出异议的申请。

（二）对前款提出的异议申请，法院应当作出决定。

第三百零五条　辩论的再启

法院认为有必要时，依据职权或者根据检事、被告人或者辩护人的申请，可以决定重新开启已经终结的辩论。

第三百零六条　公审程序的停止

(一) 被告人处于不能辨别事物或者没有决定意思能力状态时，法院应该征询检事或者辩护人的意见，决定在其状态持续期间停止公审程序。

(二) 被告人因病不能出庭时，法院应当征询检事和辩护人的意见，决定直至可以出庭时为止停止公审程序。

(三) 依据前二款的规定停止公审程序，要听取医师的意见。

(四) 对被告人案件明显要作出无罪、免诉、免除刑罚或者驳回起诉裁判时，可以不参照第一款和第二款事由，在被告人不出庭的情况下作出裁判。

(五) 依据第二百七十七条的规定，代理人可以出庭时，不适用第一款或者第二款之规定。

第二节　证　据

第三百零七条　证据裁判主义

(一) 事实的认定，应该依据证据。

(二) 对犯罪事实的认定，应当达到没有合理怀疑程度的证明。

[全文改正 2007. 6. 1.]

第三百零八条　自由心证主义

证据的证明力，要依据法官的自由判断。

第三百零八条之二　违法收集证据的排除

未经合法程序收集的证据不能作为证据。

[本条新设 2007. 6. 1.]

第三百零九条　强制等坦白的证据能力

被告人的坦白，有理由可以怀疑为出于拷问、暴行、胁迫、不适当长期身体拘束或者欺骗等方法，而非出于任意陈述的，不得作为有罪的证据。

[题目改正 1963. 12. 13.]

第三百一十条　不利坦白的证据能力

被告人的坦白，是对被告人不利的唯一证据时，不得作为有罪的证据。

第三百一十条之二　传闻证据能力的限制

第三百一十一条至第三百一十六条的规定以外，以他人的陈述为内容的陈述，代替公审准备或者公审日期的陈述而记载的文书，不能作为证据。

[本条新设 1961. 9. 1.]

第三百一十一条　法院或者法官的笔录

公审准备或者公审日期，记载被告人或者非被告人陈述的笔录，及法院或者法官记载勘验结果的笔录，可以作为证据。根据第一百八十四条及第二

百二十一条之二的规定制作的笔录亦同。<改正 1973. 1. 25. ，1995. 12. 29. >

[全文改正 1961. 9. 1.]

第三百一十二条　检事或者司法警察官的笔录

（一）检事记录被告人陈述的笔录，必须按照合法程序和方式制作，与被告人陈述的内容相同。仅在被告人在公审准备或者公审日期的陈述证明该笔录所记载的陈述是在特别可靠的状态下进行的，才能作为证据。

（二）在第一款的情况下，被告人否认审讯记录的真实性，且审讯记录上的口供与被告人现场所述不一致时，需要检察官另行提交相关的审讯录像或者其他客观的证据，以证明口供的真实性。仅在审讯记录记载的口供的真实性被证实后，该口供记录才会被采纳为证据。

（三）检事以外的搜查机关制作的讯问笔录，必须按照合法程序和方式制作，在公审准备或者公审日期，只有作为该嫌疑人的被告人或者辩护人承认其内容时，才能作为证据。

（四）检事或者司法警察官记录非被告人陈述的笔录时，必须按照合法程序和方式制作，证人在公审准备或者公审期间的陈述，以录像或者其他客观方法证明；被告人或者辩护人在公审准备或者公审日期可以就笔录记载的内容询问证人时，可以作为证据。但是，只有在证明该笔录所记载的陈述是在特别可靠的状态下进行的，才能作为证据。

（五）第一款至第四款的规定，适用于非被告人或者被告人在搜查过程中制作的笔录。

（六）检事或者司法警察官记载勘验结果的笔录，必须按照合法程序和方式制作，按照公审准备或者在公审期间的证人陈述，在真实性可以被证明时，可以作为证据。

[全文改正 2007. 6. 1.]

第三百一十三条　陈述书等

（一）前二条的规定以外，被告人或者非被告人的陈述书或者记载其陈述的文书，是其制作者或者陈述者亲笔或者签名或者盖签名章（包括由被告人或者非被告人制作或者陈述的文字、照片、图像等信息，包括电脑光盘，以及与之相似的信息存储媒体，下同)，根据其制作者或者陈述者在公审准备或者公审日期的陈述，证明其成立具有真实性，可以作为证据。但是，记载被告人陈述的文书，根据其制作者在公审准备或者公审日期的陈述，证明其成立具有真实性，限于其陈述是在特别可信的状态下作出的，无论被告人在公审准备或者公审日期的陈述如何，均可作为证据。<改正 2016. 5. 29. >

（二）不参照第一款正文的要求，陈述书制作者在公审准备或者公审期间有否认陈述书成立具有真实性情况的，以科学分析结果为基础的数字化材料、鉴定等客观方法证明陈述书成立具有真实性的，可以作为证据。但是，非被告人制作的陈述书，应当由被告人或者辩护人在公审准备或者公审日期之日就陈述书记载的内容询问制作人。<改正 2016. 5. 29. >

（三）记载鉴定经过和结果的文书，与第一款和第二款相同。<新设 2016. 5. 29. >

[全文改正 1961. 9. 1.]

第三百一十四条　证据能力的例外

在第三百一十二条或者第三百一十三条的情况下，须在公审准备或者公审日期进行陈述者，因死亡、疾病、国外居住、行踪不明以及其他缘由不能进行陈述时，其笔录和其他文书（包括被告人或者非被告人所写或者陈述内容的文字、照片、图像等信息，包括电脑光盘以及类似信息存储介质中存储的信息）可以作为凭证。但是，只有在证明该笔录所记载的陈述是在特别可靠的状态下进行的，才能作为证据。<改正 2016. 5. 29. >

[全文改正 2007. 6. 1.]

第三百一十五条　当然具有证据能力的文书

以下所列文书，可以作为证据：<改正 2007. 5. 17. >

1. 家庭关系记录事项证明书，公证书副本及其他公务员或者外国公务员对于职务上可以证明的事项所制作的文书；

2. 商业账簿、航海日志及其他作为业务上必要而制作的文书；

3. 其他根据特别可信的情况所制作的文书。

第三百一十六条　传闻的陈述

（一）非被告人（包括起诉前已将被告人列为嫌疑人或者参与调查的人，下同）在公审准备或者公审日期所作的陈述，是以被告人的陈述作为其内容的，限于其陈述是在特别可信的状态下进行的，可以作为证据。<改正 2007. 6. 1. >

（二）非被告人在公审准备或者公审日期所作的陈述，是以非被告人的其他人的陈述作为其内容的，限于原陈述人因死亡、疾病、国外居住及其他缘由不能进行陈述时，其陈述是在特别可信的状态下进行的，可以作为证据。<改正 1995. 12. 29. ，2007. 6. 1. >

[全文改正 1961. 9. 1.]

第三百一十七条　陈述的任意性

（一）被告人或者非被告人的非任意性陈述，不得作为证据。

（二）前款的文书，不能证明其制作或者作为内容的陈述是任意进行的，不得作为证据。

（三）勘验笔录的部分是记载被告人或者非被告人的陈述时，以该部分为限，按照前二款的规定处理。

第三百一十八条　当事人的同意与证据能力

（一）检事和被告人同意作为证据的文书或者物品，认定具有真实性的，可以作为证据。

（二）被告人不出庭仍可调查证据的情况下，被告人没有出庭，视为前款规定的同意。但是，在代理人或者辩护人出庭的情况下除外。

第三百一十八条之二　争辩证明力的证据

（一）尽管根据第三百一十二条至第三百一十六条之规定不能作为证据的文件或者陈述，但是为了争辩在公审准备或者公审日期所作的被告人或者非被告人的陈述证明力，也可以将其作为证据。

（二）不参照第一款之规定，以被告人或者非被告人陈述为内容的影视资料，应当在公审准备或者公审日期时，对被告人或者非被告人陈述记忆不清的事项，认为需要唤起记忆时，可以要求向被告人或者非被告人播放。

[全文改正 2007. 6. 1.]

第三百一十八条之三　简易公审程序中有关证据能力的特例

有第二百八十六条之二决定的案件的证据，是第三百一十条之二、第三百一十二条、第三百一十四条与第三百一十六条所规定的证据时，将其视为有第三百一十八条第一款同意的证据。但是，检事、被告人或者辩护人对作为证据有异议的情况除外。

[本条新设 1973. 1. 25.]

第三节　公审的裁判

第三百一十八条之四　判决宣告日期

（一）应当在辩论终结之日宣告判决。但是在特殊情况下，可以另行指定宣告日期。

（二）在辩论终结之日宣告判决的，可以在判决宣告后制作判决书。

（三）第一款但书的宣告日期应在辩论终结后十四日内指定。

[本条新设 2007. 6. 1.]

第三百一十九条　违反管辖的判决

被告案件不属于法院管辖时，应当以判决宣告违反管辖。<改正 2007. 12. 21.>

第三百二十条　违反地域管辖

（一）在没有被告人申请的情况下，法院不得宣告违反管辖的相关事项。

（二）违反管辖的申请，应当在陈述被告案件之前提出。

第三百二十一条　与宣告刑罚同时宣告的事项

（一）对于被告案件有犯罪证明的，除刑罚的免除或者缓期宣告的情况外，应当判决宣告刑罚。

（二）刑罚的缓期执行、判决前拘押的计入日数、劳役场的留置期间，应当在宣告刑罚的同时，要以判决宣告。

第三百二十二条　刑罚的免除或者刑罚的缓期宣告

对于被告案件免除或者缓期的宣告刑罚时，要以判决宣告。

第三百二十三条　有罪判决应当明示的理由

（一）宣告刑罚时，其判决理由应当明示犯罪事实、证据的主旨和适用的法令。

（二）当陈述成为法律上的阻碍犯罪成立的理由或者刑罚的加重、减轻理由的事实时，应当明示对此所作的判断。

第三百二十四条　上诉的告知

宣告刑罚时，裁判长应当告知被告人上诉期间和上诉法院。

第三百二十五条　无罪的判决

被告案件不为罪或者没有犯罪事实的证明时，应该判决宣告无罪。

第三百二十六条　免诉的判决

符合下列情形的，应当判决宣告免诉：

1. 有确定判决时；
2. 有赦免时；
3. 公诉时效完成时；
4. 犯罪后，因法令的废改而废止刑罚时。

第三百二十七条　驳回公诉的判决

符合下列情形的，应当判决宣告驳回公诉：

1. 对于被告人没有裁判权时；
2. 因提起公诉的程序违反法律规定而无效时；
3. 对已经提起公诉的案件再提起诉讼时；
4. 违反第三百二十九条规定再提起公诉时；
5. 对告诉才论罪的案件，撤销告诉时；
6. 对于违背被害人明示之意便不能论罪的案件，有明确表示不希望处罚或者希望撤回处罚之意时。

第三百二十八条　驳回公诉的决定

（一）符合下列情形的，应当决定驳回公诉：

1. 公诉被撤销时；
2. 被告人死亡或者被告法人已经不存在时；

3. 依据第十二条或者第十三条的规定不能裁判时；

4. 起诉书所记载的事实虽然真实，但是未包括可成为犯罪的事实时。

（二）对前款的决定，可以即时抗告。

第三百二十九条　公诉的撤销和再起诉

根据公诉的撤销确定驳回公诉决定时，限于撤销公诉后对其犯罪事实发现其他重要证据的情况，可以再提起公诉。

第三百三十条　无被告人陈述的判决

被告人不陈述，或者不经裁判长许可而退庭，或者受到裁判长为维持法庭秩序而作的退庭命令时，没有被告人的陈述亦可以判决。

第三百三十一条　无罪等的宣告和羁押票的效力

宣告无罪、免诉、免除刑罚的缓期宣告、刑罚的缓期执行、驳回或者罚金或者科料判决时，羁押票即失去效力。<改正 1995. 12. 29. >

[92 宪法　1992. 12. 24. （1995. 12. 29. 法 5054）]

第三百三十二条　没收的宣告和扣押物

对于扣押的文书或者物品，未作出没收的宣告时，视为解除扣押。

第三百三十三条　扣押物的发还

（一）扣押的赃物，确有发还被害人的理由时，应以判决宣告发还被害人。

（二）前款情况下，赃物已经处分时，应以判决宣告将所取得的代价交付被害人。

（三）对暂时发还的赃物，在没有得到其他宣告时，视为有发还的宣告。

（四）前三款的规定，不影响利害关系人依据民事诉讼程序主张其权利。

第三百三十四条　财产刑的暂缴判决

（一）法院宣告罚金、科料或者追征的情况下，认为判决确定之后有不能执行或者难以执行之虑时，可以依据职权或者根据检事的请求，令被告人暂时缴纳相当于罚金、科料或者追征的金额。

（二）前款的裁判，应当在宣告刑罚的同时，以判决宣告。

（三）前款之判决即时执行。

第三百三十五条　撤销刑罚缓期执行的程序

（一）撤销刑罚的缓期执行，检事应当向管辖被告人所在地或者最后居住地的法庭请求。

（二）接受前款请求的法院，应当询问被告人或者其代理人的意见之后作出决定。

（三）对于前款的决定，可以即时抗告。

（四）前二款的规定，适用于宣告缓刑的情况。

第三百三十六条　竞合犯中重新量刑的程序

（一）依据《刑法》第三十六条、第三十九条第四款或者第六十一条之规定量刑时，检事应当向对其犯罪事实作出最终判决的法院请求。但是《刑法》第六十一条规定宣告缓刑的刑罚时，应当依据第三百二十三条规定宣告，并明示解除缓刑宣告的理由。<改正 2007. 6. 1. >

（二）前条第二款规定适用于前项的情况。

第三百三十七条　刑罚消除的裁判

（一）《刑法》第八十一条或者第八十二条规定的宣告，应当向保管该案件记录的检察厅相对应的法院提出申请。<改正 2007. 6. 1. >

（二）根据前款申请所作的宣告，应当以决定作出。

（三）对于驳回第一款申请的决定，可以即时抗告。

第三编　上　诉

第一章　通　则

第三百三十八条　上诉权者

（一）检事或者被告人，可以上诉。

（二）删除<2007. 12. 21. >

第三百三十九条　抗告权者

检事或者被告人以外者收到决定时，可以抗告。

第三百四十条　当事人以外的上诉权人

被告人的法定代理人，可以为被告人上诉。

第三百四十一条　同前

（一）被告人的配偶、直系亲属、兄弟姐妹或者原审代理人或者辩护人，可以为被告人上诉。<改正 2005. 3. 31. >

（二）前款的上诉，不得违背被告人明示之意。

第三百四十二条　部分上诉

（一）上诉可以对裁判的部分提出。

（二）对部分的上诉，对于与之有不可分割关系的部分，亦有效力。

第三百四十三条　上诉的提起期间

（一）上诉，要在期间内以书面形式提起。

（二）上诉的提起期间，要从宣告或者告知裁判之日起进行。

第三百四十四条　对在押人员的特则

（一）在监狱或者看守所的被告人，于上诉期间内向监狱长或者看守所长或者代理其职务者提出上诉书时，视为在上诉的提起期间内上诉。<改正 1963. 12. 13.>

（二）前款情况下，被告人不能制作上诉书时，监狱长或者看守所长应当令所属公务员为其代书。<改正 1963. 12. 13.>

第三百四十五条　恢复上诉权的请求权人

根据第三百三十八条、第三百四十一条规定可以上诉者，因不能归责于自身或者代理人的事由，在上诉的提起期间未能上诉的，可以请求恢复上诉权。

第三百四十六条　恢复上诉权请求的方式

（一）恢复上诉权的请求，应当自事由终止之日起，在上诉的提起期间相当的期间内，书面向原审法院提出。

（二）请求恢复上诉权，应当说明原因所在。

（三）请求恢复上诉权者，应当提出请求并提出上诉。

第三百四十七条　对恢复上诉权的决定和即时抗告

（一）被请求恢复上诉权的法院应当作出是否许可请求的决定。

（二）对于前款请求，可以即时抗告。

第三百四十八条　恢复上诉权的请求和执行停止

（一）在有请求恢复上诉权时，法院应当决定停止执行，直至作出前条决定时止。<改正 2007. 6. 1.>

（二）决定停止执行前款规定的情况下，需要羁押被告人的，应当签发羁押票。但是，应当以具备第七十条的条件为限。

第三百四十九条　上诉的放弃、撤回

检事及被告人或者第三百三十九条规定者，可以放弃或者撤回上诉。但是，被告人或者第三百四十一条规定之人对于宣告死刑、无期劳役或者无期徒刑的判决，不得放弃上诉。

第三百五十条　上诉的放弃等和法定代理人的同意

有法定代理人的被告人放弃或者撤回上诉，要得到法定代理人的同意。但是，因法定代理人死亡或者其他缘由不能得到其同意时除外。

第三百五十一条　上诉的撤回和被告人的同意

被告人的法定代理人或者第三百四十一条规定之人，经被告人同意可以撤回上诉。

第三百五十二条　放弃上诉等的方式

（一）放弃或者撤回上诉应当以书面形式进行。但是，在公审法庭可以口头提出。

(二) 口头提出放弃或者撤回上诉的，应当将事由记载于笔录。

第三百五十三条　放弃上诉等的管辖

放弃上诉应当向原审法院提出，撤回上诉应当向上诉法院提出。但是，诉讼笔录没有送达上诉法院的，可以向原审法院提出撤回上诉。

第三百五十四条　放弃上诉后再上诉的禁止

撤回上诉者或者同意放弃上诉者，不得再对该案件提起上诉。

第三百五十五条　对在押人员的特则

第三百四十四条规定适用于在监狱或者看守所的被告人提出恢复上诉权的请求，或者放弃或者撤回上诉的情形。<改正 1963. 12. 13. >

第三百五十六条　放弃上诉等和通知对方

有请求、放弃或者撤回上诉或者恢复上诉权的，法院应当及时通知对方原因。

第二章　抗　诉

第三百五十七条　可以抗诉的判决

对一审法院的判决不服时，地方法院独立法官宣告的，可以向地方法院本院合议庭抗诉；地方法院合议庭宣告的，可以向高等法院抗诉。

[全文改正 1961. 9. 1.]

[题目改正 1963. 12. 13.]

第三百五十八条　抗诉的提起期间

抗诉的提起期间为七日。<改正 1963. 12. 13. >

第三百五十九条　抗诉提起的方式

抗诉，应当向原审法院提出。<改正 1963. 12. 13. >

第三百六十条　原审法院的驳回抗诉决定

(一) 抗诉的提出明显违反法律规定的方式或者属于抗诉权消除后，原审法院应当决定驳回抗诉。<改正 1963. 12. 13. >

(二) 对于前款的抗诉，可以即时抗告。

第三百六十一条　诉讼笔录和证物的移送

除第三百六十条之情形外，原审法院应当自收到抗诉书之日起十四日内将诉讼笔录和物证送达上诉法院。

[全文改正 1995. 12. 29.]

[92 宪法 44　1995. 11. 30. (1995. 12. 29. 法 5054)]

第三百六十一条之二　诉讼笔录的接受和通知

（一）上诉法院收到笔录时，应当立即通知抗诉人及对方。<改正 1963. 12. 13. >

（二）前款通知之前已选任辩护人的，应当同时通知辩护人。

（三）被告人在监狱或者看守所的，对应原审法院的检察厅检事应当自收到第一款通知之日起十四日内，将被告人移送至抗诉法院所在地的监狱或者看守所。<新设 1995. 12. 29. >

[本条新设 1961. 9. 1.]

第三百六十一条之三　抗诉理由书和答辩书

（一）抗诉人或者辩护人应当自收到前条通知之日起二十日内向抗诉法院提出抗诉理由书。此种情况下，适用第三百四十四条。<改正 1963. 12. 13. , 2007. 12. 21. >

（二）收到抗诉理由书的抗诉法院应当立即将副本或者抄阅本送达对方。<改正 1963. 12. 13. >

（三）对方应当自收到前款送达之日起十日内将答辩书提交至抗诉法院。<改正 1963. 12. 13. >

（四）收到答辩书的抗诉法院应当立即将其副本或者抄阅本送达抗诉人或者辩护人。<改正 1963. 12. 13. >

[本条新设 1961. 9. 1.]

第三百六十一条之四　驳回抗诉的决定

（一）抗诉人或者辩护人在前条第一款期间未提出抗诉理由书的，应当决定驳回抗诉。但是，有职权调查事由或者抗诉书记载抗诉理由的除外。

（二）对前款决定，可以立即抗告。<新设 1963. 12. 13. >

[本条新设 1961. 9. 1.]

第三百六十一条之五　抗诉理由

有下列情形之一的，可以作为原判抗诉的理由：<改正 1963. 12. 13. >

1. 对判决有影响的，违反宪法、法律、命令或者规则的情况；
2. 判决后有刑罚的废止或者变更或者赦免时；
3. 认为违反管辖或者管辖违反本法的；
4. 判决法院的组成违反法律时；
5. 删除<1963. 12. 13. >
6. 删除<1963. 12. 13. >
7. 法律上不得参与裁判的判事参与该案件的裁判时；
8. 没有参与案件审理的判事参与该案件的判决时；
9. 违反了有关公开审理的判事参与该案件的判决时；

10. 删除<1963. 12. 13. >
11. 判决没有明示理由或者理由矛盾时；
12. 删除<1963. 12. 13. >
13. 有请求再审事由时；
14. 因错误认定事实而影响判决时；
15. 有认为量刑不当的事由时。

[本条新设 1961. 9. 1.]

第三百六十二条　驳回抗诉的决定

(一) 有第三百六十条规定之情形，而原审法院没有作出驳回抗诉的决定时，抗诉法院应当决定驳回抗诉。<改正 1963. 12. 13. >

(二) 对于前款的决定，可以即时抗告。

第三百六十三条　驳回起诉的决定

(一) 符合第三百二十八条第一款所列情形的，抗诉法院应当决定驳回起诉。<改正 1963. 12. 13. , 1995. 12. 29. >

(二) 对于前款的决定，可以即时抗告。

第三百六十四条　抗诉法院的审判

(一) 抗诉法院应当就抗诉理由所包含的事由进行审判。<改正 1963. 12. 13. >

(二) 抗诉法院对于影响判决的事由，即没有包括在抗诉理由书上，也可以依职权审判。<改正 1963. 12. 13. >

(三) 第一审法院可以作为证据的证据，抗诉法院亦可以作为证据。

(四) 认为抗诉没有正当理由的，应当判决驳回抗诉。<改正 1963. 12. 13. >

(五) 抗诉明显没有理由的，根据抗诉书、抗诉理由书及其他诉讼笔录，可以不经过辩论，判决驳回抗诉。<改正 1963. 12. 13. >

(六) 认为有抗诉理由的，应当撤销原审判决，重新作出判决。<改正 1963. 12. 13. >

[全文改正 1961. 9. 1.]

第三百六十四条之二　为共同被告人的撤销

为了被告人的利益撤销原审判决的情况下，撤销理由为抗诉的共同被告人共有，即应当撤销原审判决。<改正 1963. 12. 13. >

[本条新设 1961. 9. 1.]

第三百六十五条　被告人的出庭

(一) 被告人在公审日期未出庭时，应当另定日期。<改正 1961. 9. 1. >

(二) 被告人无正当理由于另定的日期未出庭时，不经被告人陈述，可以判决。

第三百六十六条　发回原审法院

驳回公诉或者违反管辖的裁判，以违反法律为由撤销原审判决的，应当决定将案件发回原审法院。

第三百六十七条　管辖法院的移送

以管辖认定违反法律为由撤销原审判决的，应当以判决将案件移送至管辖法院。但是，抗诉法院对该案有第一审管辖权的，应当按照第一审程序审判。<改正 1963. 12. 13. >

第三百六十八条　不利变更的禁止

被告人抗诉的案件和为被告人抗诉的案件，宣判刑罚不得重于原审判决。<改正 1963. 12. 13. >

第三百六十九条　裁判书的记载方式

抗诉法院的裁判文书应当明确记载抗诉理由，可以引用原审判决所记载的事实和证据。<改正 1963. 12. 13. >

[全文改正 1961. 9. 1.]

第三百七十条　适用规定

第二编中有关公审的规定，本章没有特别规定的，适用于抗诉审判。<改正 1963. 12. 13. >

第三章　上　告

第三百七十一条　可以上告的判决

对于第二审判决不服，可以向大法院上告。<改正 1963. 12. 13. >

[全文改正 1961. 9. 1.]

第三百七十二条　越级上告

符合下列情形之一的，对第一审判决可以不提起抗诉而直接上告：<改正 1961. 9. 1. >

1. 原审判决对认定的事实不适用法令，或者适用法令错误的；

2. 原审判决后，废止或者变更刑罚或者赦免的。

第三百七十三条　抗诉和越级上告

对于一审判决已提起抗诉的，对案件的上告失效。但是，决定撤回抗诉或者驳回抗诉的除外。

第三百七十四条　上告期间

上告的提起期间为七日。

第三百七十五条　上告提起的方式

上告应向原审法院提出上告书。

第三百七十六条　原审法院的驳回上告决定

（一）上告的提出明显违反法律上的方式，或者在上诉权消除后，原审法院应当决定驳回上告。

（二）对于前款的决定，可以即时抗告。

第三百七十七条　诉讼记录和证物的发送

除第三百七十六条情形外，原审法院应当自收到上诉状之日起十四日内将诉讼笔录和物证发送至上告法院。

[全文改正 1995. 12. 29.]

第三百七十八条　诉讼笔录的接受和通知

（一）上告法院收到诉讼笔录的副本后，应当立即将事由通知上告人和对方。<改正 1961. 9. 1. >

（二）前项的通知之前已选任辩护人的，应当同时通知辩护人。

第三百七十九条　上告理由书和答辩书

（一）上告人或者辩护人，应当自收到前条通知之日起二十日内，向上告法院提出上告理由书。此种情况下，适用第三百四十四条。<改正 1961. 9. 1. , 2007. 12. 21. >

（二）上告理由书，应当引用诉讼笔录和原审法院调查证据所表现的事实，并明示其理由。

（三）收到上告理由书的上告法院，应当立即将其副本或者抄阅本送达对方。<改正 1961. 9. 1. >

（四）对方可以自收到前款送达之日起十日内向上告法院提交答辩书。<改正 1961. 9. 1. >

（五）收到答辩书的上告法院，应当立即将其副本或者抄阅本送达上告人和辩护人。<改正 1961. 9. 1. >

第三百八十条　驳回上告的决定

（一）上告人或者辩护人在前条第一款期间没有提出上告理由书的，决定驳回上告。但是，上告书已对此有明确记载理由的除外。<改正 1961. 9. 1. , 2014. 5. 14. >

（二）上告书和上告理由书所载上诉理由的主张，明显不属第三百八十三条所列情形之一的，应当决定驳回上诉。<新设 2014. 5. 14. >

第三百八十一条　同前

在符合第三百七十六条规定的情况下，原审法院未作出驳回上告的决定时，上告法院应该决定驳回上告。<改正 1961. 9. 1. >

第三百八十二条　驳回公诉的决定

有符合第二百三十八条第一款各项规定之事由的，上诉法院应当决定撤销公诉。

[全文改正 1995. 12. 29.]

第三百八十三条　上告理由

有符合下列情形的，可以作为对原审法院的上告理由：

1. 有影响判决的，违反宪法、法律、命令或者规则的情况时；

2. 判决后，有刑罚的废止或者变更或者赦免时；

3. 有请求再审事由时；

4. 宣告死刑、无期徒刑或者十年以上劳役或者徒刑的案件，因认定事实有重大错误而影响判决时，或者有足以认为量刑严重不当的明显事由时。

第三百八十四条　审判范围

上告法院应当就上告理由书所包括的事由进行审判。但是，在前条第一项至第三项的情况下，或者是没有包括在上告理由书内，亦可以根据职权进行审判。

第三百八十五条　删除<1961. 9. 1. >

第三百八十六条　辩护人的资格

在上告审理中，不得将非律师选任为辩护人。

第三百八十七条　辩论能力

在上告审理中，非辩护人不得为被告人辩护。

第三百八十八条　辩论方式

检事和辩护人，应当根据上告理由书进行辩论。

第三百八十九条　辩护人的不出庭

（一）没有选任辩护人或者辩护人在公审日期未出庭时，可以听取检事的陈述后进行判决。但是，符合第二百八十三条规定的情况除外。

（二）前项的情况下，提出了合法理由书时，视为已有陈述。

第三百八十九条之二　被告人的传唤与否

上告审理的公审日期，不要求传唤被告人。

[本条新设 1995. 12. 29.]

第三百九十条　根据书面审理的判决

（一）高等法院根据上告书、上告理由书及其他诉讼笔录，可以不经辩论作出判决。<改正 2007. 6. 1. >

（二）上告法院在认为必要时，可以就特定的事项举行辩论，听取证人的陈述。<新设 2007. 6. 1. >

[全文改正 1961. 9. 1.]

第三百九十一条　原审判决的撤销

上告有理由时，应当以判决撤销原审判决。

第三百九十二条　为共同被告人的撤销

为了被告人的利益撤销原审判决的情况下，撤销理由为上告的共同被告人共有，即应当撤销共同被告人的原审判决。

第三百九十三条　驳回公诉和退回的判决

以驳回合法的公诉为理由，撤销原审判决或者第一审判决时，应当以判决将案件退回原审法院或者第一审法院。

第三百九十四条　管辖认定和移送的判决

以认定违反管辖为理由，撤销原审判决或者第一审判决时，应当以判决将案件移送至管辖法院。

第三百九十五条　管辖错误和退回的判决

以认定管辖违反法律为理由，撤销原审判决或者第一审判决时，应当以判决将案件退回原审法院或者第一审法院。

第三百九十六条　撤销自判

（一）上告法院撤销原审判决的情况下，认为根据诉讼笔录和原审法院、第一审法院调查的证据足以进行判决时，对于被告案件可以直接判决。<改正 1961. 9. 1. >

（二）第三百六十八条的规定适用于前款判决。

第三百九十七条　退回或者移送

除前四条的情况外，撤销原审判决的，应当以判决将案件发回原审法院或者移送至其他与该案件同级的法院。<改正 1961. 9. 1. >

第三百九十八条　裁判书的记载方式

裁判书应当记载对上告理由的判断。

第三百九十九条　适用规定

前章的规定，在本章没有特别规定的，适用于上告审判。

第四百条　修正判决的申请

（一）上告法院发现其判决的内容有错误时，应当依照职权或者根据检事、上告人及辩护人的申请，可以判决修正。<改正 1961. 9. 1. >

（二）前款之申请，应当从宣告判决之日起十日内作出。

（三）第一款之申请，应当以书面形式记载申请理由。

第四百零一条　修正的判决

（一）修正的判决，可以不经过辩论而作出。

（二）认为没有修正必要的，应当迅速决定驳回申请。

第四章　抗　告

第四百零二条　可以抗告的裁判

对于法院的决定不服的，可以抗告。但是，本法另有特别规定的除外。

第四百零三条　判决前决定的抗告

（一）关于法院管辖或者判决前诉讼程序的决定，除可以立即抗诉的以外，不得抗诉。

（二）前款规定不适用于羁押、保释、扣押或者发还扣押物品的决定或者为鉴定而留置被告人的决定。

第四百零四条　普通抗告的期间

抗告，除即时抗告外，可以随时抗告。但是，撤销原审判决，无实益的除外。

第四百零五条　即时抗告的提起期间

即时抗告的期限为三日。

[题目改正 1963. 12. 13.]

第四百零六条　抗告的程序

抗告应当将抗诉书提交至原审法院。

第四百零七条　原审法院的驳回抗告决定

（一）抗告的提起明显违反法律上的方式，或者在抗告权消除以后，原审法院应当决定驳回抗告。

（二）对于前款的决定，可以即时抗告。

第四百零八条　原审法院的更新决定

（一）原审法院认为抗告有理由时，应当更正决定。

（二）认为抗告的全部或者部分内容没有理由时，应当从接受抗告书之日起三日内，附加意见书，交送抗告法院。

第四百零九条　普通抗告和停止执行

抗告，除即时抗告外，没有停止执行裁判的效力。但是，原审法院或者抗告法院可以决定停止执行，直至作出抗告的决定。

第四百一十条　即时抗告和停止执行的效力

即时抗告在提起期间内提出时，应当停止执行审判。

第四百一十一条　诉讼笔录等的送交

（一）原审法院认为必要时，应当将诉讼笔录和物证送交抗告法院。

（二）抗告法院可以要求送交诉讼笔录和物证。

（三）前二款的情况下，抗告法院应当自收到诉讼笔录和物证之日起五日内将事由通知当事人。

第四百一十二条　检事的陈述意见

检事可以就抗告案件陈述意见。

第四百一十三条　驳回抗告的决定

符合第四百零七条规定的情况下，原审法院未作出驳回抗告的决定时，抗告法院应当以决定驳回抗告。

第四百一十四条　驳回抗告和抗告理由的认定

（一）认为抗告没有理由时，应当以决定驳回抗告。

（二）认为抗告有理由时，应当以决定撤销原审决定；必要的情况下，应当对抗告案件直接进行审判。

第四百一十五条　再抗告

对抗告法院或者高等法院的决定，以有影响裁判、违反宪法、法律、命令或者规则为理由，向大法院提出即时抗告。

[全文改正 1963. 12. 13.]

第四百一十六条　准抗告

（一）对于裁判长或者数名法官告知的符合下列情形之一的裁判不服时，可以请求该法官所属法院撤销或者变更裁判：

1. 驳回忌避申请的裁判；

2. 有关拘禁、保释、扣押或者发还扣押物的裁判；

3. 为了鉴定而命令留置被告人的裁判；

4. 对证人、鉴定人、口译人员或者笔译人员，责令罚款或者赔偿费用的裁判。

（二）地方法院接受前款的请求时，应当由合议庭作出决定。

（三）第一款的请求，应当从告知裁判之日起三日内作出。

（四）第一款第四项的裁判，在前项请求期间内已经提出请求时，停止执行其裁判。

第四百一十七条　同前

对于检事或者司法警察官的羁押、扣押或者发还扣押物品的处分和第二百四十三条之二有关辩护人参加等处分不服的，可以请求该职务执行地管辖法院或者该检事所属检察厅相应法院予以撤销或者变更处分。<改正 2007. 6. 1.，2007. 12. 21.>

第四百一十八条　准抗告的方式

前二条的请求，应当以书面形式向管辖法院提出。

第四百一十九条　适用规定

第四百零九条、第四百一十三条、第四百一十四条、第四百一十五条的

规定，适用于提出第四百一十六条、第四百一十五条请求的情况。<改正 1995. 12. 29. >

第四编 特别诉讼程序

第一章 再 审

第四百二十条 再审理由

符合下列情形之一的，对确定有罪的判决可以为被宣告人的利益请求：

1. 作为原审判决证据的文件或者物证，经确定判决证明是伪造或者变造的；

2. 作为原审判决的证言、鉴定、口译或者笔译，被确定判决为虚假的；

3. 因诬告而受到有罪宣告的，该诬告之罪被确定判决证明的；

4. 作为原审判决证据的裁判确定裁判变更的；

5. 新发现对于被宣告有罪之人可以认定无罪或者免于诉讼的，对被宣告刑罚之人免除刑罚或者原审判决认定罪较轻的明确证据；

6. 因侵犯著作权、专利权、实用新型权、仪章权或者商标权而被宣告有罪的案件，对其权利已作出无效的判决或者无效的判决确定的；

7. 参与原审判决、前审判决或者作出该判决基础的调查的检事，提起公诉或者参与该公诉基础调查的检事或者司法警察官犯罪被确定判决证明的，在原审判决宣告前已经对法官、检事或者司法警察官提起公诉的，但是仅限于原审判决法院不知情的情况。

第四百二十一条 同前

（一）驳回抗诉或者上告的判决，限于前条第一项、第二项及第七项事由的范围，为被宣告人的利益，可以申请再审。<改正 1963. 12. 13. >

（二）对第一审确定判决请求再审的案件作出判决后，对于驳回抗诉的判决不得再提出再审申请。<改正 1963. 12. 13. >

（三）对第一审或者第二审确定判决请求再审的案件作出判决后，对于驳回上告判决不得再提出再审申请。

第四百二十二条 代替确定判决的证明

根据前二条的规定，需要以确定判决来证明犯罪并以此作为再审请求理由的情况下，不能取得确定判决时，可以通过证明其事实来请求再审。但是，因证据不足不能取得确定判决的除外。

第四百二十三条　再审的管辖

再审的请求，由原审判决法院管辖。

第四百二十四条　再审请求权人

符合下列各项之一者，可以请求再审：

1. 检事；

2. 被宣告有罪者；

3. 被宣告有罪者的法定代理人；

4. 被宣告有罪者（死亡或者心神障碍时）的配偶、直系亲属或者兄弟姐妹。

第四百二十五条　非检事不得请求的再审

根据第四百二十条第七项的事由提起再审请求时，被宣告有罪者犯有该罪时，非检事不得提出。

第四百二十六条　辩护人的选任

（一）检事以外者请求再审时，可以选任辩护人。

（二）根据前项的规定选任辩护人，其效力到作出再审判决时为止。

第四百二十七条　再审请求的时期

再审请求，在刑罚执行完毕或者不执行刑罚时，也可以提出。

第四百二十八条　再审和停止执行的效力

再审请求没有停止执行的效力。但是，对应管辖法院的检察厅检事，可以停止执行刑罚，直至对再审请求作出裁判为止。

第四百二十九条　再审请求的撤回

（一）再审请求可以撤回。

（二）撤回再审请求者，不得以同一理由请求再审。

第四百三十条　对在押者的特则

第三百四十四条规定，适用于再审的请求及撤回。

第四百三十一条　调查事实

（一）接受再审请求的法院认为必要时，可以责令合议庭就申请再审的理由进行事实调查，或者委托其他判事进行。

（二）前款情况下，受命法官或者受托判事与法院或者裁判长有相同权限。

第四百三十二条　对再审的界定和当事人的意见

对再审请求作出决定，应当听取请求人和对方的意见。但是，被宣告有罪者的法定代理人提出请求的，应当听取被宣告有罪者的意见。

第四百三十三条　驳回请求的决定

再审请求明显违反法律方式或者属于请求权消除的，应当决定驳回。

第四百三十四条　同前

（一）认为再审请求没有理由时，应当以决定驳回。

（二）有前款的决定时，任何人不得以相同的理由再提出再审要求。

第四百三十五条　再审开始的决定

（一）认为再审有理由时，应当作出再审开始的决定。

（二）作出再审开始决定时，可以以决定停止刑罚的执行。<改正 1995. 12. 29. >

第四百三十六条　请求的竞合和驳回请求的决定

（一）对驳回抗诉的确定判决和根据该判决确定的第一审判决，提出再审请求的，第一审法院已作出再审判决的，抗诉法院应当以决定驳回再审请求。

（二）对第一审或者第二审判决驳回上告判决及根据该判决确定的第一审或者第二审判决，提出再审请求的，第一审法院或者抗诉法院已作出再审判决的，上告法院应当以决定驳回再审请求。

[全文改正 1963. 12. 13.]

第四百三十七条　即时抗告

对于第四百三十三条、第四百三十四条第一款、第四百三十五条第一款与前条第一款的决定，可以即时抗告。

第四百三十八条　再审的审判

（一）再审开始决定确定的案件，除第四百三十六条情形外，法院应当按照再审的审级重新审判。

（二）在下列情况下，第三百零六条第一款、第三百二十八条第一款第二项的规定不适用于前款的审判：<改正 2014. 12. 30. >

1. 对死者或者无法恢复的身心障碍者提出再审请求的；

2. 被宣告有罪者再审判决前死亡或者成为无法恢复的身心障碍者的。

（三）前款情况下，被告人不出庭亦可以进行审判。但是，辩护人不出庭不得开庭。

（四）前二款情况下，再审请求人未选任辩护人的，裁判长应当依职权选任辩护人。

第四百三十九条　不利变更的禁止

再审，不得宣告重于原审判决的刑罚。

第四百四十条　无罪判决的公示

再审宣告无罪的，应当将判决记载在公报和法院所在地的报纸上予以公告。但是，有符合下列情形者表示不愿意的情况除外：

1. 第四百二十四条第一款至第三款所列人员申请再审的，再审宣告无罪的；

2. 第四百二十四条第四款所列人员申请再审的，请求再审者。

[全文改正 2016. 5. 29.]

第二章　非常上告

第四百四十一条　非常上告的理由

判决之后，检察总长发现该案件的审判违反法令时，可以向大法院进行非常上告。

第四百四十二条　非常上告的方式

作出非常上告，应当向大法院提出记载其理由的申请书。

第四百四十三条　公审日期

在公审日期，检事应当按照申请书陈述。

第四百四十四条　调查的范围、事实的调查

（一）大法院应该以申请书中包含的理由为限进行调查。

（二）对于法院的管辖、公诉的受理和诉讼程序，可以进行事实调查。

（三）前款规定，适用第四百三十一条之规定。

第四百四十五条　驳回的判决

认为非常上告没有理由的，应当以判决驳回。

第四百四十六条　撤销的判决

认为非常上告有理由的，应当根据以下区别作出判决：

1. 原审判决违反法令的，应当予以撤销违法的部分。但是，原判对被告人不利的，撤销原判，对被告案件重新作出判决。

2. 原审诉讼程序违反法令的，撤销其违反的程序。

第四百四十七条　判决的效力

对非常上告的判决，除根据前条第一款但书的规定作出的判决外，其效力不及于被告人。

第三章　简易程序

第四百四十八条　可以作出简易命令的案件

（一）地方法院对属于其管辖的案件，根据检事提出请求，可以不经过公审程序，以简易命令处被告人罚款、科料或者没收。

（二）前款情况下，可以作出追征及其他附带的处分。

第四百四十九条　简易命令的请求

简易命令的请求应当在提起公诉的同时以书面形式提出。

第四百五十条　普通的审判

有简易命令请求的情况下，认为该案件不能以简易命令或者不适用简易命令的，应当依照公审程序进行审判。

第四百五十一条　简易命令的方式

简易命令应当明示犯罪事实、适用法令、主刑、附随处分，接到简易命令告知之日起七日内，可以提出正式裁判的请求。

第四百五十二条　简易命令的告知

简易命令的告知，应当通过对检事和被告人送达裁判书的方式进行。

第四百五十三条　正式裁判的请求

（一）检事或者被告人可以自接到简易命令告知之日起七日内，提出正式裁判的请求。但是，被告人不得放弃正式裁判的请求。

（二）正式裁判的请求，应当以书面向作出简易命令的法院提出。

（三）有正式裁判的请求时，应当迅速将其事由通知检事或者被告人。

第四百五十四条　正式裁判请求的撤回

正式裁判的请求，在第一审判决宣告之前可以撤回。

第四百五十五条　驳回的决定

（一）正式裁判的请求，明显违反法律上的方式或者属于请求权消除以后的，应当判决驳回。

（二）对前款的决定，可以立即抗诉。

（三）正式裁判请求合法的，应当依照公审程序进行审判。

第四百五十六条　简易程序的失效

简易命令根据正式裁判的请求所作出的判决，失去效力。

第四百五十七条　简易命令的效力

简易命令在正式审判请求期间经过或者其请求的撤销或者驳回请求的决定确定时，与确定裁判有相同的效力。

第四百五十七条之二　刑种向上的禁止等

（一）被告人请求正式裁判的案件，简易命令不得宣告重刑。

（二）被告人请求正式审判的案件，简易命令宣告重刑的，判决书上应该写明量刑的理由。

[全文改正 2017. 12. 19.]

第四百五十八条　适用规定

（一）第三百四十条至第三百四十二条、第三百四十五条至第三百五十二条、第三百五十四条之规定，适用于以正式裁判的请求或者撤回。

（二）第三百六十五条之规定，适用于在正式裁判程序的公审日期，请求正式裁判的被告人未出庭的情况。<新设 1995. 12. 29. >

［题目改正 1995. 12. 29.］

第五编　裁判的执行

第四百五十九条　裁判的确定和执行

裁判，没有法律特别规定的，应在确定后执行。

第四百六十条　执行指挥

（一）裁判的执行应由作出该裁判的法院相应的检察厅检事指挥。但是，在审判性质上应当由法院或者法官指挥的除外。

（二）因裁判的上诉或者撤回上诉而执行下级法院裁判的，应当由对应上诉法院的检察厅检事指挥。但是，诉讼笔录属于下级法院或者与其对应的检察厅的，应当由该检察厅检事指挥。

第四百六十一条　执行指挥的方式

裁判的执行指挥必须以附有认定书或者记载裁判笔录的副本或者抄阅本的书面形式进行。但是，除指挥执行刑罚的情况外，可以是裁判文书的原件、副本或者抄阅本、笔录的副本或者抄阅本，已盖章认定的文书。

第四百六十二条　刑罚执行的顺序

二个以上刑罚的执行，除丧失资格、停止资格、罚金、科料和没收外，首先执行较重的刑罚。但是，检事经所属长官的许可，可以停止较重刑罚的执行，而执行其他的刑罚。

第四百六十三条　死刑的执行

死刑，要根据法务部长官的命令执行。

第四百六十四条　死刑判决的确定和诉讼笔录的提出

宣告死刑的判决确定时，检事应当迅速将诉讼笔录送交法务部长官。

第四百六十五条　死刑执行命令的时期

（一）死刑执行命令，应当从判决确定之日起六个月内执行。

（二）在有恢复上诉权的请求、再审的请求或者非常上告的申请时，其程序终止时为止的期间，不计入前款的期间。

第四百六十六条　死刑执行的期间

法务部长命令执行死刑的，应当在五日内执行。

第四百六十七条　执行死刑的参与

（一）死刑的执行，应当由检事、检察厅书记官和监狱长或者拘留所长或者其代理人参与。

（二）未经检事或者监狱长或者看守所长的许可，任何人不得进入刑罚的执行场所。

第四百六十八条　死刑执行的报告书

参与执行死刑的检察厅书记官应当制作执行报告书，由检事和监狱长、拘留所长或者其代理人签名或者盖签名章。<改正 1963. 12. 13. ，2007. 6. 1. >

第四百六十九条　死刑执行的停止

（一）被宣告死刑者，因心神障碍处于无意识能力状态，或者是怀孕期间的女性时，依照法务部长官的命令，停止执行刑罚。

（二）根据前款的规定停止执行刑罚的情况下，待被宣告者心神障碍恢复或者生产之后，按照法务部长官的命令执行死刑。

第四百七十条　执行自由的停止

（一）被宣告劳役、徒刑或者拘留者，因心神障碍处于无意识能力状态时，按照宣告刑罚的法院对应的检察厅检事或者管辖被宣告刑罚者所在地方检察厅检事的指挥，心神障碍恢复时为止，停止执行刑罚。

（二）根据前款规定，停止执行刑罚时，检事可以将被宣告刑罚者送交监护义务人或者地方公共团体、收容于医院等其他适当场所。

（三）被停止执行刑罚者，在前款处分之前要拘禁于监狱或者看守所，并将其期间计入刑期。<改正 1963. 12. 13. >

第四百七十一条　同前

（一）被宣告劳役、无期徒刑或者拘留者，有符合下列事由之一的，按照宣告刑罚的法院对应的检察厅检事或者管辖被宣告刑罚者所在地方检察厅检事的指挥，可以停止执行刑罚：<改正 2007. 12. 21. >

1. 因刑罚的执行，有可能明显危害健康或者难以保障生命的；
2. 年龄七十岁以上的；
3. 怀孕六个月以上的；
4. 生产后未满六十日的；
5. 因直系亲属年龄七十岁以上或者患重病或者残疾，没有其他亲属保护的；
6. 因直系亲属年幼，没有其他亲属保护的；
7. 有其他重大事由的。

（二）检事进行前款指挥，应当取得所属高等检察厅检事长或者地方检察厅检事长的许可。<改正 2004. 1. 20. ，2007. 6. 1. >

第四百七十一条之二　刑罚停止执行审议委员会

（一）为审议第四百七十一条第一款第一项关于停止和延长刑罚执行的事项，各地方检察厅设立了刑罚停止执行审议委员会（以下各条简称审议委员会）。

（二）审议委员会由包括一名委员长在内的十名以内的委员组成，委员由学界、法律界、医疗界、市民团体人士等有学识和经验的人士组成，由各地方检察厅检事长任命或者委任。

（三）审议委员会的组成及运营等其他必要事项，由法务部规定。

[本条新设 2015. 7. 31.]

第四百七十二条　诉讼费用的停止执行

第四百八十七条规定的申请期间内和有其申请时，对该申请的裁判确定时为止，停止执行诉讼费用负担的裁判。

第四百七十三条　为执行的传唤

（一）被宣告劳役、无期徒刑或者拘留者，未被拘禁时，检事应当传唤并执行刑罚。

（二）不接受传唤的，检事应当发出刑罚执行书进行拘传。<改正 1973. 1. 25.>

（三）在第一款情况下，被宣告刑罚者逃跑或者有逃跑可能时，或者所在地不明的，可以不经传票拘传。<改正 1973. 1. 25.>

第四百七十四条　刑罚执行书的方式和效力

（一）前条的刑罚执行书，应当记载被宣告人的姓名、住所、年龄、刑名、刑期等必要事项。

（二）刑罚执行书，与羁押票有同等效力。

[全文改正 1973. 1. 25.]

第四百七十五条　刑罚执行书的执行

根据前二条规定执行刑罚执行书的，适用于第一编第九章有关羁押被告人的规定。

[全文改正 1973. 1. 25.]

第四百七十六条　资格刑的执行

对被宣告丧失资格或者停止资格的，应当记载于受刑人原簿之后，并应当立即将副本发送被宣告刑罚者的登录基准地和居住地（指不设区的市，下同）的市、区、邑、面（在城乡复合形态的市，属于洞地域的市、区长；属于邑、面地域的邑、面长）长。<改正 1994. 12. 22.，2007. 5. 17.>

第四百七十七条　财产刑等执行

（一）罚金、罚款、没收、追征、科料、诉讼费用、赔偿费用或者暂先缴纳的裁判，按照检事的命令执行。

（二）前款的命令，与有执行力的债务名义具有相同的效力。

（三）第一款裁判的执行，适用《民事执行法》的执行规定。执行前无需开庭审判。<改正 2002. 1. 26.，2007. 6. 1.>

（四）不参照第三款，依照《国税征缴法》的规定，第一款的裁判可以依照处理滞纳国税之例执行。<新设 2007. 6. 1. >

（五）检事执行第一款的裁判可以进行必要的调查。此种情况下，适用于第一百九十九条第二款。<新设 2007. 6. 1. >

（六）罚金、罚款、没收、追征、科料、诉讼费用、赔偿费用或者暂先缴纳的分期缴纳、延期缴纳以及通过代理缴纳机关缴纳等缴纳方法需要的事项，由法务部规定。<新设 2007. 6. 1. >

第四百七十八条　暂先继承财产的执行

依照没收、税收、专卖其他征科相关的法令裁判的罚金或者追征，受该裁判者在裁判确定后死亡的，可以对其继承财产予以执行。

第四百七十九条　对合并后法人的执行

责令法人罚金、罚款、没收、追缴、诉讼费用或者赔偿费用的，法人在裁判确定后合并终止的，可以对合并后存续的法人或者合并设立的法人执行。

第四百八十条　暂先缴纳执行的调整

第一审暂先缴纳的裁判执行后，有第二审暂先缴纳裁判的，第一审的执行在第二审加付金额的限度内，视为第二审审判的执行。

第四百八十一条　暂先缴纳的执行和本刑的执行

暂先缴纳执行后，罚金、罚款或者追征的裁判确定时，其金额在数额限度以内的，视为刑罚执行。

第四百八十二条　提起上诉后判决前拘禁日数的计入

（一）宣告判决后，判决确定前的羁押日（包括宣判当天的在押日数）全部计算在本刑内。<改正 2015. 7. >

（二）驳回上诉的决定、送达期间和即时抗诉期间的未决羁押天数，全部计算在本刑内。<新设 2007. 6. 1. ，2015. 7. 31. >

（三）第一款和第二款的羁押一日计算为刑期一日，或者按罚金、罚款的留置期间的一日计算。<改正 2015. 7. 31. >

［题目改正 2015. 7. 31. ］

第四百八十三条　没收物的处分

没收物应当由检事处分。<改正 1995. 12. 29. >

第四百八十四条　没收物的交付

（一）执行没收三个月内，对其没收物有正当权利者请求交付没收物时，除应当破坏或者废弃的以外，检事应当交付。

（二）没收物处分之后提出前款请求时，检事应当交付拍卖所得价金。

第四百八十五条　伪造等的标示

（一）发还伪造或者变造的物品的，应当在该物品的全部或者部分标示为伪造或者变造。

（二）伪造或者变造的物品未被扣押的，应当提出该物品的前款处分。但是该物品属于公务机关的，应当将伪造或者变造的事由通知公务机关，予以适当处分。

第四百八十六条　发还不能和公告

（一）因扣押物的应当受发还者所在不明或者因其他原因不能发还的，检事应当将其事由以公告形式进行公告。

（二）公告三个月后没有发还请求的，该物品应当归属国库。<改正 1973. 1. 25. >

（三）在前款的期间内，没有价值的物品可以废弃，难以保管的物品可以拍卖，保存所得价款。<改正 2007. 6. 1. >

第四百八十七条　诉讼费用的免除执行申请

被裁判承担诉讼费用者因贫困无法完全缴纳的，可以在裁判确定后十日内向宣告裁判的法院申请免收全部或者部分诉讼费用。

第四百八十八条　疑义申请

被宣告刑罚者，对于执行有裁判解释疑义的，可以向宣告裁判的法院提出疑义的申请。

第四百八十九条　异议申请

受裁判执行者或者其法定代理人或者配偶，可以以检事对执行的处分不当为由，向宣告裁判的法院提出异议申请。

第四百九十条　申请的撤回

（一）前三条的申请，到法院决定之前为止，可以撤回。

（二）第三百四十四条的规定，适用于前三条的申请及其撤回。

第四百九十一条　即时抗告

（一）第四百八十七条至第四百八十九条的申请，法院应当作出决定。

（二）对前款的决定，可以立即抗告。

第四百九十二条　留置劳役场的执行

对未缴纳罚金或者罚款者执行留置劳役场所，适用有关刑罚执行的规定。

第四百九十三条　执行费用的负担

第四百七十七条第一款的裁判执行费用，由被执行人负担，依照《民事执行法》的规定执行并征收。<改正 2002. 1. 26. ，2007. 6. 1. >

附 则

（第15257号，2017.12.19）

第一条 施行之日

本法自公布之日起施行。

第二条 关于禁止改变请求正式审判的案件所受到损害的经过措施

在本法施行前，依照第四百五十三条第二款的改正规定，申请正式裁判的案件，依照以前的规定执行。

下　篇

相关法律链接

大韩民国检察厅法

[施行 2018. 9. 21. 法第 15522 号，2018. 3. 30.，他法修正]

第一章　总　则

<改正 2009. 11. 2.>

第一条　目的

本法以规定检察厅的组织机构、职务范围、人事以及其他必要事项为目的制定。

[全文改正 2009. 11. 2.]

第二条　检察厅

(一) 检察厅依法对检察事务行使检察权。

(二) 检察厅分为大检察厅、高等检察厅和地方检察厅。

[全文改正 2009. 11. 2.]

第三条　检察厅的设立和地域管辖权

(一) 大检察厅设立于最高法院、高等检察厅设立于高等法院、地方检察厅设立于地方法院和家庭法院。

(二) 在地方法院支院的管辖区域内，设立相应的地方检察厅支厅（以下简称支厅)。

(三) 大检察厅的位置与大检察厅以外的检察厅（以下简称各级检察厅）及支厅的名称和位置，依据总统令规定。

(四) 各级检察厅和支厅的地域管辖权与各级法院和地方法院分院的地域管辖一致。

[全文改正 2009. 11. 2.]

第四条　检事的职责

(一) 检事①作为公共利益的代表具有下列职务和权限：

1. 犯罪搜查、提起公诉及维持公诉所需的其他必要事项；

2. 指挥和监督司法警察对犯罪的搜查；

---

① 检事：虽然是隶属于行政部门的行政公务员，但与普通公务员不同，检事是行使检察权的国家机关单独制的官厅。韩国检察制度采取的是起诉垄断主义和起诉便利主义，只有检事才有权提起公诉；“起诉便利主义”，是指根据检事的裁量赋予不提起公诉的权限。(译者注)

3. 要求法院正确地适用法律；

4. 指挥和监督判决的执行；

5. 推进、指挥和监督以国家为当事人或者诉讼参与人的诉讼或者行政诉讼；

6. 根据其他法律及其从属法规列入检事职权范围内的其他事务。

[全文改正 2009. 11. 2.]

（二）检事应当遵守政治中立，作为服务大众的公务员，在行使职权过程中不得滥用权力。

第五条　检事履行职责的范围

除法律和从属法规另有规定外，检事在所在检察厅管辖地域范围内履行职责。但是，在搜查需要的情况下可以在地域管辖范围之外履行职责。

[全文改正 2009. 11. 2.]

第六条　检事的等级

检事分为检察总长和检事。

[全文改正 2009. 11. 2.]

第七条　指挥和监督检察事务

（一）检事在上级的指挥和监督下开展检察事务。

（二）就具体案件而言，检事可以对第一款所述的指挥和监督的合法性或者正当性提出异议。

[全文改正 2009. 11. 2.]

第七条之二　检事职权的委托、转移和继承

（一）检察总长、各级检察厅的检事长与支厅长可以委托所属检事处理部分属于其权限的职务。

（二）检察总长、各级检察厅的检事长与支厅长可以自行处理所属检事的职务或者委托其他检事处理。

[全文改正 2009. 11. 2.]

第八条　法务部长官的指挥和监督

法务部长官是检察事务的最高监督者，全面负责指挥和监督检事的工作，对具体案件只指挥和监督检察总长。

[全文改正 2009. 11. 2.]

第九条　执行职责的互助

检察厅的公务员在执行职责时应当相互协助。

[全文改正 2009. 11. 2.]

第十条　上诉和重新上诉

（一）对检察机关不起诉处理不服的告诉人或者举报人可以通过该检事所

属的地方检察厅或者支厅，以书面形式向有管辖权的高等检察厅检事长提出上诉。在这种情况下，有关地方检察厅或者支厅的检事认为抗诉具有相当的理由，应当更正处分。

（二）高等检察厅检事长认为第一项的抗诉具有相当理由时，可以委托所属检事更正地方检察厅或者地方检察厅检事的不起诉处分。在这种情况下，高等检察厅的检事被视为执行地方检察厅或者支厅的检事职务。

（三）第一款所述的上诉人（根据《刑事诉讼法》第二百六十条①有资格申请裁定的上诉人除外，下同）对驳回抗诉的处分不服或者自提出抗诉之日起，对抗诉的处分超过三个月没有作出裁决的，可以通过该检事所属的高等检察厅，书面向检察总长提出再抗诉。

在这种情况下，该高等检察厅的检事认为再抗诉具有相当理由时，应当更正处分。

（四）第一款的上诉，应当在收到《刑事诉讼法》第二百五十八条第一款②规定的通知之日起三十日内提出。

（五）第三款的再抗诉，应当在收到法院驳回上诉的通知或者上诉后满三个月没有作出裁决之日起三十日内提起。

（六）第四款和第五款的情形，抗诉或者再抗诉人出于非自身的原因未能在规定期限内提出抗诉或者再抗诉的，抗诉或者再抗诉的期限应当自事由消除之日起重新计算。

（七）第四款和第五款规定的期限届满后收到的抗诉或者再抗诉，应当予以驳回。但是，告诉人或者检举人说明理由的，新发现重要证据的除外。

[全文改正 2009. 11. 2.]

---

① 《刑事诉讼法》第 260 条　裁定申请（一）作为起诉权者，控告人（《刑法》第 123 条至第 126 条之罪，包括检举人。下同）在接到检事不予提起公诉的通知时，可以向该检事所属地方检察厅所在地的高等法院（以下为“所辖高等法院”）申请裁定。但是，《刑法》第 126 条之罪不得违背被公示者明示之意申请裁定。（二）依据第 1 款申请裁定，应当经《检察厅法》第 10 条之规定抗诉。但是，符合下列情形之一的驳回抗诉：1. 抗诉后，经重新侦查，通知不再提起公诉的；2. 抗诉申请后，对抗诉没有作出处分，经过 3 个月的；3. 检事在公诉时效届满之日 30 日前不提起公诉的。（三）依照第 1 款申请裁定的，应当自接到驳回抗诉决定之日或第 2 款情形发生之日起 10 日内，向地方检察厅检事长或支厅长提出裁定申请。但根据第 2 款第 3 项之规定，上诉时效期满前一天为止可以提交裁定申请书。（四）裁定申请书，应当写明裁定申请的对象，犯罪事实和证据等有理由申请裁定的事由。（译者注）

② 《刑事诉讼法》第 258 条　向告诉人等的告知处理（一）检事对于告诉或告发的案件，在作出提起或不提起公诉的处分、撤销公诉或进行第 256 条之移送时，应当从其处分之日起 7 日内，将情况通知告诉人或告发人……（译者注）

第十一条　关于委托的规定

检察厅事务所需的必要事项，依据法务部令规定。

[全文改正 2009. 11. 2.]

第二章　大检察厅

<改正 2009. 11. 2. >

第十二条　检察总长

(一) 大检察厅设立检察总长一名。

(二) 检察总长掌管大检察厅所属事务，总揽检察事务，指挥和监督检察厅的公务员。

(三) 检察总长任期两年，不得连任。

[全文改正 2009. 11. 2.]

第十三条　次长检事

(一) 大检察厅设立次长检事一名。

(二) 次长检事辅助检察总长，在检察总长因不得已的事由不能正常履行职务时，代理其职务。

[全文改正 2009. 11. 2.]

第十四条　大检察厅检事

在大检察厅设立大检察厅检事。

[全文改正 2009. 11. 2.]

第十五条　检察研究官

(一) 在大检察厅设立大检察厅检察研究官。

(二) 检察研究官从检事中任命，并且可以兼任高等检察厅或者地方检察厅的检事。

(三) 检察研究官辅助检察总长从事有关检察事务的策划、调查和研究。

[全文改正 2009. 11. 2.]

第十六条　组织机构

(一) 在大检察厅设立部和事务局，在部和事务局设立科；部、事务局及科的设立和分管事务等相关事项，依据总统令规定。

(二) 第一款所属的部、事务局及科，分别设部长、事务局长及科长；部长为检事，事务局长为属于高位公务员团①的一般职公务员，科长为检察部理事官、信息通信部理事官、检察搜查书记官、信息通信书记官或工业书记官。但是，部所属的科长可视为检事。

（三）第二款所述的部长、事务局长和科长接受上级的命令，负责处理部、局或者科的事务，指挥和监督所属公务员。

（四）大检察厅可以根据总统令的规定，设置辅佐负责人直接协助副检察总长或者部门长官制定政策、起草计划、从事调查研究、考核评估以及公关活动。在这种情况下，该等级官员应当从相当于三级或者四级国家公务员的提供特别服务的国家公务员中任命，必要时可以从检事中任命。

[全文改正 2009. 11. 2.]

第三章　高等检察厅

<改正 2009. 11. 2. >

第十七条　高等检察厅检事长

（一）高等检察厅设立检事长一名。

（二）高等检察厅检事长负责处理该检察厅的事务，指挥和监督所属公务员。

[全文改正 2009. 11. 2.]

第十八条　高等检察厅次长检事

（一）高等检察厅设立次长检事一名。

---

① 《国家公务员法》第 2 条之 2　高位公务员团：（一）为了提高政府竞争力，有效地对国家高级公务员进行管理，组建高位公务员团。（二）第一款的“高位公务员团”的成员负责的工作难度系数高，责任重大。高位公务员团中的公务员包括下述各项职位（下文简称为“高级行政官职位”）。高位公务员团职位包括在职、派遣及休假中等所有登记在册的普通公务员、（依据法律规定的）特定公务员以及特殊公务员（只有在其他法律中有明确规定属于“高位公务员团”的特殊公务员职位类型，才能被认定为高级行政官）。1. 根据《政府组织法》第 2 条中央行政机关的室长、局长及与其相当的辅佐机构；2. 行政部各等级机关（监查院除外）的职位中相当于第一项的职位；3. 根据《地方自治法》第 110 条第 2 款、第 112 条第 5 款与《地方自治教育法》第 33 条第 2 款，将国家公务员看作是地方自治团体及地方教育行政机关的职位中第一项职位的；4. 除此以外，在其他法令中被任用为高位公务员团的公务员。（三）评价候选人是否具备成为高级行政官所需的能力与资质的相关标准，须由人事革新处处长进行制定。并且，上述标准将作为任用高位公务员的评价准则适用相关职位的招聘及晋升。（四）根据第 2 款的人事管理具体的范围，根据第 3 款的能力和资质的内容、评价对象范围、评价方法及评价结果等必要的事项依据总统令规定。（译者注）

（二）高等检察厅次长检事辅助检事长，在检察厅长因不得已的事由不能正常履行职务时，代理其职务。

[全文改正 2009. 11. 2.]

第十八条之二　高等检察厅部长检事

（一）高等检察厅因分管事务的需要，设立部。

（二）高等检察厅的部，设立部长检事。

（三）部长检事接受上级命令，处理其部务。

[全文改正 2009. 11. 2.]

第十九条　高等检察厅检事

（一）高等检察厅设立检事。

（二）法务部长官可以委派高等检察厅的检事，处理该高等检察厅所管辖之地方检察厅的事务。

[全文改正 2009. 11. 2.]

第二十条　组织机构

（一）在高等检察厅设立事务局，在事务局内设立科。科的设置和分管事务等必要事项，依据总统令规定。

（二）高等检察厅的部内可以设立科，科的设置和分管事务的必要事项，依据总统令规定。

（三）第一款与第二款所述的管理局和科室分别设立局长和科室负责人。管理局局长应当从高位公务员团中从事总务的一般职公务员中任命，科长为检察部理事官、检察搜查书记官、信息通信书记官、检察事务官、搜查事务官、毒品搜查事务官、电气事务官或者通信事务官。

（四）第三款事务局长和科长接受上级命令，负责处理所辖局或者科的事务，指挥和监督所属公务员。

[全文改正 2009. 11. 2.]

第四章　地方检察厅和支厅

<改正 2009. 11. 2.>

第二十一条　地方检察厅检事长

（一）地方检察厅设立检事长一名。

（二）地方检察厅检事长负责处理该检察厅的日常事务，指挥和监督所属公务员。

[全文改正 2009. 11. 2.]

第二十二条　支厅长

（一）支厅设立支厅长一名。

（二）支厅长接受地方检察厅检事长的命令处理所管事务，指挥和监督所属公务员。

[全文改正 2009. 11. 2.]

第二十三条　地方检察厅和支厅的次长检事

（一）依据总统令，地方检察厅和支厅分别设立次长检事一名。

（二）次长检事辅助所属地方检察厅检事长或者支厅长，在所属地方检察厅检事长或支厅长因不得已的事由不能履行职务时，代理其职务。

[全文改正 2009. 11. 2.]

第二十四条　部长检事

（一）地方检察厅和支厅因分管事务的需要，设立部。

（二）地方检察厅和支厅的部，设立部长检事一名。

（三）部长检事接受上级命令，处理部门事务。

[全文改正 2009. 11. 2.]

第二十五条　地方检察厅和支厅的检事

地方检察厅和支厅，各自设立检事。

[全文改正 2009. 11. 2.]

第二十六条　组织机构

（一）依据总统令，地方检察厅和支厅分别设立管理局，在事务局内设立科，科的设置和分管事务的相关事项，依据总统令规定。

（二）在未设立事务局的支厅设立科，科的设置和分管事务的相关事项，依据总统令规定。

（三）地方检察厅和支厅可以在部内设科，科的设置和分管事务的相关事项，依据总统令规定。

（四）第一款至第三款事务局及科分别设有事务局长和科长；事务局长为高层公务员团一般职公务员或者检察调查官，科长为监察部理事官、检察调查官、信息通信官、检察事务官、搜查事务官、毒品调查官、电气事务官或者通信事务官。

（五）第四款中的事务局长和科长接受上级的命令，处理所辖局或者科的事务，指挥和监督所属的公务员。

[全文改正 2009. 11. 2.]

第五章　检事

<改正 2009. 11. 2. >

第二十七条　检察总长的任命资格

检察总长应当在从事下列职务十五年以上者中任命：

1. 法官、检事或者律师；

2. 取得律师资格并在政府机构、地方政府、国有或者公营企业《公共机关运行法》第四条①规定的公共机关或者其他法人从事法律事务的人员；

3. 取得律师资格并在学院或者大学担任法学助理教授或者更高职位者。

[全文改正 2009. 11. 2.]

第二十八条　大检察厅检事以上级别检事的任命标准

根据总统令规定，设置的大检察厅检事以上级别的检事（如高等检察厅检事长和大检察厅副检察总长）应当从至少担任第二十七条任何一项规定的职务十年的人士中任命。

[全文改正 2009. 11. 2.]

第二十八条之二　大检察厅督查检事任命的特殊情况

（一）大检察厅负责督查事务的检事（以下简称大检察厅督查检事）应当从本检察厅内外的合适人士中公开招聘。

（二）大检察厅督查检事应当从至少担任第二十七条任何一项规定的职务

---

① 《公共机关运行法》第 4 条　公共机关：（一）企划财政部部长作为非国家地方自治团体的法人、团体或者机关指定有下列情形之一的机关为公共机关：（改正 2008. 2. 29）1. 根据法律成立并由政府资助的机构；2. 根据法律直接成立，由政府出资的机关政府支援额（对于根据法令直接接受政府业务委托或被授予垄断性事业权的机关，包括其委托业务或因垄断性事业获得的收入额）占 1/2 以上的机关；3. 持有 50% 以上的股份或者持有 30%以上的股份，并通过行使干部任命权等方式对该机关的政策决定拥有支配力的机构；4. 政府以第 1 款至第 3 款形式，持有 50%以上的股份或者拥有 30%以上的股份，通过行使干部任命权，对该机关的政策决定具有支配力；5. 第 1 项至第 4 项所列机关有单独或者两个以上机关加在一起持有 50%以上的股份，或者持有 30%以上的股份，通过行使干部任命权等，实际上对该机关的政策决定具有支配力；6. 第 1 项至第 4 项所列内容是由政府或者设立机关出资设立的机构。（二）根据第 1 款的规定，企划财政部长官不能将下列机关指定为公共机关：<改正 2007. 12. 14.，2008. 2. 29. >1. 以相互扶助、增进福利、提高权益或者维护营业秩序为目的设立的机构；2. 由地方政府成立并负责其运作的机构；3. 《广播法》规定的韩国广播公司和《韩国教育广播公社法》规定的韩国教育广播公社。（三）第 1 款第 2 项规定的政府资助和总收入的计算标准，办法以及同款第 3 项至第 5 项规定实际控制能力的标准，必要事项由总统令规定。（译者注）

十年的人士中任命。

（三）第三十五条所述的检察人事委员会负责审议第一款所述的公开招聘是否适合任命，并选择不超过三名候选人推荐给法务部长官。

（四）法务部长官在收到第三款所述的推荐信后应当结合检察总长的意见向总统建议任命其中一名由检察人事委员会推荐的候选人。在这种情况下，如果候选人是检事，则以职务调动的方式提出任命建议；如果候选人不是检事，则以新任命的方式提出任命建议。

（五）大检事的监察担当任期为二年，可以连任。

[全文改正 2009. 11. 2.]

第二十八条之三　大检察厅监察担当检事的职务调动

（一）以职务调动方式任命的大检察厅监察担当检事，除有下列情形之一的，不得违背本人意愿调任其他职位：

1. 依据《检察惩戒法》第二条[①]规定受到惩戒处分情形的；

2. 执行职务能力明显低下情形的。

（二）法务部长官在以职务调动方式任用的负责监察工作的大检察厅检事有第一款规定情形之一时，可以通过第三十五条检察人事委员会的审议，听取检察总长的意见，向总统提议将该检事任用为其他职位。

[全文改正 2009. 11. 2.]

第二十八条之四　大检察厅监察担当检事的退职

（一）以新任方式任命的负责监察的大检察厅监察担当检事，如果不连任，在其任期结束后自然会退职。

（二）法务部长官认为以新任方式任命的大检察厅监察担当检事的执行职务能力明显不足难以正常履行职务的情况下，可以根据第三十九条的资格审查，向总统提交对该监察担当检事的退职命令。

（三）第二款的资格审查适用第三十九条，以及同条第一款中“任命后每七年”的规定为“法务部长官认为必要时”。

[全文改正 2009. 11. 2.]

第二十九条　检事的任命资格

检事应当在符合下列情形之一者中任命：

1. 通过司法考试后完成司法研究和培训学院课程者；

2. 取得律师资格者。

---

① 《检察惩戒法》第 2 条　惩戒事由：检事有下列情形之一的，予以处分：1. 违反《检察厅法》第 43 条之规定的；2. 违反职务义务或者玩忽职守的；3. 不论是否与职务有关，有损检事身份或威信之行为的。[全文改正 2009. 11. 2.]（译者注）

[全文改正 2009. 11. 2.]

第三十条　高等检察厅检事等任用

除第二十八条检事外，高等检察厅检事、地方检察厅和支厅的次长检事、部长检事与支厅长应在第二十七条规定之职位任职七年以上者中选任。

[全文改正 2009. 11. 2.]

第三十一条　在职年限的累计

第二十七条、第二十八条与第三十条规定范围内二个以上职位者，应当累计各个职位的在职年限。

[全文改正 2009. 11. 2.]

第三十二条　检事职务的代理

（一）检察总长经司法研修院院长提请，可责令司法研修生在一定期限内代理地方检察厅或者地方检察厅检事职务。

（二）检察总长认为有必要时，可以让检察搜查书记官、检察事务官、搜查事务官或者毒品搜查事务官代理地方检察厅或者地方检察厅检事的职务。

（三）依照第一款或者第二款代理检事职务者，不得办理依照《法院组织法》提交合议庭审判的任何案件。

（四）第二款规定的检查职务代理行使职务范围及除此之外的检查职务代理的其他必要事项，依据总统令规定。

[全文改正 2009. 11. 2.]

第三十三条　失格事由

有下列情形之一的，不得录用为检事：<改正 2017. 3. 14. >

1. 有《国家公务员法》第三十三条①规定的各款情形的；
2. 被宣告徒刑以上刑罚者；
3. 根据弹劾决定被免职后不满五年者；

---

① 《国家公务员法》第 33 条　失格事由：有符合下列情形之一的，不得任用为公务员：1. 被成年监护人或者被限制监护人；2. 被宣告破产未恢复权利的；3. 被判处徒刑以上刑罚，执行完毕或者免除执行后不满 5 年的；4. 被判处徒刑以上刑罚，缓刑期满之日起不满 2 年的；5. 被判处徒刑以上刑罚，在缓刑期间的；6. 被法院判决或者依照其他法律丧失资格或者停止资格的；6-2. 担任公务员职务期间，实施《刑法》第 355 条和第 356 条规定之罪被判处罚金 300 万元以上，确定处罚后不满 2 年的；6-3. 实施《性暴力犯罪等特例法》第 2 条之罪被判处 100 万元以上罚金，确定处罚后不满 3 年的；6-4. 对未成年人有下列犯罪行为之一，被罢免、免职或者被宣告监护治疗确定刑罚或者监护的人（包括被宣告缓刑后已过缓刑期限的人）：甲《性暴力犯罪处罚等特例法》第 2 条所规定的性暴力犯罪；乙《儿童、青少年性保护法》第 2 条第 2 项所规定的以儿童、青少年为对象的性犯罪；7. 因受惩戒而被撤职未满 5 年的；8. 因受惩戒被撤职未满 3 年的。［全文改正 2008. 3. 28.］［实施日：2019. 4. 17.］（译者注）

4. 曾在总统秘书室工作，退职不满两年的公务员。

[全文改正 2009. 11. 2.]

第三十四条　检事的任命与职务等

（一）总统根据法务部长官的提名任命与确定检事的职务。在这种情况下，法务部长官将听取检察总长的意见，并提请检事的拟任职务。

（二）总统根据法务部长官的推荐任命检察总长时，必须经过国会的人事听证。

[全文改正 2009. 11. 2.]

第三十四条之二　检察总长候选人推荐委员会

（一）为推荐由法务部长官提名的检察总长候选人，在法务部设立检察总长候选人推荐委员会（以下称推荐委员会）。

（二）法务部长官在推荐检察总长候选人时，要设立由包括一名委员长在内的九名委员组成的推荐委员会。

（三）委员长由法务部长官在第四款规定的委员中任命或者委任。

（四）委员由法务部长官任命或者委派符合下列情形之一者担任：

1. 根据第二十八条曾担任大检察厅检事以上职位，并有较高社会信誉的；

2. 法务部检察局长；

3. 法院行政处次长；

4. 大韩律师协会长官；

5. 社团法人韩国法学教授会会长；

6. 社团法人法学专业研究生院协议会理事长；

7. 德高望重、学识和各界专业经验丰富，且不具有律师资格者。这种情况下，须有女性一名及以上。

（五）推荐委员会是在法务部长官提出要求或者委员有三分之一以上的要求或者委员长认为有必要时，由委员长召集，并由在籍委员过半数赞成的情况下进行表决。

（六）推荐委员会应当推荐三名以上检察总长候选人。

（七）法务部长官在推荐检察总长候选人时，尊重推荐委员会的推荐内容。

（八）推荐委员会根据第六款规定推荐检察总长候选人后，该委员会即视为解散。

（九）此外，推荐委员会的组成和运营等必要事项，依据总统令规定。

[本条新设 2011. 7. 18.]

第三十五条　检察人事委员会

（一）为了审议检事的任用、转任和其他有关人事的重要事项，法务部设立检察人事委员会（以下称“人事委员会”）。<改正 2011. 7. 18. >

（二）人事委员会由包括一名委员长在内的十一名委员组成，委员长由法务部长官根据本条第三款规定的委员中任命或者委任。<改正 2011. 7. 18. >

（三）由法务部长官任命或者委派符合下列情形之一者为委员，任期一年：<新设 2011. 7. 18. >

1. 检事三名，但是，除第二十八条及第三十条具备资格的检事外，检事人数应在一人以上；

2. 法院行政处处长推荐的二名法官，但只参加第四款第二项新任命检事的审议；

3. 大韩律师协会会长推荐的律师二名；

4. 社团法人韩国法学教授会会长和社团法人法学专门研究生院协议会理事长各推荐一人的法学教授二名；

5. 德高望重、学识和各界专业经验丰富，且不具有律师资格者二人。

（四）人事委员会审议下列各项事项：<新设 2011. 7. 18. >

1. 检察人事行政基本规划的制定及检察人事关系法令的修改和废止等相关事项；

2. 检事的任用、增补原则和标准事项；

3. 推荐委员会三分之一的成员提请审议检事搜查宣告无罪案件无罪或者引起社会关注的其他事项；

4. 此外，法务部长官关于提请审议的人事安排的提议。

（五）人事委员会由在籍委员过半数赞成，决议通过。<新设 2011. 7. 18. >

（六）此外，人事委员会的组成和运营等所需事项，依据总统令规定。<新设 2011. 7. 18. >

[全文改正 2009. 11. 2.]

第三十五条之二　职务绩效等的评价

（一）法务部长官为评定检事的工作成绩和素质，应当制定公正的评定标准。

（二）第一款资质评定标准应当包括诚实性、清廉性和亲和性等。

（三）法务部长官将根据第一款评定标准对检事进行评定，并将其结果反映到任用、增补等人事管理中。

（四）此外，评价工作成绩和资质的必要事项由法务部令规定。

[本条新设 2011. 7. 18.]

第三十六条　人员编制、报酬和惩戒

（一）检事为特别公务员，其编制、报酬和惩戒等相关事项，法律另行规定。

（二）检事的地位应该得到尊重，其报酬应该同职务和职位相适应。

（三）依照第三十二条第一款，代理检事职务的司法进修生，依照总统令规定，支付实际费用。

[全文改正 2009. 11. 2.]

第三十七条　地位保障

检事除被判弹劾或者徒刑以上刑罚外，不得罢免；非经惩戒处分或者资格审查，不受免职、停职、减薪、谴责或者退职的处分。

[全文改正 2009. 11. 2.]

第三十八条　休职[①]

（一）法务部长官应责令符合下列情形之一的检事休职：

1. 应征入伍或者服义务兵役时；

2. 履行另一项法律义务时。

（二）法务部长官在检事以下列任何理由申请休职时，认定其请愿内容有相当的理由，可以批准其休职：

1. 在国内外的法律研究机构、大学等进修法律的；

2. 因病需要接受治疗的。

（三）第一款和第二款休职期间的报酬支付等必要事项，依据总统令规定。

[全文改正 2009. 11. 2.]

第三十八条之二　休职期间

检事的休职期间为：<改正 2012. 1. 17.，2018. 3. 20.>

1. 第三十八条第一款规定的休职期间，为服务期满为止；

2. 第三十八条第二款第一项规定的休职期间为二年以内；

3. 第三十八条第二款第二项规定的休职期间为一年（《公务员灾害补偿法》规定：“因工负伤或者疾病休职期限为三年”）以内。

[本条新设 2009. 11. 2.]

第三十九条　检事资格审查

（一）对检事（检察总长除外）在任命后每七年进行一次资格审查。

（二）为进行第一款的审查，法务部设立由下列委员九人组成的检验资格审查委员会（以下称委员会）：<改正 2013. 3. 23.>

---

① 休职，即暂时离职。

1. 大法院院长推荐的一名法律专家；

2. 大韩律师协会会长推荐的一名律师；

3. 由教育部长推荐的一名法学教授；

4. 法务部长官委托的在司法制度方面具有丰富知识和经验者二名；

5. 法务部长提名的检事四名。

（三）第二款第一项至第三项规定的委员，由法务部长官根据相关推荐机构的推荐意见委任。

（四）委员会认为检事的执行职务能力明显严重不足，难以正常履行职务，委员会经过三分之二以上在籍委员的表决通过决议，向法务部长官建议该检事退职。

（五）委员会在依照第四款作出决议前，应给有关检事到委员会作充分陈述的机会。

（六）法务部长官认为第四款规定的退职建议合理，应向总统提请对该检事的退职命令。

（七）第二款各项规定的委员资格标准和任期及委员会的调查审议方式，以及其他运营所需事项，依据总统令规定。

[全文改正 2009. 11. 2.]

第三十九条之二　因身心障碍退职

检事因严重身心障碍不能履行职务时，总统可以根据法务部长官的建议，责令该检事退职。

[本条新设 2009. 11. 2.]

第四十条　荣誉退职①

（一）工作二十年以上的检事在正式退职前自愿退职的情况下，可以支付名誉退职津贴。

（二）关于第一款名誉退职津贴的金额及其他支付的必要事项，依据总统令规定。

[全文改正 2009. 11. 2.]

第四十一条　停年②

检察总长的退职年龄为六十五岁，检察总长以外的检事的退职年龄为六十三岁。

[全文改正 2009. 11. 2.]

第四十二条　删除<2004. 1. 20.>

---

① 荣誉退职，即提前退职。

② 停年，即正式退职年龄。

第四十三条　禁止政治运动等

检事在职期间不得有下列行为：

1. 担任国会或者地方议会议员；

2. 参与任何政治活动；

3. 为获得金钱利益从事其他有偿工作；

4. 未经法务部长允许从事其他有偿工作。

[全文改正 2009. 11. 2.]

第四十四条　检事的兼任

法务部及其所属机关有资格被任命为检事的任何官员可以在检察厅兼任。这种情况下，该检事可以获得更高薪酬，且该兼任检事的额数不得计入第三十六条规定的人员编制。

[全文改正 2009. 11. 2.]

第四十四条之二　禁止派遣检事等

（一）检事不得兼任总统秘书或者总统秘书室的职位。<改正 2013. 3. 23.，2017. 3. 14.>

（二）检事退职后一年内，不得在总统秘书室任职。<新设 2017. 3. 14.>

[全文改正 2009. 11. 2.]

第六章　检察厅职员

<改正 2009. 11. 2.>

第四十五条　检察厅职员

检察厅设有属于高位公务员团的一般职公务员、检察部理事官、检察搜查书记官、检察事务官、搜查事务官、毒品搜查事务官、检事主事、毒品搜查主事、检察主事补、毒品搜查主事补、检察书记、毒品搜查书记、检察书记补、毒品搜查书记补以及别定职公务员。

[全文改正 2009. 11. 2.]

第四十六条　检察搜查书记官等的职务

（一）检察搜查书记官、检察事务官、检察主事、毒品搜查主事、检察主事补、毒品搜查主事补、检察书记与毒品搜查书记从事下列事务：

1. 检事命令搜查的事务；

2. 刑事记录的制作和保存；

3. 辅佐检事进行国家作为当事人或者参加者的诉讼和行政诉讼、进行有关记录，以及其他文件的制作和保存的事务；

4. 此外，关于检察行政管理的其他事务。

（二）检察搜查书记官、搜查事务官和毒品搜查事务官协助检事，在检事的指挥下进行犯罪搜查。

（三）检察书记、毒品搜查书记、检察书记补及毒品搜查书记应当辅助检察搜查书记官、检察事务官、搜查事务官、毒品搜查事务官、检察主事、毒品搜查主事、检察主事补及毒品搜查主事补。

（四）检察搜查官、检察事务官、检查主事、毒品搜查主事、检察主事补、毒品搜查主事补、检察书记与毒品搜查书记对于搜查笔录，与检事有不同意见时，可以将主旨附于搜查笔录末尾。

[全文改正 2009. 11. 2.]

第四十七条　司法警察管理职务执行

（一）检察总长或者各级检察厅检事长提名的检察主事、毒品搜查主事、检察主事补、毒品搜查主事补、检察书记、毒品搜查书记、检察书记官或者毒品搜查书记补应当对所属检察厅或者支厅受理的案件，按照职务区分执行以下职能：

1. 检查主事、毒品搜查主事、检察主事补与毒品搜查主事补，根据《刑事诉讼法》第一百九十六条第一款[①]之规定，履行司法警察官职责；

2. 检察书记、毒品搜查书记、检察书记补与毒品搜查书记补，根据《刑事诉讼法》第一百九十六条第二款[②]之规定，履行司法警察助理之职能。

（二）检察总长或者各级检察厅检事长提名的别定职公务员，应当履行以下职务：

1. 相当于五级至八级的公务员：根据《刑事诉讼法》第一百九十六条第一款之规定，履行司法警察官职能；

2. 相当于八级与九级的公务员：根据《刑事诉讼法》第一百九十六条第二款之规定，履行司法警察官助理之职能。

[全文改正 2009. 11. 2.]

第四十八条　检察总长秘书官

（一）大检察厅设检察总长秘书官一名。

（二）秘书官为检察机关搜查书记官或者相当于四级别定职国家公务员，接受检察总长的命令，负责处理有关机密事项。

[全文改正 2009. 11. 2.]

---

① 《刑事诉讼法》第 196 条　（一）搜查官、警务官、总警、警监、警卫为司法警察官，应该受检事的指挥进行搜查。（译者注）

② 《刑事诉讼法》第 196 条　（二）在司法警察官认为有犯罪嫌疑时，应当开始对犯人、犯罪事实和证据进行侦查。（译者注）

第四十九条　通译公务员与技术公务员

（一）在检察厅可以设通译及技术领域的公务员。

（二）第一款所述公务员，接受上级命令从事笔译、口译或者技术相关事务。但是，检察总长或者各级检察厅检事长提名的电算事务官、广播通信事务官、电算主事、广播通信主事、电算主事补、广播通信主事补、电算书记、广播通信书记，电算书记补、广播通信书记补，应当对本检察厅或者支厅受理的案件行使以下职能：

1. 电算事务官、广播通信事务官、电算主事、广播通信主事、电算主事补、广播通信主事补，根据《刑事诉讼法》第一百九十六条第一款之规定，履行司法警察官职能；

2. 电算书记、广播通信书记，电算书记补、广播通信书记补，根据《刑事诉讼法》第一百九十六条第二款之规定，履行司法警察官助理职能。

[全文改正 2009. 11. 2.]

第五十条　检察厅职员的任职

（一）检察厅职员的任职由法务部长官确定。

（二）法务部长官可以将第一款规定的部分权限委任给检察总长或者各级检察厅的检事长。

（三）有下列情形之一者，不得任用为检察厅职员：

1. 符合《国家公务员法》第三十三条规定情形之一者；

2. 被宣告徒刑以上刑罚者。

[全文改正 2009. 11. 2.]

第五十一条　检察厅职员的任命

根据本法规定，法务部职员可以兼任检察厅职员的职位。在这种情况下，其报酬适用第四十四条后段。

[全文改正 2009. 11. 2.]

第五十二条　检察厅职员的编制

检察厅职员的编制，依据总统令规定。

[全文改正 2009. 11. 2.]

第七章　指挥与监督司法警察官

<改正 2009. 11. 2. >

第五十三条　删除<2011. 7. 18. >

第五十四条　要求更换司法警察官

（一）非署长以下司法警察管理人员执行职务有不正当行为的，由地方检察厅检事长责令其停止对该案件的调查，并可以要求任用机关更换相关司法警察官。

（二）接受第一款要求的任用权者，没有正当理由的，应当予以更换。

［全文改正 2009. 11. 2.］

附 则

<第 15522 号，2018. 3. 20.>

施行日

本法于公布后六个月起施行。

大韩民国检察厅事务机关相关规定

[施行 2019. 5. 7. ，总统令第 29738 号，2019. 5. 7. ，部分改正]

第一条　目的

本令以规定检察厅下属组织和检事以外的检察厅公务员的相关事项为目的制定。

[全文改正 1979. 2. 26.]

第二条　公务员的定员

（一）大检察厅设立检事以外的公务员编制以附表一为准。

（二）高等检察厅与地方检察厅（包含支厅）设立检事以外的公务员总编制与附表二同。

（三）检察厅（大检察厅除外）在附表二总定员数范围内的，由法务部长官另行规定。

（四）根据第一款及附表一的规定，在大检察厅设立检事以外的公务员编制中，宣传担当一名（检察搜查书记官、检察事务官或者毒品调查事务官一名）、速记担当一名（检察主事补一名）、其他编制的四名（检察事务官四名）可以任任期制公务员。<改正 2005. 4. 15. ，2007. 11. 30. ，2010. 8. 4. ，2013. 11. 29. >

（五）根据第二款及附表二的规定，设立在高等检察厅及地方检察厅（包括支厅）检事以外的公务员总定员中，速记业务担当二十七名（检察主事补二十七人）可以任任期制公务员。<新设 2007. 11. 30. ，2013. 11. 29. >

（六）第二款定员的检察搜查书记官、检察事务官或者毒品搜查事务官中的五十二名定员中的三十一名和四百零八名检察事务官中的七十九名，依照《检察厅法》第三十二条规定视为地方检察厅或者支厅的检事职务代理。<新设 2004. 12. 31. ，2006. 1. 26. ，2007. 6. 21. ，2007. 11. 30. ，2009. 12. 31. ，2010. 8. 4. ，2011. 3. 29. ，2012. 4. 10. ，2013. 11. 29. ，2014. 8. 27. ，2015. 5. 26. ，2016. 5. 10. >

[全文改正 1996. 6. 29.]

第二条之二　事务局

（一）大检察厅及高等检察厅的事务局长属于高位公务员团的一般职公务员。

（二）地方检察厅及釜山地方检察厅东部支厅的事务局长属于高位公务员

团的一般职公务员、检察部理事官或者检察搜查书记官。

（三）议政府地方检察厅高阳支厅；仁川地方检察厅富川支厅；水原地方检察厅城南支厅、安山支厅、安阳支厅；大田地方检察厅天安支厅；大邱地方检察厅西部支厅及光州地方检察厅顺天支厅的事务局长视为检察部理事官或者检察搜查书记官。<新设 2012. 4. 10. ，2016. 5. 10. ，2019. 2. 8. >

[本条新设 2006. 6. 30.]

第三条　大检察厅事务局的设立和分管事务

（一）大检察厅事务局设立运营支援科以及福祉厚生科，事务局长下设非常安全负责官一名。< 改正 1998. 2. 28. ，2000. 2. 14. ，2008. 2. 29. ，2013. 3. 23. ，2018. 5. 29. >

（二）运营支援科长分管以下事项：< 改正 1974. 5. 3. ，2004. 1. 29. ，2008. 2. 29. ，2018. 5. 29. >

1. 安保相关事项；
2. 官印官修相关事项；
3. 公务员的录用、服务、教育训练、奖励、退休金等人事相关事项；
4. 文书的收发、编存和保存以及其他有关文件管理的事项；
5. 预算运营、会计与物品管理相关事项；
6. 物品采买、筹措与物品管理相关事项；
7. 车辆的适用、运营相关事项；
8. 根据《公共档案管理法》第十四条对特殊档案馆的运营与记录物的管理相关事项；
9. 其他厅内不属于其他科主管的事项。

（三）福祉厚生科长分管以下事项：< 改正 1978. 4. 27. ，2010. 8. 4. ，2018. 5. 29. >

1. 福祉、厚生制度的运行和改善相关事项；
2. 检察厅大楼管理与维护相关事项；
3. 国有财产管理相关事项。

（四）删除<2000. 2. 14. >

（五）非常安全担当官作为任期制书记官，就下列事项协助大检察厅事务局长：<新设 1998. 2. 28. ，2013. 3. 23. ，2013. 11. 29. >

1. 为应对国家紧急状态调整和确认各项计划，为应对国家非常事态而进行的各项计划调整和确认；
2. 政府紧急训练；
3. 预备军的管理工作；
4. 安全管理、灾情与危机情况管理机关的建立、运行。

第三条之二 删除<1998. 2. 28. >

第三条之三 删除<2005. 4. 15. >

第三条之四 大检察厅搜查信息政策官等的设置及分工

（一）为辅佐大检察厅次长检事对调查信息和资料的收集、分析以及管理资料设立搜查信息政策官，在其下面设立搜查信息第一担当官一名以及搜查信息第二担当官二名。<改正 2018. 2. 5. >

（二）搜查信息第一担当官就下列事项辅助搜查信息政策官：<改正 2018. 2. 5. >

1. 对涉嫌腐败案、阻碍经济秩序案等有关信息的分析、考核和评估事项；

2. 对公、选举、劳动、外事等与公安案件有关信息的分析、考核和评估事项；

3. 对报纸、广播、报刊、信息通信等各种公开犯罪信息和资料的分析、查证和评估事项；

4. 此外，对重要搜查信息和资料的分析、验证和评估相关事项。

（三）搜查信息第二担当官就下列事项辅助搜查信息政策官：<改正 2018. 2. 5. >

1. 对涉嫌腐败案、阻碍经济秩序案等有关信息和资料的收集与管理等相关事项；

2. 对公、选举、劳动、外事等与公安案件等有关信息和资料的收集与管理等相关事项；

3. 此外，对重要搜查信息和资料的收集及管理事项。

[本条新设 1998. 12. 31.]

[题目改正 2018. 2. 5.]

第三条之五 大检察厅两性平等政策担当官的设置及分工

（一）为辅佐大检察厅次长检事对所辖男女平等的相关政策及预防性贿赂、性暴力等领域的事务，设立两性平等政策担当官。

（二）两性平等政策担当官就下列事项辅佐大检察厅次长检事：

1. 综合管理与检察厅所辖领域内男女平等相关政策及性贿赂、性暴力相关事项；

2. 综合管理检察厅内部实施两性平等政策及预防性贿赂、性暴力相关事项；

3. 调查和处理检察厅内部有关性贿赂、性暴力的举报事项；

4. 处理有关性别歧视等的投诉、举报事项；

5. 检查在搜查过程中出现的性别歧视，及实现两性平等的相关事项；

6. 与有关两性平等机关的交流与合作事项；

7. 与第一项至第六项工作相关的指导、合作事项。

[本条新设 2019. 5. 7.]

第四条　大检察厅设立部和大检察厅检事的职务

（一）大检察厅设立企划调整部、反腐败与强力部、刑事部、公安部、公审诉讼部、科学搜查部、人权部及监察部。<改正 2018. 7. 23. >

（二）大检察厅检事接受检察总长命令处理上诉案件的公诉维持及再抗告案件。

[全文改正 1981. 4. 24.]

第四条之二　大检察厅答辩人与分管事务

（一）在检察总长下设置答辩人，辅佐公开对外发表及宣传相关事项。

（二）答辩人分管下列事项：<改正 2011. 10. 10. >

1. 检察厅对外业务公开等相关事项；

2. 检察机关宣传策划相关事项；

3. 报道资料的管理、分析，误报、歪曲报道的对应和健全批评分析管理；

4. 新闻单位相关业务的支持、协调、活动和统计管理；

5. 有关电子简报的运行及相关支持事项；

6. 在线发言人指定、运营等社会媒体政策沟通总括、检查及评价；

7. 其他有关宣传和公报的事项。

[全文改正 2008. 2. 29.]

第五条　大检察厅企划调整部设立科与分管事项

（一）大检察厅企划调整部设立政策企划科及信息通信科。<改正 2000. 2. 14. ,2004. 3. 22. ,2004. 12. 31. ,2005. 4. 15. ,2007. 2. 8. ,2008. 2. 29. >

（二）政策企划科长分管下列事项：<改正 1984. 6. 30. , 1987. 8. 14. , 1995. 2. 28. , 2001. 4. 23. , 2004. 1. 29. , 2004. 3. 22. , 2008. 2. 29. , 2013. 11. 29. , 2018. 3. 30. >

1. 主要业务规划、业务实施计划以及审查分析事项；

2. 主要业务的进度把握及结果考核评价；

3. 业务处理程序的改善、组织文化的革新等厅内行政革新业务的总括、支持；

3-2. 民愿（包括国民提案）相关制度改进；

4. 法令质量以及建议的相关事项；

4-2. 厅内有关政府革新课题发掘、选定、推进情况确认、检查及管理；

5. 检事的教育管理相关事项；

6. 行政管理改善相关事项；

7. 检察行政统计相关事项；

8. 各搜查机关犯罪统计的收集和综合分析的相关事项；

9. 检察关系刊物及其他资料的出版及相关事项；

10. 图书管理与此相关的事项；

11. 其他部内不属于其他科主管的事项。

（三）删除<2004. 12. 31. >

（四）信息通信科长分管下列事项：

1. 检察业务电子化规划的建立和推进；

2. 检察电子业务开发与运营的相关事项；

3. 检察通信相关事项；

4. 通信保安相关事项；

5. 电算设备、资料及通信机器的运行与管理事项；

6. 通信技术的研究与开发相关事项；

7. 其他检察电子、通信相关事项。

（五）删除<2008. 2. 29. >

[全文改正 1983. 7. 22.]

第六条　大检查厅设立反腐败强力部与分管事项

（一）大检察厅反腐败强力部设立搜查指挥科、搜查支援科、犯罪收益追缴科、有组织犯罪科及毒品科。<改正 2018. 7. 23. >

（二）搜查指挥科长分管下列事项：

1. 公务员、公共团体和国营企业的职员、律师以及其他从事法律事务人员的犯罪案件，金融、证券、税、公正交易、尖端犯罪案件以及检察总长所责令的案件的检察事务指挥、监督相关事项；

2. 第一项规定的案件检察事务报告和信息报告事项；

3. 第一项规定的案件的陈情、内审、请愿等处理事项；

4. 第一项规定的案件犯罪现象及信息的收集、分析、管理、研究、搜查指南的建立和国内外重要案例研究集刊事项；

5. 第一项规定的案件的相关职员和司法警察官处理、指导事项；

6. 检察总长指定的搜查业务企划与调整相关事项；

7. 其他机关转发的案件和犯罪信息处理、管理相关事项；

8. 其他不属于部内其他科主管的事项。

（三）搜查支援科长分管下列事项：<改正 2018. 2. 5. >

1. 第二款第一项规定的案件搜查支援事项；

2. 第一项所涉及账户追查及会计分析等搜查手法的研究、开发相关事项；

3. 国际搜查协作等与搜查相关的国际合作事项；

4. 与第一项至第三项相关的业务指挥、教育事项；

5. 检察总长指定的搜查业务相关机关的协助事项；

6. 删除<2018. 2. 5. >

7. 删除<2018. 2. 5. >

8. 删除<2018. 2. 5. >

（四）犯罪收益追缴科长分管下列事项：<新设 2018. 2. 5. >

1. 犯罪收益的追缴与支援事项；

2. 第一项相关的搜查支援事项；

3. 犯罪收益追缴与回收支援相关事项；

4. 犯罪收益追缴相关的国际合作事项；

5. 第一项至第四项业务相关的指挥、教育事项。

（五）有组织犯罪科长分管下列事项：<新设 2018. 7. 23. >

1. 对与有组织犯罪、强力犯罪案件相关的检察事务的指挥、监督事项；

2. 第一项规定的案件的检察事务和信息报告相关事项；

3. 第一项规定的案件的相关职员和司法警察官的指导、教养事项；

4. 第一项规定的案件犯罪现象的分析、研究、搜查指南的确立以及国内外重要案件实例研究集刊事项；

5. 第一项规定的案件对非公务员等的陈情、内审、请求以及内部调查案件处理的相关事项；

（六）毒品科长分管下列事项：<新设 2018. 7. 23. >

1. 对与毒品案件相关的检察事务的指导、监督事项；

2. 第一项规定的案件的检察事务与信息报告事项；

3. 第一项规定的案件的相关职员和司法警察官的指导、教养事项；

4. 第一项规定的案件的犯罪现象的分析、研究、搜查指南的确立以及国内外重要案件实例研究集刊事项；

5. 第一项规定的案件对非公务员等的陈情、内审、请求以及内部调查案件处理的相关事项。

[全文改正 2013. 11. 29.]

[题目改正 2018. 7. 23.]

第七条　大检察厅刑事部设立科与分管事务

（一）大检察厅在刑事部设立刑事一科、刑事二科。<改正 1998. 8. 10. , 2005. 4. 15. , 2008. 2. 29. >

（二）刑事一科长分管以下事项：<改正 1998. 8. 10. , 2000. 2. 14. , 2005. 4. 15. , 2008. 2. 29. , 2009. 12. 31. >

1. 经济、交通案件以及不属于其他部主管案件中检察事务的指挥、监督事项；

2. 第一项规定的案件的检察事务报告和信息报告事项；

3. 第一项规定的案件犯罪现象的分析、研究、搜查指南的确立以及国内外重要案件实例研究集刊事项；

4. 第一项规定的案件的相关职员和司法警察官的指导、教养事项；

5. 第一项规定的案件对非公务员等的陈情、内审、请求以及内部调查案件处理的相关事项；

6. 依据大韩民国与美利坚合众国之间的《相互防卫条约》第四条以及《大韩民国合众国军队地位协定》所设施的区域（以下称“协定”）处理、研究、指导有关犯罪案件事项；

7. 对一般职司法警察官的指挥、监督事项；

8. 其他部内不属于其他科主管的事项。

（三）刑事二科长分管以下事项：<改正 1998. 8. 10.，2005. 4. 15.，2008. 2. 29.，2009. 12. 31.>

1. 对青少年、女性、性暴力、家庭暴力、环境、保健案件检察事务的指挥、监督事项；

2. 第一项规定的案件的检察事务报告和信息报告事项；

3. 第一项规定的案件犯罪现象的分析、研究、搜查指南的确立以及国内外重要案件实例研究集刊事项；

4. 第一项规定的案件的相关职员和司法警察官的指导、教养事项；

5. 第一项规定的案件对非公务员等的陈情、内审、请求以及内部调查案件处理的相关事项；

6. 保护女性、青少年引导等有关社会弱势群体保护的事项；

7. 保护措施事项；

8. 对特别司法警察官的指挥、监督事项。[全文改正 1991. 8. 1.]

第七条之二 删除<2018. 7. 23.>

第七条之三 删除<2004. 12. 31.>

第八条 大检查厅公安部设立科、公安企划官与分管事务

（一）大检察厅公安部设立公安一科、公安二科与公安三科，公安部长下设公安企划官一名。<改正 1996. 3. 11.，1998. 2. 28.，2004. 12. 31.，2008. 2. 29.，2009. 2. 27.>

（二）公安一科长分管下列事项：<改正 1989. 8. 26.，1992. 8. 31.，1998. 12. 31.，2002. 2. 4.，2004. 12. 31.，2008. 2. 29.，2009. 2. 27.，2012. 4. 10.>

1. 对大众案件、恐怖案件、出入境案件、南北交流合作事件以及检察总长责令案件中有关检察事务的指挥、监督事项；

2. 第一项规定的案件的检察事务报告和信息报告事项；

3. 对有关《保安观察法》保安观察处分（以下称“保安观察处分”）事务的指导、监督事项；

4. 第一款规定的案件对非公务员等的陈情、内审、请求以及内部调查案件处理的相关事项；

5. 其他部内不属于其他科主管的事项。

（三）删除<2004. 12. 31. >

（四）公安二科长分管下列事项：<改正 1992. 8. 31.，1998. 12. 31.，2002. 2. 4.，2004. 12. 31.，2008. 2. 29.，2009. 2. 27.，2012. 4. 10. >

1. 对选举案件、政党政治资金等案件以及检察总长责令案件中有关检察事务的指挥、监督事项；

2. 第一项规定的案件的检察事务报告和信息报告事项；

3. 第一款规定的案件对非公务员等的陈情、内审、请求以及内部调查案件处理的相关事项。

（五）公安三科长分管下列事项：<新设 2009. 2. 27.，2012. 4. 10. >

1. 对劳动相关案件、学院相关案件、社会与宗教等团体相关的公安案件、集体行动案件以及检察总长责令案件中有关检察事务的指挥、监督事项；

2. 第一项规定的案件的检察事务报告和信息报告事项；

3. 第一款规定的案件对非公务员等的陈情、内审、请求以及内部调查案件处理的相关事项。

（六）公安企划官就下列事项辅佐公安部长：<改正 1992. 8. 31.，1996. 3. 11.，1998. 2. 28.，2002. 2. 4.，2004. 12. 31. >

1. 公安业务企划相关事项；

2. 公安案件的搜查指导相关事项；

3. 公安形势的分析与判断相关事项；

4. 与公安有关的出版物、印刷品的分析及评估事项；

5. 南北交流合作案件调查的规划与支持等事项；

6. 删除<2002. 2. 4. >

7. 公安资料的收集、保存和管理的有关事项；

8. 其他检查总长交付的事项。

[全文改正 1986. 10. 11.]

第九条　大检察厅公判诉务部设立科与分管事项

（一）大检察厅公判诉务部设立公判诉务科与执行科。

（二）公判诉务部科长分管下列事项：<改正 2004. 1. 29.，2008. 2. 29.，2016. 11. 15. >

1. 受理和处理上告和再上告案件的有关事项；

2. 上告案件的审判及处刑（财产刑除外）和保护处分的执行事项；
3. 对公判与处刑（财产刑除外）和保护处分的执行事项的指挥、监督；
4. 判例收集、研究相关事项；
5. 上告案件的扣押物相关事项；
6. 上告案件的判结原本与案件记录的保存、管理相关事项；
7. 赦免、减刑和恢复权利的相关事项；
8. 犯罪人引渡相关事项；
9. 删除<2004. 1. 29. >
10. 以国家为当事人的诉讼及其指挥、监督事项；
11. 《国家为当事人诉讼法施行令》第三条规定的对诉讼行为的批准（以下称“批准事务”）事项；
12. 诉务关系判例收集、研究相关事项；
13. 诉务事务报告和诉讼统计事项；
14. 宪法诉愿等与宪法裁判相关事项；
15. 其他部内不属于其他科主管的事项。
（三）执行科长分管下列事项：<改正 2008. 2. 29. >
1. 财产刑执行的指挥、监督事项；
2. 上告案件征收罚金事项；
3. 其他征收金相关事项。
[全文改正 1990. 10. 29.]

第九条之二　大检察厅科学搜查部设立科与分管事项

（一）大检察厅科学搜查部设立法科学分析科、DNA 与化学分析科、数码搜查科及网络搜查科，科学搜查部长下设科学搜查企划官一名。<改正 2018. 2. 5. >
（二）法科学分析科长分管下列事项：<改正 2018. 2. 5. >
1. 科学调查方法的开发与运用事项；
2. 犯罪搜查相关的鉴定、鉴别事项；
3. 科学搜查设备的保障、开发、运营事项；
4. 《使用和保护 DNA 身份确认信息法施行令》第四条有关 DNA 人力资源管理业务事项；
5. 第一项至第四项相关业务的指导、教育事项。
6. 其他部内不属于其他科主管的事项。
（三）DNA 与化学分析科长分管下列事项：<改正 2018. 2. 5. >
1. DNA 和法生化鉴定材料的分析、数据库管理事项；
2. DNA 和法生化鉴定及搜查技术的研究、开发事项；

3. DNA 和法生化鉴定设备的保障、开发与运营事项；
4. 其他法生化鉴定、鉴别事项；
5. 第一项至第四项相关业务的指导、教育事项。
（四）数码搜查科长分管下列事项：
1. 电子证据分析相关事项；
2. 电子证据分析技术的研究、开发事项；
3. 电子科学搜查方法的研究、开发事项；
4. 科学搜查计算机程序的研究、开发事项；
5. 第一项至第四项相关业务的指导、教育事项。
（五）网络搜查科长分管下列事项：
1. 网络犯罪案件搜查事项；
2. 检察总长责令网络犯罪案件中有关检察事务的指挥、监督事项；
3. 网络犯罪搜查方式的研究、开发事项；
4. 网络犯罪搜查设备的保障、开发及运营事项；
5. 第一项至第四项有关国际搜查合作等国际合作业务的事项；
6. 第一项至第五项相关业务的指导、教育、支援事项。
（六）科学搜查企划官就下列事项辅佐科学搜查部长：
1. 科学技术业务的规划和综合规划的拟定；
2. 研究开发和教育的总体指导及管理事项；
3. 科学搜查相关的执行事项；
4. 科学搜查业务机关的合作事项；
5. 部内各科业务的调整；
6. 其他检查总长交付事项。
[本条新设 2015. 2. 11.]
[前第九条之二改为第九条之三<2015. 2. 11.>]

第九条之三　大检察厅人权部设立科与分管事项

（一）大检察厅人权部设立人权企划科、人权监督科及被害者人权科。
（二）人权企划科长分管下列事项：
1. 与检察事务相关的人权业务的规划、综合规划拟定和推进事项；
2. 与检察事务相关的人权业务法令、制度、政策等检讨、研究和改善事项；
3. 与检察事务相关的人权保护课题发掘、选定和推进事项；
4. 人权教育项目开发、人权教育资料普及等人权教育相关的事项；
5. 与人权相关的机关、团体、专家等交流、合作事项；
6. 与检察事务相关的人权业务行政事项；

7. 其他不属于部内其他科主管的事项。

（三）人权监督科长分管下列事项：

1. 与检察事务相关的检察厅所属公务员侵犯人权案件的指挥、监督事项；

2. 与检察事务相关的预防、监督、研究和处理人权侵害事项；

3. 建立和改善与检察事务相关的预防人权侵害等政策、制度的事项；

4. 第一项至第三项相关业务的指导、教育事项。

（四）被害者人权科长分管下列事项：

1. 犯罪被害者支援、保护相关的检察事务指挥、监督事项；

2. 对犯罪被害者发放救助金业务相关事项；

3. 保护证人及内部举报人事项。

[本条新设 2018. 7. 23.]

[前第九条之三改为第九条之四<2018. 7. 23. >]

第九条之四　大检察厅监察部设立科与分管事项

（一）大检察厅监察部设立监察一科、监察二科。<改正 2008. 2. 29. >

（二）监察一科长分管下列事项：<改正 1998. 8. 10.，2000. 2. 14.，2004. 1. 29.，2008. 2. 29. >

1. 删除<2004. 1. 29. >

2. 有关检察厅所属公务员的违纪调查，信息收集、管理其他内审案件调查、处理事项；

3. 删除<2004. 1. 29. >

4. 删除<2004. 1. 29. >

5. 删除<2004. 1. 29. >

6. 删除<2004. 1. 29. >

7. 删除<2004. 1. 29. >

8. 删除<2018. 7. 23. >

9. 检察厅所属公务员的财产登记事项；

10. 其他检察总长交付的事项以及不属于部内其他科主管的事项。

（三）监察二科长分管下列事项：<改正 1998. 8. 10.，2008. 2. 29. >

1. 事务监察相关事项；

2. 纲纪监察相关事项；

3. 案件评价相关事项。

[本条新设 1983. 7. 22.]

[第九条之三移至此<2018. 7. 23. >]

第十条　监察研究官

监察研究官辅佐监察总长，从事监察总长交付的监察事务策划、调查、研究业务。

［本条新设 1982. 8. 11.］

第十条之二　首尔高等检察厅设立部与分管事项

（一）首尔高等检察厅设立刑事部、公判部、讼务部与监察部。<改正 2015. 1. 6.>

（二）刑事部长分管下列事项：<改正 2010. 8. 4.>

1. 抗告案件的搜查与处理事项；
2. 第一项相关的事项；
3. 删除<2015. 1. 6.>
4. 删除<2015. 1. 6.>
5. 其他检察总长交付的事项以及不属于部内其他科主管的事项；
6. 犯罪者的引渡相关事项；
7. 与第一项相关的事项。

（三）公判部长分管下列事项：<改正 2010. 8. 4.>

1. 与公判相关的事项；
2. 刑罚（财产刑除外）的执行与保护措施；
3. 与上诉相关的事项；
4. 判例的调查与研究相关事项；
5. 赦免、减刑和复权的相关事项；
6. 与引渡犯罪人员相关事项；
7. 与第一项相关的事项。

（四）讼务部长分管下列事项：<改正 2010. 8. 4.>

1. 以国家为当事人的诉讼和指挥、监督事项；
2. 行政诉讼（包括特许诉讼）的执行和指挥、监督事项；
3. 与讼务相关的批准事务和第一项有关事务相关的报告事项；
4. 与第二项相关的事务报告事项；
5. 追诉资料的收集、核对相关事项；
6. 裁判执行和诉讼费用收缴的事项；
7. 追偿权的行使和追回不当得利的相关事项；
8. 讼务关系判例调查、研究事项；
9. 地区赔偿审议会运营的相关事项；
10. 以国家为第三债务人案件的相关事项。

（五）监察部长分管以下事项：

1. 所属公务员违纪的调查、信息收集、管理和其他内部调查、处理案件的相关事项；

2. 侵犯人权案件事项；

3. 事务监察、纲纪监察与评定无罪案件事项；

4. 公务员抗告案件中检察长责令的搜查及处理的相关事项。

[本条新设 1998. 8. 10.]

第十一条　高等检察厅的部与事务局设立科及分管事项

(一) 各高等检察厅的部及事务局的设立同附表三。<改正 1998. 8. 10., 2009. 12. 31.>

(二) 总务科长分管下列事项：<改正 1989. 2. 13., 1996. 12. 31., 2009. 12. 31., 2010. 8. 4.>

1. 保安相关事项；

2. 官印官修相关事项；

3. 公务员的任用、服务、教育训练、赏勋、退休金等其他管理相关事项；

4. 文书的收发、限制、编辑、保存等其他文书管理相关事项；

5. 法令相关事项；

6. 运营企划与分析审查相关事项；

7. 预算运行、会计与结算相关事项；

8. 物品采购、管理相关事项；

9. 图书管理相关事项；

10. 检察电算、通信系统的运行、管理事项；

11. 支援各高等检察厅所属地方检察厅及支厅对尖端犯罪的搜查及电子证据的分析业务；

12. 其他局内不属于部内其他科主管的事项。

(三) 案件科长分管下列事项：<改正 1982. 8. 11., 1998. 8. 10., 2010. 8. 4.>

1. 案件受理和处理的相关事项；

2. 检察事务与信息报告相关事项；

3. 搜查指挥相关事项；

4. 陈情、请愿及其他内审案件的处理事项；

5. 扣押财物处理相关事项；

6. 统计相关事项；

7. 犯罪案件协定处理事项；

8. 财产刑执行的相关事项；

9. 判决原件及卷宗的保存、管理事项；

10. 删除<1998. 8. 10.>

11. 删除<1998. 8. 10.>

12. 刑事赔偿金支付事项。

（四）诉讼事务第一科长对第十条之二第四款第一项、第三项、第五项至第十项规定之事项给予检查辅助。<改正 1998. 8. 10.，2010. 8. 4.>

（五）诉讼事务第二科长对第十条之二第四款第二项、第四项和第八项规定之事项给予检查辅助。<新设 1998. 8. 10.，2010. 8. 4.>

（六）管理科长分管下列事项：<新设 1989. 2. 13.，2010. 8. 4.>

1. 检察厅大厦管理相关事项；

2. 检察厅大厦的维修、维护事项；

3. 国有财产的管理事项。

（七）未设立诉讼事务第一科和诉讼事务第二科的高等检察厅，其事务由案件科长分管。<新设 1998. 8. 10.，2010. 8. 4.>

（八）未设立管理科的高等检察厅，其事务由总务科长分管。<新设 1998. 8. 10.，2010. 8. 4.>

（九）未设立公判部的高等检察厅，第十条之二第三款第二项、第五项和第六项规定之事项由案件科长分管。<新设 1998. 8. 10.，2010. 8. 4.>

第十二条　首尔中央地方检察厅次长检事额数与分管事项

（一）首尔中央地方检察厅设立次长检事四名，分别为第一次长检事、第二次长检事、第三次长检事和第四次长检事。<改正 2018. 2. 5.>

（二）第一次长检事依据第十三条规定的部内刑事第一部、刑事第二部、刑事第三部、刑事第四部、刑事第五部、刑事第六部、刑事第七部、刑事第八部和第九部之分管事项辅助检察长。<改正 2004. 12. 31.，2015. 2. 11.，2018. 2. 5.>

（三）第二次长检事依据第十三条规定的部内总务部、公安第一部、公安第二部、公共刑事搜查部、外事部、公审第一部、公审第二部以及事务局之分管事项辅助检察长。<改正 2004. 12. 31.，2009. 12. 31.，2012. 9. 21.>

（四）第三次长检事根据第十三条规定的部内特别搜查第一部、特别搜查第二部、特别搜查第三部、特别搜查第四部、公平交易调查部和防卫事业调查部之分管事项辅助检察长。<改正 2004. 12. 31.，2006. 9. 6.，2009. 12. 31.，2013. 11. 29.，2015. 1. 6.，2016. 1. 21.，2018. 7. 23.>

（五）第四次长检事对根据第十三条规定的部内调查第一部、调查第二部、强力部、科学技术犯罪搜查部以及犯罪收益追缴部之分管事项辅佐检察长。<新设 2018. 2. 5.，2018. 7. 23.>

（六）首尔中央地方检察厅检事长不能正常履行职务时，按照下列顺序代理其职务：<改正 2004. 1. 29.，2018. 2. 5.>

1. 第一次长检事；

2. 第二次长检事；

3. 第三次长检事；

4. 第四次长检事。

（七）汉城中央地方检察厅次长检事中有一人不能正常履行职务时，由检事长在其他次长检事中指定人员代理其职务。<改正 2004. 1. 29.，2018. 2. 5. >

[全文改正 1979. 2. 26.]

[题目改正 2004. 1. 29.]

第十三条　首尔中央地方检察厅设立部与分管事项

（一）首尔中央地方检察厅设立总务部、公安第一部、公安第二部、公共刑事搜查部、刑事第一部、刑事第二部、刑事第三部、刑事第四部、刑事第五部、刑事第六部、刑事第七部、刑事第八部、刑事第九部、特殊搜查第一部、特殊搜查第二部、特殊搜查第三部、特殊搜查第四部、调查第一部、调查第二部、强力部、外事部、科学技术犯罪搜查部、防卫事业搜查部、公平交易调查部、犯罪收益追缴部、公判第一部与公判第二部。<改正 2004. 12. 31.，2006. 9. 6.，2009. 2. 27.，2009. 12. 31.，2012. 9. 21.，2013. 11. 29.，2015. 1. 6.，2015. 2. 11.，2016. 1. 21.，2018. 2. 5.，2018. 7. 23. >

（二）总务部长分管下列事项：<改正 2010. 8. 4. >

1. 运营企划与审查分析事项；

2. 法令相关事项；

3. 职员、司法研修生和司法警察官的指导、教育事项；

4. 事务监察事项；

5. 其他检事长交付的事项以及不属于部内其他科主管的事项。

（三）公安第一部长、公安第二部长及公共刑事搜查部长分管下列事项，各部长之间的事务分担由检事长规定：<改正 1986. 4. 3.，1989. 8. 26.，2010. 8. 4.，2012. 9. 21. >

1. 公安、选举、劳动关系案件的搜查处理与公判执行相关事项；

2. 公安、劳动仲裁调查和其他资料收集整理事项；

3. 保安观察处分相关事项；

4. 与第一项至第三项相关事项。

（四）刑事第一部长、刑事第二部长、刑事第三部长、刑事第四部长、刑事第五部长、刑事第六部长、刑事第七部长、刑事第八部长与刑事第九部长分管下列事项，各部长之间的事务分担由检事长规定：<改正 1989. 8. 26.，1990. 5. 7.，1996. 3. 11.，2000. 2. 14.，2001. 4. 23.，2004. 12. 31.，2006. 9. 6.，2009. 12. 31.，2010. 8. 4.，2012. 9. 21.，2013. 11. 29.，2015. 1. 6.，2015. 2. 11.，2016. 1. 21.，2018. 2. 5.，2018. 7. 23. >

1. 一般刑事案件的搜查与处理事项（公安第一部、公安第二部、公共刑事搜查部、特殊搜查第一部、特殊搜查第二部、特殊搜查第三部、特殊搜查第四部、调查第一部、调查第二部、公平交易调查部、犯罪收益追缴部、强力部、外事部、科学技术犯罪搜查部与防卫事业搜查部负责的事项除外）；

2. 与第一项相关的事项。

（五）删除<2004. 12. 31. >

（六）特殊搜查第一部长、特殊搜查第二部长、特殊搜查第三部长与特殊搜查第四部长分管下列事项，各部长之间的事务分担由检事长规定：<改正 2010. 8. 4. ，2013. 11. 29. >

1. 检事长指定案件的搜查与处理事项；

2. 第一项相关的案件犯罪信息、资料的收集与整理事项；

3. 与第一项至第三项相关的事项。

（七）调查第一部长、调查第二部长及公共刑事搜查部长分管下列事项，各部长之间的事务分担由检事长规定：<新设 1989. 8. 26. ，2010. 8. 4. ，2015. 2. 11. >

1. 检事长交付控告、检举、申诉案件的搜查和处理事项；

2. 与第一项相关的案件犯罪信息与资料收集、整理事项；

3. 与第一项、第二项相关的事项。

（八）强力部长分管下列事项：<新设 1990. 5. 7. ，2004. 12. 31. ，2009. 12. 31. ，2010. 8. 4. >

1. 检事长交付的强力、毒品案件的侦查与处理事项；

2. 与第一项案件相关的信息与资料收集、整理事项；

3. 与第一项、第二项相关的事项。

（九）删除<2004. 12. 31. >

（十）外事部长分管下列事项：<新设 1996. 3. 11. ，2010. 8. 4. >

1. 外国人或者与外国人相关的案件；

2. 与第一项案件相关的犯罪信息与资料收集、整理事项；

3. 与第一项、第二项相关的事项。

（十一）科学技术犯罪搜查部长分管下列事项：<新设 2000. 2. 14. ，2004. 12. 31. ，2009. 2. 27. ，2010. 8. 4. ，2018. 7. 23. >

1. 检事长交付的科学技术犯罪案件的侦查与处理事项；

2. 与第一项案件相关的信息与资料收集、整理事项；

3. 与电脑等信息处理装置和情报通信媒体相关的证据资料的扣押、搜查及分析事项；

4. 与第一项至第三项相关的事项。

（十二）防卫事业搜查部长分管下列事项：<新设 2016. 1. 21. >

1. 与防卫事业相关的案件的搜查和处理事项；

2. 与第一项案件相关的信息与资料收集、整理事项；

3. 与第一项、第二项相关的事项。

（十三）公正交易调查部长分管下列事项：<新设 2018. 2. 5. >

1. 与公正交易案件相关的搜查、处理事项；

2. 与第一项案件相关的犯罪信息与资料收集、整理事项；

3. 与第一项、第二项相关的事项。

（十四）犯罪收益追缴部长分管下列事项：<新设 2018. 2. 5. >

1. 犯罪收益的追缴与回收事项；

2. 与第一项案件相关的犯罪信息与资料收集、整理事项；

3. 与第一项相关的事项。

（十五）公判第一部长、公判第二部长及公共刑事搜查部长分管下列事项，各部长之间的事务分担由检事长规定：<改正 1982. 8. 11. ,1988. 9. 11. , 1998. 8. 10. , 2004. 12. 31. , 2010. 8. 4. , 2012. 9. 21. , 2016. 1. 21. , 2017. 2. 24. , 2018. 2. 5. >

1. 公判相关事项（公安第一部、公安第二部与公共刑事搜查部所属案件除外）；

2. 刑罚（财产性除外）的执行事项；

3. 上诉相关事项；

4. 判例的调查、研究事项；

5. 赦免、减刑和恢复权利事项；

6. 犯罪人的引渡事项；

7. 刑事赔偿金的支付事项；

8. 删除<2011. 3. 29. >

[全文改正 1979. 2. 26.]

[题目改正 2004. 1. 29.]

第十四条　釜山地方检察厅次长检事额数与分管事项

（一）釜山地方检察厅设立次长检事二名，分别为第一次长检事、第二次长检事。

（二）第一次长检事依据第十三条规定的部内刑事第一部、刑事第二部、刑事第三部、女性儿童犯罪调查部与公判部之分管事项辅助检事长。<改正 2004. 12. 31. , 2017. 2. 24. >

（三）第二次长检事依据第十三条规定的部内公安部、特别搜查部、强力部、外事部与事务局之分管事项辅助检事长。<改正 2004. 12. 31. ,

2009. 12. 31. >

（四）检事长、次长检事因故不能正常履行职务时，依照第十二条第六款和第七款之规定代理执行职务。<改正 2018. 2. 5. >

［全文改正 1979. 2. 26. ］

［施行日：2017. 2. 24. ］改正第十四条第二款有关女性儿童犯罪调查部分。

第十五条　釜山地方检察厅设立部与分管事项

（一）釜山地方检察厅设立刑事第一部、刑事第二部、刑事第三部、女性儿童犯罪调查部、部内公安部、特别搜查部、强力部、外事部与公判部。<改正 2004. 12. 31. ，2009. 12. 31. ，2017. 2. 24. >

（二）删除<2004. 12. 31. >

（三）刑事第一部长、刑事第二部长与刑事第三部长依据第十三条第二款、第四款和第七款之规定分管事项，各部长之间的事务分担由检事长规定。<改正 2004. 12. 31. ，2010. 8. 4. ，2017. 2. 24. >

（四）女性儿童犯罪调查部长分管下列事项：<新设 2017. 2. 24. >

1. 性暴力、家庭暴力、虐待儿童、性买卖、障碍人、少年案件的搜查与处理相关事项；

2. 与第一项案件相关的信息与资料收集、整理事项。

（五）公安部长分管依据第十三条第三款规定的事项以及检事长交付的事项。<改正 1981. 4. 24. ，2010. 8. 4. ，2017. 2. 24. >

（六）特殊搜查部长分管依据第十三条第六款、第十一款、第十二款与第十六条之六第四款规定的事项。<改正 2004. 12. 31. ，2010. 8. 4. ，2015. 2. 11. ，2016. 1. 21. ，2017. 2. 24. ，2018. 2. 5. >

（七）强力部长分管依据第十三条第八款规定的事项。<改正 2004. 12. 31. ，2009. 12. 31. ，2010. 8. 4. >

（八）删除<2004. 12. 31. >

（九）外事部长分管依据第十三条第十款规定的事项。<新设 2002. 2. 4. ，2010. 8. 4. >

（十）公判部长分管依据第十三条第十五款规定的事项。<改正 1989. 8. 26. ，1990. 5. 7. ，1995. 9. 22. ，1996. 3. 11. ，1998. 8. 10. ，1999. 12. 11. ，2000. 2. 14. ，2001. 4. 23. ，2010. 8. 4. ，2016. 1. 21. ，2018. 2. 5. >

［全文改正 1979. 2. 26. ］

［实施日：2017. 2. 24. ］改正第十五条第一款有关女性儿童犯罪调查部分。

第十六条　大邱地方检察厅次长检事额数与分管事项

（一）大邱地方检察厅设立次长检事二名，分别为第一次长检事、第二次长检事。

（二）第一次长检事依据第十六条之二规定的部内刑事第一部、刑事第二部、刑事第三部、刑事第四部、刑事第五部、女性儿童犯罪调查部与公判部之分管事项辅助检事长。<改正 2004. 12. 31.，2016. 1. 21.>

（三）第二次长检事依据第十六条之二规定的部内公安部、特别搜查部、强力部与事务局之分管事项辅助检事长。<改正 2004. 12. 31.，2009. 12. 31.>

（四）检事长、次长检事因故不能正常履行职务时，依照第十二条第六款和第七款之规定代理执行职务。<改正 2018. 2. 5.>

[本条新设 1997. 2. 24.]

第十六条之二　大邱地方检察厅设立部与分管事项

（一）大邱地方检察厅设立刑事第一部、刑事第二部、刑事第三部、刑事第四部、刑事第五部、女性儿童犯罪调查部、公安部、特别搜查部、强力部与公判部。<改正 2004. 12. 31.，2009. 12. 31.，2016. 1. 21.>

（二）删除<2004. 12. 31.>

（三）刑事第一部长、刑事第二部长、刑事第三部长、刑事第四部长、刑事第五部长分管依据第十三条第二款第二项、第四项（女性儿童犯罪调查部所属案件除外）、第七项与第十项之规定分管事项，各部长之间的事务分担由检事长规定。<改正 2004. 12. 31.，2010. 8. 4.，2016. 1. 21.>

（四）女性儿童犯罪调查部长分管依据第十五条第四款规定的事项。<改正 2017. 2. 24.>

（五）公安部长分管依据第十三条第三款规定的事项以及检事长交付的事项。<改正 2010. 8. 4.，2016. 1. 21.>

（六）特殊搜查部长分管依据第十三条第六款、第十一款、第十二款与第十六条之六第四款规定的事项。<改正 2004. 12. 31.，2010. 8. 4.，2015. 2. 11.，2016. 1. 21.，2018. 2. 5.>

（七）强力部长分管依据第十三条第八款规定的事项。<改正 2004. 12. 31.，2009. 12. 31.，2010. 8. 4.>

（八）公判部长分管依据第十三条第十五款规定的事项。<改正 1989. 8. 26.，1990. 5. 7.，1995. 9. 22.，1996. 3. 11.，1998. 8. 10.，1999. 12. 11.，2000. 2. 14.，2001. 4. 23.，2010. 8. 4.，2016. 1. 21.，2018. 2. 5.>

[全文改正 1989. 8. 26.]

第十六条之三　仁川地方检察厅次长检事额数与分管事项

（一）仁川地方检察厅设立次长检事二名，分别为第一次长检事、第二次

长检事。<改正 2000. 2. 14. >

（二）第一次长检事依据第十六条之四第一款规定的部内刑事第一部、刑事第二部、刑事第三部、刑事第四部、刑事第五部、刑事第六部（只限定仁川地方检察厅）、女性儿童犯罪调查部、公判诉务部（水原地方检察厅为公判部）之分管事项辅助检事长。<改正 2004. 12. 31. ，2017. 2. 24. ，2018. 2. 5. ，2019. 2. 8. >

（三）第二次长检事依据第十六条之四规定的部内公安部、特别搜查部、强力部、外事部与事务局之分管事项辅助检事长。<改正 2004. 12. 31. ，2009. 12. 31. ，2010. 8. 4. ，2019. 2. 8. >

（四）检事长、次长检事因故不能正常履行职务时，依照第十二条第六款和第七款之规定代理执行职务。<改正 2018. 2. 5. >

[本条新设 1997. 2. 24.]

第十六条之四　仁川地方检察厅设立部与分管事项

（一）仁川地方检察厅设立刑事第一部、刑事第二部、刑事第三部、刑事第四部、刑事第五部、刑事第六部、女性儿童犯罪调查部、公安部、特别搜查部、强力部、外事部与公判诉务部；水原地方检察厅设立刑事第一部、刑事第二部、刑事第三部、刑事第四部、刑事第五部、女性儿童犯罪调查部、公安部、特别搜查部、产业技术犯罪搜查部、强力部与公判部。<改正 2010. 8. 4. ，2017. 2. 24. ，2018. 2. 5. ，2019. 2. 8. >

（二）仁川地方检察厅刑事第一部长、刑事第二部长、刑事第三部长、刑事第四部长、刑事第五部长与刑事第六部长依据第十三条第二款、第四款和第七款之规定分管事项；水原地方检察厅刑事第一部长、刑事第二部长、刑事第三部长、刑事第四部长、刑事第五部长依据第十三条第二款、第四款、第七款与第十款之规定分管事项，各部长之间的事务分担由检事长规定。<改正 2010. 8. 4. ，2017. 2. 24. >

（三）女性儿童犯罪调查部长分管依据第十五条第四款规定的事项。<新设 2018. 2. 5. >

（四）公安部长分管依据第十三条第三款规定的事项以及检事长交付的事项。<改正 2010. 8. 4. ，2018. 2. 5. >

（五）特殊搜查部长分管依据第十三条第六款、第十一款、第十二款与第十六条之六第四款规定的事项。<改正 2004. 12. 31. ，2010. 8. 4. ，2015. 2. 11. ，2016. 1. 21. ，2018. 2. 5. >

（六）产业技术犯罪搜查部长分管下列事项：<新设 2019. 2. 8. >

1. 检事长交付的有关产业技术犯罪的搜查与处理事项；

2. 与第一项案件相关的信息与资料收集、整理事项；

3. 与第一项、第二项相关的事项。

（七）强力部长分管依据第十三条第八款规定的事项。<改正 2004. 12. 31.，2009. 12. 31.，2010. 8. 4.，2019. 2. 8.>

（八）外事部长分管依据第十三条第十款规定的事项。<新设 2010. 8. 4.，2019. 2. 8.>

（九）仁川地方检察厅公判诉务部长分管依据第十条之二第四款与第十三条第十五款规定的事项；水原地方检察厅公判部长分管依据第十三条第十五款规定的事项。

<改正 2019. 2. 8.>

[全文改正 1989. 8. 26.]

[题目改正 2017. 2. 24.]

[施行日：2019. 3. 1.] 改正第十六条之四第一款（产业技术犯罪搜查部除外）、第十六条之四第九款水原地方检察厅相关事项。

第十六条之五　首尔南部地方检察厅次长检事额数与分管事项

（一）首尔南部地方检察厅设立次长检事二名，分别为第一次长检事、第二次长检事。

（二）第一次长检事依据第十六条之六规定的部内刑事第一部、刑事第二部、刑事第三部、刑事第四部、刑事第五部、女性儿童犯罪调查部与公判部之分管事项辅助检事长。<改正 2017. 2. 24.，2018. 2. 5.>

（三）第二次长检事依据第十六条之六规定的部内公安部、金融调查第一部、金融调查第二部与事务局之分管事项辅助检事长。<改正 2017. 2. 24.>

（四）检事长、次长检事因故不能正常履行职务时，依照第十二条第六款和第七款之规定代理执行职务。<改正 2018. 2. 5.>

[本条新设 2015. 2. 11.]

[第十六条之五移动至第十六条之七<2015. 2. 11.>]

第十六条之六　首尔南部地方检察厅设立部与分管事项

（一）首尔南部地方检察厅设立刑事第一部、刑事第二部、刑事第三部、刑事第四部、刑事第五部、女性儿童犯罪调查部、公安部、特别搜查部、强力部、外事部与公判诉务部；水原地方检察厅设立刑事第一部、刑事第二部、刑事第三部、刑事第四部、刑事第五部、女性儿童犯罪调查部、公安部、公判部、金融调查第一部与金融调查第二部。<改正 2017. 2. 24.，2018. 2. 5.>

（二）刑事第一部长、刑事第二部长、刑事第三部长、刑事第四部长与刑事第五部长分管依据第十三条第二款至第四款、第六款至第八款与第十款至第十二款规定的事项；公安部长分管依据第十三条第三款规定的事项以及检事长交付的事项；公判部长分管依据第十三条第十五款规定的事项，各部长

之间的事务分担由检事长规定。<改正 2016. 1. 21.，2017. 2. 24.，2018. 2. 5.>

（三）女性儿童犯罪调查部长分管依据第十五条第四款规定的事项。<新设 2018. 2. 5.>

（四）金融调查第一部长与金融调查第二部长分管下列事项，各部长之间的事务分担由检事长规定：<改正 2018. 2. 5.>

1. 检事长交付的有关金融、证券案件的搜查与处理事项；

2. 与第一项案件相关的信息与资料收集、整理事项；

3. 与第一项、第二项相关的事项。

[本条新设 2015. 2. 11.]

[第十六条之六移动至第十六条之八<2015. 2. 11.>]

第十六条之七　光州地方检察厅设立部与分管事项

（一）光州地方检察厅设立刑事第一部、刑事第二部、刑事第三部、女性儿童犯罪调查部、公安部、特别搜查部、强力部与公判部。<改正 2004. 12. 31.，2009. 12. 31.，2016. 1. 21.>

（二）刑事第一部长、刑事第二部长与刑事第三部长分管依据第十三条第二款、第四款（女性儿童犯罪调查部所属案件除外）、第七款与第十款规定的事项，各部长之间的事务分担由检事长规定。<改正 2004. 12. 31.，2010. 8. 4.，2016. 1. 21.>

（三）女性儿童犯罪调查部长分管依据第十五条第四款规定的事项。<新设 2016. 1. 21.，2017. 2. 24.>

（四）公安部长分管依据第十三条第三款规定的事项以及检事长交付的事项。<改正 2010. 8. 4.，2016. 1. 21.>

（五）特殊搜查部长分管依据第十三条第六款、第十一款、第十二款与第十六条之六第四款规定的事项。<改正 2004. 12. 31.，2010. 8. 4.，2015. 2. 11.，2016. 1. 21.，2018. 2. 5.>

（六）强力部长分管依据第十三条第八款规定的事项。<改正 2004. 12. 31.，2009. 12. 31.，2010. 8. 4.>

（七）公判部长分管依据第十三条第十五款规定的事项。<新设 2004. 1. 29.，2010. 8. 4.，2016. 1. 21.，2018. 2. 5.>

[本条新设 1994. 2. 7.]

第十六条之八　大田地方检察厅设立部与分管事项

（一）大田地方检察厅设立刑事第一部、刑事第二部、女性儿童犯罪调查部、公安部、特别搜查部、特许犯罪调查部与公判部；蔚山地方检察厅与昌源地方检察厅各自设立刑事第一部、刑事第二部、刑事第三部、公安部与公判诉务部。<改正 2017. 2. 24.，2018. 2. 5.，2018. 7. 23.>

（二）大田地方检察厅的刑事第一部长、刑事第二部长分管依据第十三条第二款、第四款、第七款、第八款与第十款规定的事项；蔚山地方检察厅与昌源地方检察厅的刑事第一部长、刑事第二部长和刑事第三部长分管依据第十三条第二款、第四款、第六款至第八款、第十款至第十三款与第十六条第六款第四项规定的事项，各部长之间的事务分担由检事长规定。<改正 2018. 7. 23. >

（三）女性儿童犯罪调查部长分管依据第十五条第四款规定的事项。<新设 2017. 2. 24. >

（四）公安部长分管依据第十三条第三款规定的事项以及检事长交付的事项。<新设 1996. 3. 11.，2010. 8. 4.，2017. 2. 24. >

（五）特殊搜查部长分管依据第十三条第六款、第十一款、第十二款与第十六条之六第四款规定的事项。<改正 1996. 3. 11.，1998. 8. 10.，2000. 2. 14.，2001. 4. 23.，2004. 12. 31.，2010. 8. 4.，2015. 2. 11.，2016. 1. 21.，2017. 2. 24.，2018. 2. 5. >

（六）特许犯罪调查部长分管下列事项：<新设 2018. 2. 5. >

1. 知识产权案件的搜查和处理事项；
2. 与第一项案件相关的信息与资料收集、整理事项；
3. 与第一项、第二项相关的事项。

（七）大田地方检察厅公判部长分管依据第十三条第十五款规定的事项；蔚山地方检察厅与昌源地方检察厅公判诉务部长分管依据第十条之二第四款与第十三条第十五款规定的事项。<新设 2010. 8. 4.，2016. 1. 21.，2017. 2. 24.，2018. 2. 5. >

[本条新设 1990. 10. 29.]

[题目改正 2017. 2. 24.]

[自第十六条之六、第十六条之八、第十六条之十移动至此<2015. 2. 11. >]

第十六条之九　首尔东部地方检察厅等设立部与分管事项

（一）首尔东部地方检察厅设立刑事第一部、刑事第二部、刑事第三部、刑事第四部、刑事第五部、女性儿童犯罪调查部与公判部；首尔北部地方检察厅设立刑事第一部、刑事第二部、刑事第三部、刑事第四部、刑事第五部、女性儿童犯罪调查部与公判部；首尔西部地方检察厅设立刑事第一部、刑事第二部、刑事第三部、刑事第四部、女性儿童犯罪调查部与公判部；议政府地方检察厅设立刑事第一部、刑事第二部、刑事第三部、公安部与公判诉务部。<改正 2018. 7. 23. >

（二）首尔东部地方检察厅、首尔北部地方检察厅的刑事第一部长、刑事

第二部长、刑事第三部长、刑事第四部长与刑事第五部长分管依据第十三条第二款至第四款、第六款至第八款、第十款至第十二款以及第十六条之六第四款规定的事项；公判部长分管依据第十三条第十五款规定的事项，各部长之间的事务分担由检事长规定。<改正 2009. 12. 31. ,2010. 8. 4. ,2015. 1. 6. ,2015. 2. 11. ,2016. 1. 21. ,2018. 2. 5. >

（三）删除<2015. 2. 11. >

（四）首尔西部地方检察厅的刑事第一部长、刑事第二部长、刑事第三部长与刑事第四部长分管依据第十三条第二款至第四款、第六款至第八款、第十款至第十二款以及第十六条之六第四款规定的事项；公判部长分管依据第十三条第十五款规定的事项，各部长之间的事务分担由检事长规定。<新设 2009. 12. 31. ,2010. 8. 4. ,2015. 1. 6. ,2015. 2. 11. ,2016. 1. 21. ,2018. 2. 5. >

（五）议政府地方检察厅的刑事第一部长、刑事第二部长与刑事第三部长分管依据第十三条第二款至第四款、第六款至第八款、第十款至第十二款以及第十六条之六第四款规定的事项；公安部长分管依据第十三条第三款规定的事项；公判部长分管依据第十条之二第四款与第十三条第十五款规定的事项，各部长之间的事务分担由检事长规定。<改正 2015. 2. 11. , 2016. 1. 21. , 2018. 2. 5. >

（六）济州地方检察厅的刑事部长依据第十三条第二款至第四款、第六款至第八款、第十款至第十二款以及第十六条之六第四款规定的事项。<新设 2017. 2. 24. , 2018. 2. 5. >

（七）女性儿童犯罪调查部长分管依据第十五条第四款规定的事项。<新设 2018. 2. 5. >

（八）网络调查部长分管下列事项：<新设 2018. 7. 23. >

1. 检事长交付的网络调查案件的搜查和处理事项；

2. 与第一项案件相关的信息与资料收集、整理事项；

3. 与电脑等信息处理装置和情报通信媒体相关的证据资料的扣押、搜查及分析事项；

4. 与第一项至第三项相关的事项。

[本条新设 1989. 8. 26.]

[题目改正 2017. 2. 24.]

[自第十六条之七、第十六条之九、第十六条之十一移动至此<2015. 2. 11. >]

第十六条之十　釜山地方检察厅东部支厅等设立部与分管事项

（一）釜山地方检察厅东部支厅与釜山地方检察厅西部支厅设立刑事第一部、刑事第二部与刑事第三部；议政府地方检察厅高阳支厅、仁川地方检察厅富川支厅、水原地方检察厅城南支厅、春川地方检察厅原州支厅与大田地方检察厅天安支厅设立刑事部。<改正 2015. 2. 11.，2017. 2. 24.，2018. 2. 5. >

（二）釜山地方检察厅东部支厅与釜山地方检察厅西部支厅的刑事第一部长、刑事第二部长与刑事第三部长分管依据第十三条第二款至第四款、第六款至第八款、第十款至第十二款以及第十六条之六第四款规定的事项，各部长之间的事务分担由检事长规定。此种情况下，第十三条第二款第五项、同条第六款第一项、同条第七款第一项、同条第十一款第一项和第十六条之六第四款第一项中的“检事长”视为“支厅长”。<改正 2004. 12. 31.，2010. 8. 4.，2015. 2. 11.，2016. 1. 21.，2017. 2. 24.，2018. 2. 5. >

（三）议政府地方检察厅高阳支厅、仁川地方检察厅富川支厅、水原地方检察厅城南支厅、春川地方检察厅原州支厅与大田地方检察厅天安支厅的刑事部长分管依据第十三条第二款至第四款、第六款至第八款、第十款至第十二款以及第十六条之六第四款规定的事项，各部长之间的事务分担由检事长规定。此种情况下，第十三条第二款第五项、同条第六款第一项、同条第七款第一项、同条第八款第一项、同条第十一款第一项与第十六条之六第四款第一项中的“检事长”视为“支厅长”。<新设 2015. 2. 11.，2016. 1. 21.，2017. 2. 24.，2018. 2. 5. >

[本条新设 2004. 1. 29.]

[题目改正 2015. 2. 11.]

[自第十六条之八移动至此<2015. 2. 11. >]

第十六条之十一　设立次长检事和事务局支厅的范围

在釜山地方检察厅东部支厅，议政府地方检察厅高阳支厅，仁川地方检察厅富川支厅，水原地方检察厅城南支厅、安山支厅、安阳支厅，大田地方检察厅天安支厅，大邱地方检察厅西部支厅与光州地方检察厅顺天支厅各设立次长检事一名以及事务局；釜山地方检察厅西部支厅设立次长一名。<改正 2015. 2. 11.，2016. 5. 10.，2017. 2. 24.，2019. 2. 8. >

[全文改正 2012. 4. 10.]

[自第十六条之九移动至此<2015. 2. 11. >]

第十七条　地方检察厅与支厅的部与事务局设立科及分管事项

（一）各个地方检察厅与支厅的部和事务局的科的设立同附表四。<改正 1981. 4. 24.，1986. 4. 3.，1996. 6. 29.，2009. 12. 31. >

（二）总务科长分管下列事项：<改正 1996. 12. 31.，2002. 2. 4.，2009. 12. 31.，2010. 8. 4. >

1. 保安相关事项；

2. 官印官修相关事项；

3. 公务员的录用、服务、赏勋和退休金等人事管理相关事项；

4. 文书的收发、编存和保存以及其他有关文件管理的事项；

5. 预算运营、会计与物品管理相关事项；

6. 物品采买、筹措与物品管理相关事项；

7. 车辆的适用、运营相关事项；

8. 根据《公共档案管理法》第十四条对特殊档案馆的运营与记录物的管理相关事项；

9. 其他厅内不属于其他科主管的事项。

（三）案件科长分管下列事项：<改正 1998. 8. 10.，2004. 12. 31.，2010. 8. 4.>

1. 案件受理和处理的相关事项；

2. 检察事务与信息报告相关事项；

3. 搜查指挥相关事项；

4. 陈情、请愿及其他内审案件的处理事项；

5. 统计相关事项；

6. 犯罪案件协定处理事项。

（四）执行科长（在首尔中央地方检察厅为执行第一科长和执行第二科长，下同）分管下列事项：<改正 2004. 12. 31.，2010. 8. 4.>

1. 执行财产刑的相关事项；

2. 临时裁判执行的相关事项；

3. 其他征收金相关事项。

（五）记录管理科长分管下列事项：<改正 2010. 8. 4.>

1. 令状相关事项；

2. 票据通知和票据人名册事项；

3. 判结原本与案件记录的保存、管理事项。

（六）刑事证据科长分管下列事项：<改正 2010. 8. 4.，2012. 4. 10.>

1. 押收财物的接收和处理事项；

2. 押收款物的保管、管理事项。

（七）公安科长分管下列事项：<改正 1995. 2. 28.，2004. 1. 29.，2004. 12. 31.，2010. 8. 4.>

1. 检事长或者支厅长交付的公安案件和有关案件的搜查；

2. 与第一项案件相关的信息与资料收集、整理事项；

3. 检事搜查事务的辅助事项。

（八）搜查科长（在首尔中央地方检察厅为执行第一科长和执行第二科长，下同）分管下列事项：<改正 1981. 4. 24.，1989. 8. 26.，1991. 8. 1.，

2004. 1. 29. ，2004. 12. 31. ，2010. 8. 4. >

1. 检事长或者支厅长交付的犯罪案件的搜查；

2. 删除<1998. 12. 31. >

3. 检事搜查事务的辅助事项。

（九）搜查信息科长分管下列事项：<新设 1998. 12. 31. ，2010. 8. 4. ，2018. 2. 5. >

1. 搜查信息的收集、分析与管理事项；

2. 检事长或者支厅长交付的搜查信息相关事项。

（十）调查科长分管下列事项：

1. 检事长或者支厅长交付的告诉、检举、申诉案件与相关案件的搜查事项；

2. 与第一项案件相关的信息与资料收集、整理事项；

3. 检事搜查事务的辅助事项。

（十一）有组织犯罪搜查科长分管下列事项：<改正 1991. 8. 1. ，2004. 12. 31. ，2010. 8. 4. >

1. 检事长或者支厅长交付的强力案件和有关案件的搜查事项；

2. 与第一项案件相关的信息与资料收集、整理事项；

3. 检事搜查事务的辅助事项。

（十二）毒品搜查科长分管下列事项：<新设 1996. 12. 31. ，2010. 8. 4. >

1. 检事长或者支厅长交付的毒品犯罪案件以及相关的搜查；

2. 与第一项案件相关的信息与资料收集、整理事项；

3. 检事搜查事务的辅助事项。

（十三）删除<2004. 12. 31. >

（十四）公判科长分管依据第十三条第十五款规定的事项。<改正 1990. 5. 7. ，1996. 3. 11. ，1998. 8. 10. ，2000. 2. 14. ，2001. 4. 23. ，2004. 12. 31. ，2010. 8. 4. ，2016. 1. 21. ，2018. 2. 5. >

（十五）删除<1998. 8. 10. >

（十六）公判诉务科长分管依据第十条之二第四款与第十三条第十五款规定的事项。<改正 2010. 8. 4. ，2016. 1. 21. ，2018. 2. 5. >

（十七）搜查支援科长分管下列事项：<改正 2010. 8. 4. >

1. 检事长或者支厅长交付的重要特殊搜查案件的搜查支援；

2. 与第一项相关的犯罪搜查支援。

（十八）被害者支援科长分管下列事项：<改正 2010. 8. 4. ，2011. 3. 29. >

1. 被害者的投诉、通知、查阅记录及返还物证等的支援；

2. 法庭向导和作证支援；

3. 与受害者援助组织的联系和协调；

4. 被害救助审议会运营相关事项；

5. 与第一项至第五项相关的事项。

（十九）第十三条规定的地方检察厅或者支厅以外的地方检察厅或者支厅、第十三条第二款规定的总务部长的分管事务中有关职员指导、教育的事项；运营计划、审查分析的事项和法令事项由总务科长分管。<改正 2010. 8. 4. >

（二十）未设立记录管理科的地方检察厅或者支厅，记录管理科长的分管事务由案件科长负责。但是，未设立记录管理科而设执行科的地方检察厅或支厅对受刑通知和人名簿相关事项和判决原件以及有关案件记录的保存管理的事项，由执行科长分管。<改正 2010. 8. 4. >

（二十一）未设立刑事证据科的地方检察厅或者支厅，在刑事证据科长的分管事务中有关扣押财物保管、管理的事项由总务科长负责，收缴和处理扣押财物的事项由案件科长负责。<改正 2010. 8. 4. ，2012. 4. 10. >

（二十二）未设立公安科的地方检察厅或者支厅，公安科长分管事项由案件科长负责。但是，在部内设搜查科的地方检察厅由搜查科长分管。<改正 2010. 8. 4. >

（二十三）未设立调查科的地方检察厅或者支厅，调查科长的分管事项由搜查科长负责。<改正 2010. 8. 4. >

（二十四）未设立有组织犯罪调查科的地方检察厅或者支厅，有组织犯罪搜查科长的分管事项由搜查科长负责。<改正 2010. 8. 4. >

（二十五）未设立毒品搜查科的地方检察厅或者支厅，毒品搜查科长的分管事项由侦查科长负责。<改正 2010. 8. 4. >

（二十六）未设立搜查信息科的地方检察厅或者支厅，搜查信息科长的分管事项由搜查科长负责。<改正 2010. 8. 4. ，2018. 2. 5. >

（二十七）未设立公判科的地方检察厅或支厅，公审科长的分管事项由案件科长负责。但是，虽然未设立公判科却设立执行科的地方检察厅或支厅，对执行财产刑以外的赦免、减刑、复权、犯罪人引渡罪、刑事赔偿金以及采集 DNA 鉴定样品等相关事项，由执行科长负责。<改正 2010. 8. 4. >

（二十八）未设立公判诉务科的地方检察厅或支厅，公判诉务科长的分管事项由案件科长负责。<改正 2010. 8. 4. >

（二十九）未设立搜查支援科的地方检察厅或者支厅，搜查支援科长的分管事项由搜查科长负责。<改正 2010. 8. 4. >

（三十）未设立被害人支援科的地方检察厅或者支厅，被害人支援科长的分管事项由案件科长负责。<改正 2010. 8. 4. >

[本条新设 1979. 2. 26.]

第十八条　地方检察厅支厅设立科与分管事项

（一）在未设立事务局的地方检察厅支厅设立事务科，在地方检察厅事务局各科长的分管事务中，除公安科长、搜查科长、调查科长、组织犯罪调查科长以及毒品搜查科长的分管事务外，其他事务均由事务科长分管。<改正 1990. 5. 7.，1996. 3. 11.，1996. 12. 31.，2004. 12. 31.，2010. 8. 4. >

（二）第一款的支厅中，大邱地方检察厅浦项支厅、釜山地方检察厅西部支厅、昌源地方检察厅晋州支厅和全州地方检察厅群山支厅分别设立事务科、执行科与搜查科。水原地方检察厅骊州支厅、平泽支厅；春川地方检察厅江陵支厅、原州支厅；大田地方检察厅洪城支厅、瑞山支厅；、大邱地方检察厅安东支厅、庆州支厅和金千支厅；昌源地方检察厅马山分厅、统营分厅和光州地方检察厅木场支厅分别设立事务科和调查科，搜查科长分管第十七条第八款至第十二款规定的事项，执行科长分管第十七条第四款至第二十款及第二十七款规定的事项。<改正 1996. 12. 31.，1998. 2. 28.，1998. 12. 31.，2002. 2. 4.，2003. 2. 24.，2004. 1. 29.，2004. 12. 31.，2007. 2. 8.，2009. 2. 27.，2010. 8. 4.，2011. 8. 29.，2012. 4. 10.，2016. 5. 10.，2017. 2. 24.，2019. 2. 8. >

[全文改正 1989. 8. 26.]

第十九条　分管事务的交办、协作

（一）部长或者科长之间的业务分管竞合或者不明时，由各检察院的次长检事（次长检事为二人及以上的，未设立第一次长检事的情况下，次长检事是指厅长）指定部长或者科长负责。<改正 2010. 8. 4. >

（二）担当业务涉及其他部长或者科长分管事项时，经该部长或者科长协作的，应当通报结果。<改正 2010. 8. 4. >

[本条新设 1982. 8. 11.]

附　则

总统令第 29510 号，2019. 2. 8.

第一条　施行日

本令自公布之日起施行。但是，下列各项自 2019 年 3 月 1 日起施行：

1. 第十六条之三的第二款与第十六条之四的第一款（产业技术搜查部相关部分）的改正规定；

2. 第十六条之四第九款改正规定中水原地方检察厅相关事项；

3. 附表二与附表三的改正规定；

4. 附表四的改正规定中水原地方检察厅相关事项。

第二条　编制相关特例

检事以外的高等检察厅和地方检察厅（包括支厅）的公务员编制虽有附表二，但截至 2019 年 2 月 28 日，适用附表二的修改规定。

[附表一] <改正 2019. 5. 7.>

检事以外的大检察厅公务员编制表（第二条第一款相关）

总　　计	516（名）
一般职计	516
高位公务员团	1
检察部理事官或检察搜查书记官	2
检察搜查书记官	3
电算书记官或信息通信书记官	1
任期制书记官（非常安全担当官）	1
检察搜查书记官、检察事务官或毒品搜查事务官	15
检察搜查书记官、检察事务官或记录研究官	1
技术书记官、电算事务官或广播通信事务官	1
检察事务官	48
检察事务官或毒品搜查事务官	1
检察事务官或记录研究官	1
毒品搜查事务官	2
电算书记官或广播通信事务官	3
设施事务官或工业事务官	1
检察主事	79
毒品搜查主事	2
电算主事或广播通信主事	18
设施主事或工业主事	2
防护主事	1
检察主事补	87
毒品搜查主事补	2
电算主事补或广播通信主事补	19
设施主事补或工业主事补	1

续表

总　　计	516（名）
林业主事补	1
驾驶主事补	2
统计主事补	1
检察书记	61
毒品搜查书记	3
电算书记或广播通信书记	16
设施书记或工业书记	1
设施书记	2
电算书记补或广播通信书记补	7
防卫书记	2
驾驶书记补	19
防卫书记补	11
设施书记补或工业书记补	2
工业研究官、保健研究官、环境研究官、心理研究官或学艺研究官	10
工业研究士、保健研究士、环境研究士、心理研究士或学艺研究士	26
记录研究士	5
企划运营书记补	1
事务运营书记补	51
专门经历官（非常经历担当）	1
专门经历官（犯罪分析担当）	1
专门经历官（刑事图片鉴定、文书鉴定担当）	1

[附表二] <改正 2019. 3. 26.>

检事以外的高等检察厅与地方检察厅（包括支厅）公务员编制表

（第二条第二项相关）

总　　计	7976（名）
一般职计	7976
高位公务员团	25
检察部理事官或检察搜查书记官	15
检察搜查书记官	112
检察搜查书记官、检察事务官或毒品搜查事务官	52
检察事务官	407
检察事务官或毒品搜查事务官	5
毒品搜查事务官	18
设施事务官或工业事务官	1
电算事务官或广播通信事务官	4
检察主事	1386
毒品搜查主事	66
设施主事或工业主事	8
电算主事或广播通信主事	28
检察主事补	1799
毒品搜查主事补	82
司书主事补	2
司书主事补或记录研究士	1
设施主事补或工业主事补	14
林业主事补	1
电算主事补或广播通信主事补	35
驾驶主事补	3
防护主事补	3

续表

总　　计	7976（名）
检察书记	1039
毒品搜查书记	66
电算书记或广播通信书记	57
卫生书记	1
设施书记或工业书记	38
驾驶书记	7
防护书记	2
检察书记补	864
毒品搜查书记补	51
设施书记补或工业书记补	21
电算书记补或广播通信书记补	44
驾驶书记补	244
防护书记补	139
保健研究士	2
记录研究士	23
电器运营书记	1
机械运营书记	1
建筑运营书记补	1
电器运营书记补	4
热管理运营书记补	14
事务运营书记补	1289
专门经历官(通译担当)	1

[附表三]<改正 2019. 2. 8. >

各高等检察厅设立的部或事务局设立的科
（第十一条第一款相关）

厅名	部或事务局	科
首尔高等检察厅	诉务部	诉务事务第一科 诉务事务第二科
	事务局	总务科 案件科 管理科
大田高等检察厅 大邱高等检察厅 釜山高等检察厅 光州高等检察厅 水原高等检察厅	事务局	总务科 案件科

[附表四] <改正 2019. 2. 8. >

各地方检察厅与支厅设立的部或事务局设立的科
（第十七条第一款相关）

厅名	部或事务局	科
首尔中央地方检察厅	公安第一部 特别搜查第一部 特别搜查第二部 特别搜查第三部 调查第一部 强力部 公判第一部 事务局	公安科 搜查第一科、搜查情报科 搜查第二科 搜查支援科 调查科 有组织犯罪搜查科、毒品搜查科 公判科 总务科、案件科、执行第一科、执行第二科、记录管理科、刑事证据科、被害者支援科
首尔东部地方检察厅	刑事第一部 刑事第五部 公判部 事务局	调查科 搜查科 公判科 总务科、案件科、执行科
首尔南部地方检察厅	刑事第一部 刑事第五部 公判部 事务局	调查科 搜查科 公判科 总务科、案件科、执行科
首尔北部地方检察厅	刑事第一部 刑事第五部 公判部 事务局	调查科 搜查科 公判科 总务科、案件科、执行科
首尔西部地方检察厅	刑事第一部 刑事第三部 公判部 事务局	调查科 搜查科 公判科 总务科、案件科、执行科
议政府地方检察厅	刑事第三部 公判诉务部 事务局	搜查科 公判诉务科 总务科、案件科、执行科

续表

厅名	部或事务局	科
仁川地方检察厅	刑事第一部 特殊搜查部 强力部 公判诉务部 事务局	调查科 搜查科 毒品搜查科 公判诉务科 总务科、案件科、执行科
水原地方检察厅	刑事第一部 特殊搜查部 公判部 事务局	调查科 搜查科 公判科 总务科、案件科、执行科
春川地方检察厅	事务局	总务科、案件科、执行科、搜查科
大田地方检察厅	刑事第一部 特殊搜查部 事务局	调查科 搜查科 总务科、案件科、执行科
清州地方检察厅	事务局	总务科、案件科、执行科、搜查科
大邱地方检察厅	刑事第一部 特殊搜查部 公判部 事务局	调查科 搜查科 公判科 总务科、案件科、执行科
釜山地方检察厅	刑事第一部 特殊搜查部 强力部 公判部 事务局	调查科 搜查科 有组织犯罪搜查科、毒品搜查科 公判科 总务科、案件科、执行科
蔚山地方检察厅	公安部 事务局	公安科 总务科、案件科、执行科、搜查科
昌源地方检察厅	刑事第一部 事务局	调查科 总务科、案件科、执行科、搜查科

续表

厅名	部或事务局	科
全州地方检察厅	事务局	总务科、案件科、执行科、搜查科
济州地方检察厅	事务局	总务科、案件科、执行科、搜查科
釜山地方检察厅东部支厅	刑事第三部 事务局	搜查科 总务科、案件科、执行科
议政府地方检察厅高阳支厅	事务局	总务科、案件科、执行科、搜查科
仁川地方检察厅富川支厅	事务局	总务科、案件科、执行科、搜查科
水原地方检察厅城南支厅	事务局	总务科、案件科、执行科、搜查科
水原地方检察厅安山支厅	事务局	总务科、案件科、执行科、搜查科
水原地方检察厅安阳支厅	事务局	总务科、案件科、执行科、搜查科
大田地方检察厅天安支厅	事务局	总务科、案件科、执行科、搜查科
大邱地方检察厅西部支厅	事务局	总务科、案件科、执行科、搜查科
光州地方检察厅顺天支厅	事务局	总务科、案件科、执行科、搜查科

大韩民国法院组织法

[施行 2019.6.25. 法第 16037 号，2018.12.24.，部分改正]

第一编 总 则

<改正 2014.12.30.>

第一条 目的

本法根据宪法，以确定行使司法权的法院组织为目的制定。

[全文改正 2014.12.30.]

第二条 法院的权限

(一) 法院审判除宪法有特别规定外的所有法律上的争讼，依据本法与其他相关法律获得权限。

(二) 第一款不禁止行政机关作为前审进行的审判。

(三) 法院掌管或者监督登记、家族关系登录、委托、执行官、法务士等相关事务。

[全文改正 2014.12.30.]

第三条 法院的种类

(一) 法院分为以下七类：<改正 2016.12.27.>

1. 大法院；
2. 高级法院；
3. 特许法院；
4. 地方法院；
5. 家庭法院；
6. 行政法院；
7. 回生法院。

(二) 为处理部分地方法院及家庭法院事务的需要，可以在管辖区域设立支院、家庭支院、市法院或者郡法院（以下称市郡法院）及登记所。但是，地方法院及家庭法院的支院可以合二为一。

(三) 高等法院、特许法院、地方法院、家庭法院、行政法院、回生法院以及地方法院和家庭法院的支院、家庭支院、市郡法院的设立、废除及管辖区域另行制定法律，登记所的设立、废除及管辖区域依据大法院规则规定。<改正 2016. 12. 27. >

[正文改正 2014. 12. 30.]

第四条　大法官

（一）在大法院设立大法官。

（二）包括大法院长在内的大法官人数为十四名。

[全文改正 2014. 12. 30.]

第五条　判事[①]

（一）除大法院长和大法官以外的法官，即为判事。

（二）在高等法院、特许法院、地方法院、家庭法院、行政法院以及回生法院设立判事。<改正 2016. 12. 27. >

（三）判事的人数依据法律规定确定。但是，第二款规定的各级法院判事编制，由大法院规则确定。

[全文改正 2014. 12. 30.]

第六条　职务代理

（一）大法院长可以委任判事代理其他高等法院、特许法院、地方法院、家庭法院、行政法院或回生法院的判事职务。<改正 2016. 12. 27. >

（二）高等法院长或者地方法院长可以在其管辖区域内，委任判事依照第一款规定行使职务代理。但是，代理期间超过六个月的必须经过大法院长的许可。

[全文改正 2014. 12. 30.]

第七条　审判权的行使

（一）大法院长的审判权在全体大法官三分之二人数以上参加的合议审判机构行使，大法院长为审判长。但是，先由三名以上大法官组成部对案件进行预先审理，在达成一致意见的情况下，除下列规定的情形外可以在该部进行裁判：

1. 认定命令或者规则违宪的；

2. 认定命令或者规则违法的；

3. 认为有必要改正之前大法院判决的有关宪法、法律、命令或者规则的解释适用意见的；

4. 认定在部进行裁判不妥的。

---

① 判事：判事是法院法官中拥有独立通过法律调整或解决诉讼当事人之间矛盾的权力的公务员。法官，则是对在法院工作的公务员的通称。（译者注）

（二）大法院长认为必要时，可以令特定部专门负责审判行政、税收、劳动、军事、特许等案件。

（三）高等法院、特许法院及行政法院的审判权由三名法官组成的合议部行使。但是，行政法院的案件由独任判事审判，行政法院合议部决定的案件的审判权由独立判事行使。

（四）地方法院、家庭法院、回生法院以及地方法院和家庭法院的支院、家庭支院以及市郡法院的审判权由独立判事行使。<改正 2016. 12. 27. >

（五）地方法院、家庭法院、回生法院以及地方法院和家庭法院的支院、家庭支院需要进行合议审判的，由三名法官组成的合议部行使审判权。<改正 2016. 12. 27. >

[全文改正 2014. 12. 30.]

第八条　上级审裁判的约束力

上级法院裁判的判决，约束下级法院对该案件的审理。

[全文改正 2014. 12. 30.]

第九条　司法行政事务

（一）大法院长总括司法行政事务，指挥并监督司法行政事务相关的公务员。

（二）大法院长根据法律或大法院规则相关规定，或依据大法院令，可将部分司法行政事务的指挥与监督权委托法院行政处长或者各级法院的长官、司法研修院长、法院公务员或者法院图书馆长。

（三）大法院长认为有必要制定或修改法院组织、人事、运营、审判程序、登记、家庭关系登录、其他与法院业务相关的法律时，可以书面向国会提出意见。

[全文改正 2014. 12. 30.]

第九条之二　判事会议

（一）高等法院、特许法院、地方法院、家庭法院、行政法院以及回生法院和大法院规则指定的支院，设有作为有关司法行政咨询机关的判事会议。<改正 2016. 12. 27. >

（二）判事会议由判事组成，组织和运营所需的必要事项，依据大法院规则确定。

[全文改正 2014. 12. 30.]

第十条　高等法院等的事务局

（一）高等法院、特许法院、地方法院、家庭法院、行政法院以及以回生法院和大法院规则确定的支院设立事务局，并可以依据大法院规则确定高等法院及地方法院设立除事务局以外的其他局。<改正 2016. 12. 27. >

（二）第一款未设立事务局或事务局的支院和家庭支院，应当设立科，其设置及分管事务由大法院规章确定。

（三）对于高等法院及专利法院的事务局长的任命不属于第一款规定的事务局，而归属于其他事务局管理的地方法院，事务局长一职须由法院理事官或法院理事官补担任。高等法院局长、地方法院事务局长（不属于第一款规定的事务局的事务局长除外）及局长、家庭法院事务局长、行政法院事务局长、回生法院事务局长及根据大法院规定设置的支院的事务局长等职务须由法院副理事官或者法院书记官担任；科长须由法院副理事官、法院书记官、法院事务官或者登记事务官担任。<改正 2016. 12. 27. >

（四）事务局长、局长与科长接受上级的命令，掌管局或者科的事务，指挥和监督所属职员。

[全文改正 2014. 12. 30.]

第二编　大法院

<改正 2014. 12. 30. >

第十一条　最高法院

大法院为最高法院。

[全文改正 2014. 12. 30.]

第十二条　所在地

大法院设立在首尔特别市。

[全文改正 2014. 12. 30.]

第十三条　大法院长

（一）大法院设立大法院长。

（二）大法院长掌管大法院事务，指挥并监督大法院的支院与各级法院及其所属机关的司法事务。

（三）大法院长缺位或者因迫不得已的事由不能正常履行职务时，由前任大法院长代理履行其职权。

[全文改正 2014. 12. 30.]

第十四条　审判权

大法院对符合下列情形案件的审判为终审：

1. 对于高等法院或抗诉法院、特许法院判决的上告案件；

2. 对于抗告法院、高级法院或抗诉法院、特许法院的决定或命令的再抗告案件；

3. 依据其他法律属于大法院权限内的案件。

[全文改正 2014. 12. 30.]

第十五条　大法官的意思表示

大法院裁判书必须体现出参加合议部的所有大法官的意见。

[全文改正 2014. 12. 30.]

第十六条　大法官会议的组成与决议方式

(一) 大法官会议由大法官组成，大法院长成为议长。

(二) 大法官会议以全体大法官的三分之二人数以上出席，并以超过出席人数的一半赞成通过决议。

(三) 议长在表决中享有表决权，赞成与反对票数相同时具有决定权。

[全文改正 2014. 12. 30.]

第十七条　大法官会议的决议事项

下列事项，需要经大法官会议表决：

1. 判事的任命与连任的许可；
2. 有关制定和修改大法院规章的事项；
3. 有关判例收集与出版的事项；
4. 预算要求、备用金支出与结算相关的事项；
5. 依法令属于大法官会议权限的事项；
6. 大法院长交付会议讨论的特别重要的事项。

[全文改正 2014. 12. 30.]

第十八条　委任事项

大法官会议运营所需的必要事项，由大法院规则规定。

[全文改正 2014. 12. 30.]

第十九条　法院行政处

(一) 为管理司法行政事务的需要，在大法院设立法院行政处。

(二) 法院行政处管理法院的人事、预算、会计、设施、统计、诉讼、等级、家庭关系登录、委托、执行官、法务士、法令调查及司法制度研究等相关事务。

[全文改正 2014. 12. 30.]

第二十条　司法研修院

为管理判事的研修和司法研修生的见习事务，在大法院设立司法研修院。

[全文改正 2014. 12. 30.]

第二十条之二　司法政策研究院

为对司法制度及审判制度的改善进行研究，在大法院设立司法政策研究院。

[本条新设 2013. 8. 13.]

第二十一条　法院公务员教育院

为管理法院职员、执行官等的研修及培训事务，在大法院设立法院公务员教育院。

[全文改正 2014. 12. 30.]

第二十二条　法院图书馆

为支持审判事务和法律文化的繁荣，提供调查、收集、编纂管理、判例、法令、文献、史料等信息，在大法院设立法院图书馆。

[全文改正 2014. 12. 30.]

第二十三条　大法院长秘书室等

（一）大法院设立大法院长秘书室。

（二）大法院长秘书室设立室长，室长由判事或者政务职公务员担任，接受大法院长的命令管理秘书室事务，并指挥监督所属公务员。

（三）大法院秘书室的组织与运营相关的必要事项，由大法院规则确定。

（四）在大法院设立大法官秘书官。

（五）大法官秘书官由法院秘书官或相当于四级别定职公务员担任。

[全文改正 2014. 12. 30.]

第二十四条　裁判研究官

（一）在大法院设立裁判研究官。

（二）裁判研究官接受大法院长的命令，在大法院进行有关案件审理及审判的调查研究业务。

（三）裁判研究官可以从判事中选任，或者在三年以内的期间内可以任命非判事担任。

（四）裁判研究官中的非判事人员，由相当于二级或者三级别定职公务员依据《国家公务员法》第二十六条之五①规定的任期制公务员担任，其职制与资格由大法院规则确定。

（五）大法院长可以邀请、派遣其他国家机关、社会团体、教育机关、研究机关的所属公务员或支院从事裁判研究官事务。

（六）根据第五款规定派遣为研究官的，可以根据大法院规则规定支付津贴。

---

① 《国家公务员法》第 26 条之 5　勤务任用期限制公务员：（一）聘任权人在任用有经验的公务员时，可以任用一定的勤务期限的公务员（以下简称任期制公务员），以胜任专业知识、技术或聘用管理上具有特殊性的工作。（二）任期制公务员的任用条件、任用程序、工作年龄以及其他需要的事项，由总统令等规定。<改正 2015. 5. 18. > [本条新设 2012. 12. 11.]（译者注）

[全文改正 2014. 12. 30.]

第二十五条　司法政策咨询委员会

(一) 大法院长认为有必要时，可以设立司法政策咨询委员会作为大法院长的咨询机构。

(二) 司法政策咨询委员会由大法院长委任的七名品德高尚、司法政策学识渊博者组成，其组织和运营所需的必要事项由大法院规则确定。

[全文改正 2014. 12. 30.]

第二十五条之二　法官人事委员会

(一) 为审议法官人事等重要事项的需要，在大法院设立法官人事委员会(以下称人事委员会)。

(二) 人事委员会审议下列事项：

1. 设立人事基本计划相关事项；

2. 第四十一条第三款关于任命判事的相关事项；

3. 第四十五条之二关于判事连任的相关事项；

4. 第四十七条关于法官退休的相关事项；

5. 其他大法院长交付会议讨论的特别重要事项。

(三) 人事委员会由包括一名委员长在内的十一名委员组成。

(四) 委员由大法院长任命或者委派符合下列各项人员担任：

1. 三名法官；

2. 由法务部长推荐的二名检事，但是仅参加第二款第二项规定的有关新任检事任命事项的审议；

3. 由大韩律师协会长推荐的二名律师；

4. 由社会法人韩国法学教授会长与社团法人法学专门大学院协议会理事长各自推荐的一名法学教授；

5. 学识渊博、品德高尚，在各个专业领域经验丰富，且不具备律师资格者二人。在这种情况下，有一名及以上为女性。

(五) 委员长由大法院长在委员中任命或委任。

(六) 除第一款至第五款规定的事项外，人事委员会的构成和运营等所需的必要事项由大法院规则确定。

[全文改正 2014. 12. 30.]

第三编　各级法院

<改正 2014. 12. 30. >

第一章　高等法院

<改正 2014. 12. 30. >

第二十六条　高等法院长

（一）高等法院设立高等法院长。

（二）高等法院长从判事中任命。

（三）高等法院长掌管法院的司法行政事务，指挥和监督所属公务员。

（四）高等法院长缺位或者因不得已的原因不能履行职务时，以首席部长判事、前任部长判事的顺序代理其权限。

（五）高等法院设高等法院长秘书官。

（六）高等法院长秘书官从法院事务官或者相当于别定职五级公务员①中选任。

[全文改正 2014. 12. 30.]

第二十七条　部

（一）高级法院设立部。

（二）在部设立部长判事。

---

① 《国家公务员法》第 2 条　公务员的划分：（一）国家公务员（以下称“公务员”）分为资历公务员和特殊资历公务员。（二）所谓“资历公务员”，是指根据业绩和资格聘用，并保障其终身公务员身份（规定公务员身份的工作时间内），以公务员身份从事下列情形的公务员工作者：1. 一般职公务员：负责技术、研究或行政事务的公务员；2. 特定职公务员：法官、检察官、外务公务员、警察公务员、消防公务员、教育公务员、军人、军务员、宪法法院宪法研究官、国家情报院的职员和特殊领域工作的公务员，以及在其他法律中指定为特定职务的公务员；3. 删除。（三）“特殊资历公务员”，是指如下列情形的资历公务员以外种类者：1. 政务职公务员；甲．当选举时就职或任命时需要国会同意的公务员；乙．负责高层决策或辅助高层决策业务的公务员，只负责法律或总统令（相当于总统秘书室及国家安保室组织的总统令）的公务员；2. 别政职公务员：执行秘书、秘书等辅佐业务及执行特定业务的公务员，在法令中指定为别政级的公务员；3. 删除；4. 删除。（四）根据第 3 项除规定别政级公务员的招聘条件、聘用程序、工作年龄上限以外，其他必要事项依据国会、大法院、宪法裁判所、中央选举管理委员会规定或者大总统令（以下简称“总统令”）规定执行。（译者注）

（三）部长判事在该部内的裁判中担任裁判长，并根据高等法院长的指挥，监督该部的事务。

（四）执行裁判业务必要时，根据大法院规则的规定，可以委托高等法院的部处理其管辖区域内地方法院的事务。

（五）根据第四款处理地方法院事务的高级法院的部为二个或以上时，大法院长可以指定主管该部相关司法行政事务的法官。

[全文改正 2014. 12. 30.]

第二十八条　审判权

高等法院审判下列案件。依照第二十八条之四第二款属于特许法院权限的案件除外。<改正 2015. 12. 1.，2016. 12. 27.>

1. 地方法院合议部、家庭法院合议部、回生法院合议部或行政法院的第一审判决、审判、决定、命令的抗诉或抗告案件。

2. 地方法院独立判事、家庭法院独立判事第一审判决、审判、决定、命令的抗诉或者抗告案件。除刑事案件以外，由大法院规则规定的案件。

3. 依照其他法律属于高等法院权限的案件。

[全文改正 2014. 12. 30.]

第二章　特许法院

<改正 2014. 12. 30.>

第二十八条之二　特许法院长

（一）特许法院设特许法院长。

（二）特许法院长从判事中选任。

（三）特许法院长掌管该法院的司法行政事务，指挥和监督所属公务员。

（四）特许法院适用本法第二十六条第四款至第六款之规定。

[全文改正 2014. 12. 30.]

第二十八条之三　部

（一）特许法院设立部。

（二）特许法院，适用本法第二十七条第二款和第三款。

[全文改正 2014. 12. 30.]

第二十八条之四　审判权

特许法院审判下列案件：<改正 2015. 12. 1.，2016. 2. 29.>

（一）《特许法》第一百八十六条第一款[①]、《实用新型法》第三十三条[②]、《设计保护法》第一百六十六条第一款[③]以及《商标法》第一百六十二条[④]规定的第一审案件。

（二）《民事诉讼法》第二十四条第二款和第三款规定的抗诉案件。

（三）依照其他法律属于特许法院权限的案件。

[全文改正 2014. 12. 30.]

第三章　地方法院

<改正 2014. 12. 30.>

第二十九条　地方法院长

（一）地方法院设立地方法院长。

（二）地方法院长从判事中选任。

（三）地方法院长掌管该法院和所属的分院、市郡法院以及登记所的司法行政事务，指挥和监督所属公务员。

（四）地方法院适用本法第二十六条第四款至第六款之规定。

[全文改正 2014. 12. 30.]

---

① 《专利法》第186条　对裁决等的诉讼：（一）撤销专利决定或者对裁决和撤销专利申请书、审判申请书、再审申请书驳回决定的诉讼，为专利法院的专属管辖。<改正 2016. 2. 29.>（译者注）

② 《实用新型法》第33条　适用《专利法》的审判：实用新型的审判、复审和诉讼适用《专利法》第132条之17、第133条之2、第137条、第139条之2、第140条、第140条之2、第141条至第153条、第153条之2、第154条至第166条、第170条至第172条、第176条、第178条至第188条、第188条之2、第189条至第191条与第191条之2。（译者注）

③ 《设计保护法》第166条　对裁决等的诉讼：（一）对裁决的上诉和依照第124条第1款（包括第164条所适用的情形）所适用的第49条第1款所作的驳回决定以及对申请审判和驳回申请再审决定的起诉，由专利法院专属管辖。（译者注）

④ 《商标法》第162条　有关裁决等：（一）依照审决的上诉和第123条第1款（包括第161条所适用的情形）所适用的第42条第1款保证驳回的决定以及审判请求书或者再审请求书驳回决定的起诉，由专利法院专属管辖。（二）依照第1款规定的诉讼只有当事人、参加人或者申请参加有关审判或者再审被拒绝的才可以提出。（三）依照第1款提起诉讼，应当在收到送达之日起30日内提出审议或者决定的副本。（四）第3款的期间是不变期间。但是审判长可以根据《产业通商资源部令》规定的职权，对岛屿、偏僻等交通不便地区适当放宽不变期间。（五）可以请求审判的事项的诉讼，不是有关裁决的不能提出。（六）第152条第1款审判费用的审理或者决定，不得依照第1款独立提起诉讼。（七）对于专利法院依照第1款作出的判决，可以向大法院上诉。（译者注）

第三十条　部

(一) 地方法院设立部。

(二) 地方法院适用本法第二十条第二款与第三款之规定。

[全文改正 2014. 12. 30.]

第三十一条　支院

(一) 地方法院的支院和家庭支院设立支院长。

(二) 支院长从判事中选任。

(三) 支院长受所属地方法院长的指挥，负责该支院和辖区内市郡法院的司法行政事务，指挥和监督所属公务员。

(四) 设有事务局的分院的支院长受所属地方法院长的指挥，掌管辖区内登记所的事务，指挥和监督所属公务员。

(五) 地方法院的支院和家庭支院可以设立部。

(六) 根据第五款设立部的地方支院和家庭支院，适用本法第二十七条第二款和第三款。

[全文改正 2014. 12. 30.]

第三十一条之二　家庭支院的管辖

在未设立家庭法院的地区，属于家庭法院权限的事项，由家庭支院管辖。但是，家庭法院独立判事的判决、审判、决定、命令的抗诉或者抗告案件的审判除外。

[全文改正 2014. 12. 30.]

第三十二条　合议部的审判权

(一) 地方法院及其支院的合议部对下列案件作一审审判：<改正 2016. 1. 6. >

1. 合议部决定由合议部审判的案件；

2. 大法院规则规定的民事案件；

3. 死刑、无期徒刑或者短期内判处一年以上劳役或者有期徒刑的案件。但是，下列案件除外：

甲，属于《刑法》第二百五十八条之二[①]、第三百三十一条[②]、第三百三十二条（以第三百三十一条的惯常犯为限）及其未遂罪[③]；第三百五十条之二及其未遂罪[④]；第三百六十三条[⑤]规定之案件；

乙，属于《暴力行为处罚法》第二条第三款第二项[⑥]和第三项[⑦]、第六条[⑧]（以第二条第三款第二项、第三项未遂罪为限）及第九条[⑨]所列的案件；

丙，属于违反《兵役法》的案件；

---

① 《刑法》第 258 条之 2　特殊伤害：(一) 携带具有威力或者危险物品至团体或者公众聚集区域，实施第 257 条第 1 款或者第 2 款之罪的，处 1 年以上 10 年以下有期徒刑。(二) 以团体、聚众的暴力或者携带危险物品实施第 258 条之罪的，处 2 年以上 20 年以下有期徒刑。(三) 第 1 款未遂犯，予以处罚。[本条新设 2016. 1. 6.]（译者注）

② 《刑法》第 331 条　特殊盗窃：(一) 夜间破坏门窗、墙壁或者部分建筑物侵入他人住宅、看守的房屋、建筑物、船舶或者占有的房屋窃取他人财物的，处 1 年以上 10 年以下有期徒刑。(二) 携带凶器或者二人以上共同实施前条之罪的，处罚同前款。（译者注）

③ 《刑法》第 332 条　惯常犯：惯常性实施第 329 条至第 331 条之 2 之罪的，其刑罚加重其罪所定刑量的 1/2。<改正 1995. 12. 29. >（译者注）

④ 《刑法》第 350 条之 2　特殊恐吓：以团体、聚众的暴力或者携带危险物品实施第 350 条之罪的，处 1 年以上 15 年以下有期徒刑。[本条新设 2016. 1. 6]（译者注）

⑤ 《刑法》第 363 条　惯常犯：(一) 习惯性实施前款之罪的，处 1 年以上 10 年以下有期徒刑。(二) 第 1 款情况下，可并处 10 年以下停止资格或者 1500 万元以下罚金。<改正 1995. 12. 29. >（译者注）

⑥ 《暴力行为处罚法》第 2 条第 3 款第 2 项　实施第 2 款第 2 项规定之罪的，处 1 年以上 12 年以下有期徒刑。[全文改正 2014. 12. 30.]（译者注）

⑦ 《暴力行为处罚法》第 2 条第 3 款第 3 项　实施第 2 款第 3 项规定之罪的，处 2 年以上 20 年以下有期徒刑。[全文改正 2014. 12. 30.]（译者注）

⑧ 《暴力行为处罚法》第 6 条　未遂犯：第 2 条、第 3 条、第 4 条第 2 款 [《刑法》第 136 条、第 255 条、第 315 条、第 335 条、第 337 条（以抢劫伤害罪为限）、第 340 条第 2 款（以海上抢劫伤害罪为限）或者第 343 条罪的情况除外] 以及第 5 条未遂犯予以处罚。[全文改正 2014. 12. 30.]（译者注）

⑨ 《暴力行为处罚法》第 9 条　司法警察官的渎职：(一) 司法警察官对违反本法规定之罪者不进行搜查或者明知犯罪者却不逮捕或者泄露搜查信息导致犯罪者逃跑的，处 1 年以上有期徒刑。(二) 收受、索要或约定贿赂实施第 1 款之罪的，处 2 年以上有期徒刑。[全文改正 2014. 12. 30.]（译者注）

丁，属于《特定犯罪加重处罚法》第五条之三第一款①、第五条之四第一款和第三款②以及第五条之十一③所列的案件；

戊，属于《取缔保健犯罪特别处置法》第五条④所列的案件；

己，属于《非法支票管制法》第五条⑤所列的案件；

庚，属于《道路交通法》第一百四十八条之二第一款和第二款⑥所列的案件；

4. 与第三项的案件同时审判的共犯案件；

---

① 《特定犯罪加重处罚法》第 5 条之 3 第 1 款　对逃逸车辆驾驶人的重罚：（一）以《道路交通法》第 2 条规定的汽车、动力装置自行车或者轨道交通运输工具，违反《刑法》第 268 条之罪，该车辆的运输人员（以下称"事故运输者"）不按照《道路交通法》第 54 条第 1 项规定采取措施救护被害人却逃逸的，依照下列情形分别予以较重处罚：1. 致使被害人死亡、逃逸或者逃逸后被害人死亡的，处无期徒刑或者五年以上有期徒刑；2. 造成被害人受到伤害的，处 1 年以上有期徒刑或者 500 万元以上 3000 万元以下罚金。[全文改正 2010. 3. 31.]（译者注）

② 《特定犯罪加重处罚法》第 5 条之 4 第 1 款：实施《刑法》第 329 条至第 331 条之罪（包括未遂犯）的，处 2 年以上 20 年以下有期徒刑。《特定犯罪加重处罚法》第 5 条之 4 第 3 款：实施《刑法》第 362 条之罪的，处 2 年以上 20 年以下有期徒刑。[全文改正 2010. 3. 31.]（译者注）

③ 《特定犯罪加重处罚法》第 5 条之 11　危险驾驶致人死亡：在饮酒或者药物影响正常驾驶困难的情况下，驾驶机动车（包括动力装置自行车）致人伤害的，处 1 年以上 15 年以下有期徒刑或者 1000 万元以上 3000 万元以下罚金；致人死亡的，处无期徒刑或者三年以上有期徒刑。[全文改正 2010. 3. 31.]（译者注）

④ 《取缔保健犯罪特别处置法》第 5 条　不正当医疗业者的处罚：违反《医疗法》第 27 条规定，以营利为目的且有下列行为之一的，处无期徒刑或者 2 年以上有期徒刑并处 100 万元以上 1000 万元以下罚金：1. 非职业医师者从事医疗的行为；2. 非牙科医生者从事以牙科为业的行为；3. 非中医职业者从事以中医为业的行为。　[全文改正 2011. 4. 12.]（译者注）

⑤ 《非法支票管制法》第 5 条　伪造、变造者的刑事责任：伪造、变造支票的，处 1 年以上有期徒刑和 10 倍以下罚金。[全文改正 2010. 3. 24.]（译者注）

⑥ 《道路交通法》第 148 条之 2　罚则：（一）有下列情形之一的，处 1 年以上 3 年以下有期徒刑或者 500 万元以上 1000 万元以下罚金：<改正 2018. 3. 27. >1. 违反第 44 条第 1 款两次以上的（以驾驶机动车等或者路面电车的人为限）再违反本条第 1 款，在醉酒状态下驾驶机动车等或者动力装置自行车的；2. 有相当的理由认为处于醉酒状态者，不按照第 44 条第 2 款配合警务人员测验的（以驾驶机动车等或者动力装置自行车为限）。（二）违反第 44 条第 1 款，醉酒状态下驾驶机动车等或者动力装置自行车的，依照下列区分处罚：1. 血液酒精浓度在 0. 2%以上的，处 1 年以上 3 年以下有期徒刑或者 500 万元以上 1000 万元以下罚金……［全文改正 2011. 6. 8. ］［施行日：2019. 3. 28. ］第 148 条第 2 款第 1 项修改规定中关于动力装置自行车的事项。［实施日：2019. 3. 28. ］（译者注）

5. 被地方法院判事排斥或回避的案件；

6. 依照其他法律属于地方法院合议部权限的案件。

（二）地方法院独立判事的判决、决定、命令的抗诉或抗告案件中不属于第二十八条第二款的案件，由地方法院本院合议部和春川地方法院江陵支院合议部进行二审审判。但是，依照本法第二十八条之四第二款属于特许法院权限的案件除外。<改正 2015. 12. 1. >

[全文改正 2014. 12. 30.]

[第三十二条施行日：2019. 6. 25.]

第三十三条　市郡法院

（一）大法院长在地方法院或者其支院所属的判事中指定其所管辖的市郡法院的判事，委托审判市郡法院管辖的案件。在这种情况下，可以指定一名判事为两个以上市郡法院的判事。

（二）市郡法院的判事受所属地方法院长或者支院长的指挥，掌管市郡法院的司法行政事务，指挥和监督所属职员。但是，家事案件受管辖该地区的家庭法院长或者支院长指挥。

[全文改正 2014. 12. 30.]

第三十四条　市郡法院的管辖

（一）市郡法院管辖下列案件：

1. 适用《小额案件审判法》的民事案件；

2. 和解、催促及调停有关的案件；

3. 二十万元以下的罚金、拘留或者科料的犯罪案件；

4. 《家庭关系登记法》第七十五条[①]规定的协议离婚。

（二）第一款第二项及第三项的案件因不服申请隶属于第一审法院的，由其所属的地方法院或者支院管辖。但是，适用《小额案件审判法》的案件，由相应的市郡法院管辖。

（三）有第一款第三项情形的犯罪案件，应即决审判。

[全文改正 2014. 12. 30.]

---

① 《家庭关系登记法》第 75 条　协议离婚的确认：（一）协议离婚的，应当经管辖登录基准地或者住所地的家庭法院确认后申报。但是，未居住在国内的情形下其确认应由首尔家庭法院管辖。（二）第 1 款的申报，应当由协议离婚者在家庭法院交付或者送达确认书副本之日起 3 个月内附送该判决书副本。（三）第 2 款期限届满，该家庭法院的确认失效。（四）关于家庭法院的确认程序和申报等必要事项，由大法院规则规定。（译者注）

第三十五条　即决审判的正式裁判请求

第三十四条的即决审判，被告人自收到通知起七日内请求正式裁判。

[全文改正 2014. 12. 30.]

第三十六条　登记所

(一) 登记所设立所长。

(二) 所长从法院书记官、法院事务官或者登记事务官中选任。

(三) 所长受所属地方法院长或者设有事务局的支院长的指挥，负责登记所的事务，指挥和监督所属职员。

[全文改正 2014. 12. 30.]

第四章　家庭法院

<改正 2014. 12. 30.>

第三十七条　家庭法院长

(一) 家庭法院设立家庭法院长。

(二) 家庭法院长从判事中任命。

(三) 家庭法院长掌管该院和所属支院的司法行政事务，指挥和监督所属公务员。但是，依据第三条第二款但书设有支院的，家庭法院长指挥并监督其支院的家庭案件、少年保护以及家族关系登记有关事项。

(四) 家庭法院适用本法第二十六条第四款至第六款之规定。

[全文改正 2014. 12. 30.]

第三十八条　部

(一) 家庭法院设立部。

(二) 家庭法院适用本法第二十七条第二款和第三款之规定。

[全文改正 2014. 12. 30.]

第三十九条　支院

(一) 家庭法院支院设立支院长。

(二) 支院长受所属家庭法院长的指挥，掌管支院的司法行政事务，指挥和监督所属公务员。

(三) 家庭法院的支院，适用本法第二十七条第二款、第三款和第三十一条第二款、第五款之规定。

[全文改正 2014. 12. 30.]

第四十条　合议部的审判权

(一) 家庭法院、家庭法院支院的合议部对下列案件进行第一审审判：

1.《家事诉讼法》中规定的家事诉讼和戊类、家事非讼案件中大法院规定的案件；

2. 被家庭法院判事排斥或回避的案件；

3. 依照其他法律属于家庭法院合议部权限的案件。

（二）家庭法院独立判事的判决、审判、决定、命令的抗诉或者抗告案件中，不属于第二十八条第二款的案件，由家庭法院本院合议部及春川家庭法院江陵分院合议部进行第二审审判。

[全文改正 2014. 12. 30.]

第五章　行政法院

<改正 2014. 12. 30. >

第四十条之二　行政法院长

（一）行政法院设立行政法院长。

（二）行政法院长从判事中任命。

（三）行政法院长掌管法院的司法行政事务，指挥和监督所属公务员。

（四）行政法院适用本法第二十六条第四款至第六款之规定。

[全文改正 2014. 12. 30.]

第四十条之三　部

（一）行政法院设立部。

（二）行政法院适用本法第二十七条第二款与第三款之规定。

[全文改正 2014. 12. 30.]

第四十条之四　审判权

行政法院对依照《行政诉讼法》规定的行政案件以及依照其他法律规定属于行政法院管辖的案件进行一审审判。

[全文改正 2014. 12. 30.]

第六章　回生法院

<新设 2016. 12. 27. >

第四十条之五　回生法院长

（一）回生法院设立回生法院长。

（二）回生法院长从判事中任命。

（三）回生法院长掌管法院的司法行政事务，指挥和监督所属公务员。

（四）回生法院适用本法第二十六条第四款至第六款之规定。

[本条新设 2016. 12. 27.]

第四十条之六　部

（一）回生法院设立部。

（二）回生法院适用本法第二十七条第二款与第三款之规定。

［本条新设 2016. 12. 27. ］

第四十条之七　合议部的审判权

（一）回生法院的合议部对下列案件进行第一审审判：

1. 根据《债务人回生和破产法》属于回生法院合议部权限的案件；

2. 合议部决定由合议部审判的案件；

3. 被回生法院判事排斥或回避的案件，以及根据《债务人回生和破产法》第十六条[①]对管理委员回避的案件；

4. 依照其他法律属于回生法院合议部权限的案件。

（二）回生法院独立判事的判决、决定、命令的抗诉或者抗告案件，由回生法院合议部进行二审审判。

［本条新设 2016. 12. 27. ］

第四编　法官

<改正 2014. 12. 30. >

第四十一条　法官的任命

（一）大法院长在得到国会的同意后，由总统任命。

（二）大法官由大法院长推荐，经国会同意后，由总统任命。

---

① 《债务人回生和破产法》第 16 条　管理委员会的组成等：（一）管理委员会由包括 1 名委员长在内的 3 人以上 15 人以内的管理委员组成。（二）管理委员每届任期 3 年。（三）管理委员由符合下列情形在回生法院长中委任：<改正 2010. 5. 17. ，2016. 12. 27. >1. 具有律师或者注册会计师资格的；2.《银行法》规定以外根据总统令规定从事法人 15 年以上的；3. 在上市企业任职的；4. 获得法律学、经营学、经济学或类似硕士学位并从事该领域工作 7 年以上的；5. 第 1 项至第 4 项规定的人员，具有丰富学识和经验的。（四）有下列情形之一的，不得担任管理委员：<改正 2016. 5. 29. >1. 被成年监护人、被限制监护人或者被宣告破产未恢复权利的；2. 被判处监禁以上刑罚，执行完毕（包括认为执行完毕）或者自执行免除之日起不满 5 年的；3. 被判处监禁以上刑罚缓刑，缓刑期限届满之日起不满 2 年的；4. 被判处监禁以上刑罚并在缓刑期间的；5. 根据其他法律或者法院判决停止或者丧失资格的；（五）管理委员会以过半数在籍委员出席和过半数出席委员赞成的结果作出决议。（六）管理委员会的设置、组织运营、管理委员的资格要求、身份保障和惩戒等，由大法院规则规定。（七）管理委员在依照《刑法》以外法律规定的处罚规则时，视为公务员。（译者注）

（三）判事经过人事委员会的审议，并得到大法官会议的同意后，由大法院长任命。

［全文改正 2014. 12. 30.］

第四十一条之二　大法官后补推荐委员会

（一）为大法院长提名大法官候选人的推荐需要，在大法院设立大法官候选人推荐委员会（以下称推荐委员会）。

（二）当大法院长推荐大法官候选人时，需要组成由一名委员长在内的十名委员组成的推荐委员会。

（三）委员由大法院长任命或者委派符合下列条件者组成：

1. 前任大法官；

2. 法院行政处长；

3. 法务部长官；

4. 大韩律师协会长；

5. 社团法人韩国法学教授会长；

6. 社团法人法学专门大学院协议会理事长；

7. 非大法官以外法官一名；

8. 学识渊博、品德高尚，在各个专业领域经验丰富，且不具备律师资格者三人。在这种情况下，应有一名及以上为女性。

（四）委员长由大法院长在委员中任命或委任。

（五）推荐委员会经大法院长或委员三分之一以上提请，或者在委员长认为有必要时，由委员长召集在籍委员经半数赞成则通过决议。

（六）推荐委员会推荐三倍以上（推荐大法官为二人以上时，指各自的倍数）的人数，作为大法官的候选人。

（七）大法院长提请推荐大法官候选人时，尊重推荐委员会的推荐。

（八）推荐委员会根据第六款推荐大法官候选人后，该推荐委员会可解散。

（九）除第一款至第八款规定的事项外，推荐委员会的组成和运营等必要事项，由大法院规则确定。

［全文改正 2014. 12. 30.］

第四十二条　任用资格

（一）大法院长和大法官自从事下列职业二十年以上且四十五岁以上人员中任用：

1. 判事、检事、律师；

2. 具有律师资格，在国家机关、地方自治团体，根据《公共机关运营法》第四条①规定的公共机关以及其他法人从事法律相关事务者；

3. 具有律师资格，在大学任法学专业助教授以上职位者。

（二）判事自从事第一款各项十年以上者中选任。

（三）从事第一款所列各项二个以上者，任职年限合并计算。

[全文改正 2014. 12. 30.]

第四十二条之二　删除<2007. 5. 1.>

第四十二条之三　职务权限的限制

（一）根据第四十二条第一款各项所列职业在职期间合计后未满五年的判事，对法庭辩论作出判决的案件不能独立进行审判。

（二）第一款判事不能作为合议部的裁判长。

[全文改正 2014. 12. 30.]

第四十二条之四　删除<1999. 12. 31.>

第四十三条　失格事由

符合下列情形之一者，不得任用为判事：

1. 根据其他法令不得任用为公务员者；

2. 被宣告徒刑以上处罚者；

3. 因弹劾被罢免不满五年者。

[全文改正 2014. 12. 30.]

---

① 《公共机关运行法》第 4 条　公共机关：（一）企划财政部部长作为非国家地方自治团体的法人、团体或者机关指定有下列情形之一的机关为公共机关：（改正 2008. 2. 29）1. 根据法律成立并由政府资助的机构；2. 根据法律直接成立，由政府出资的机关政府支援额（对于根据法令直接接受政府业务委托或被授予垄断性事业权的机关，包括其委托业务或因垄断性事业获得的收入额）占 1/2 以上的机关；3. 持有 50%以上的股份或者持有 30%以上的股份，并通过行使干部任命权等方式对该机关的政策决定拥有支配力的机构；4. 政府以第 1 款至第 3 款形式，持有 50%以上的股份或者拥有 30%以上的股份，通过行使干部任命权，对该机关的政策决定具有支配力；5. 第 1 项至第 4 项所列机关有单独或者两个以上机关加在一起持有 50%以上的股份，或者持有 30%以上的股份，通过行使干部任命权等，实际上对该机关的政策决定具有支配力；6. 第 1 项至第 4 项所列内容由政府或者设立机关出资设立的机构。（二）根据第 1 款的规定，企划财政部长官不能将下列机关指定为公共机关：<改正 2007. 12. 14.，2008. 2. 29.>1. 以相互扶助、增进福利、提高权益或者维护营业秩序为目的设立的机构；2. 由地方政府成立并负责其运作的机构；3.《广播法》规定的韩国广播公司和《韩国教育广播公社法》规定的韩国教育广播公社。（三）第 1 款第 2 项规定的政府资助和总收入的计算标准、办法以及同款第 3 项至第 5 项规定实际控制能力的标准，必要事项由总统令规定。（译者注）

第四十四条　补职

（一）判事的补职由大法院长决定。

（二）司法研修院长、高等法院长、特许法院长、法院行政处次长、地方法院长、家庭法院长、行政法院长、回生法院长和高等法院以及特许法院的部长判事，应在从事第四十二条第一款所列各项职业十五年以上者中任命。<改正 2016. 12. 27. >

[全文改正 2014. 12. 30.]

第四十四条之二　勤务成绩等的评价

（一）大法院长应为评价检事勤务成绩和资质，制定公正的评定标准。

（二）第一款对勤务成绩的评价标准应包括案件办理率和办理期限、上诉率、撤销率以及撤销理由等；评定资质应当包括诚实性、清廉性和亲和性等。

（三）大法院长根据第一款的评定标准，对判事进行评定，并将其结果反映在连任、补职及调任等人事管理上。

（四）除第一款至第三款规定的事项外，评定勤务成绩和资质的其他必要事项，由大法院规章确定。

[全文改正 2014. 12. 30.]

第四十五条　任期、连任与法定退休

（一）大法院长的任期为六年，不得重复任职。

（二）大法官任期六年，可以连任。

（三）判事任期十年，可以连任。

（四）大法院长和大法官的退休年龄分别为七十岁和六十五岁。

（五）当判事的退休日期在二月至七月之间的情况下，则退休时间为七月三十一日；当判事的退休日期在八月至第二年一月之间的情况下，则退休时间为一月三十一日。<新设 2018. 3. 20. >

[全文改正 2014. 12. 30.]

第四十五条之二　判事的连任

（一）判事任期届满后，经人事委员会审议，大法官会议同意，根据大法院长的连任令连任。

（二）大法院长对认为有下列情形之一的判事，不予下达连任令：

1. 因身体或者精神上的障碍，不能正常履行职务的；
2. 因勤务成绩显著不良，不能胜任判事职务的；
3. 明显有失判事身份的。

（三）判事连任程序的必要事项由大法院规则规定。

[全文改正 2014. 12. 30.]

第四十六条　法官的身份保障

（一）法官非经过弹劾决定或者受到宣告徒刑以上刑罚，不被罢免、不受处分暂停、不减薪或者其他不利处分。

（二）法官的报酬根据法律相关规定，依据职务和身份确定。

[全文改正 2014. 12. 30.]

第四十七条　因身体或者精神障碍的退职

法官因重大身体或者精神障碍不能正常履行职务时，为大法官的，由大法院长提请，总统可以责令其退职；为判事的，经人事委员会审议，大法院长可以责令其退职。

[全文改正 2014. 12. 30.]

第四十八条　惩戒

（一）大法院设立法官惩戒委员会。

（二）法官惩戒的有关事项另行法律规定。

[全文改正 2014. 12. 30.]

第四十九条　禁止事项

法官在职期间不得有下列行为：

1. 不得担任国会或者地方议会议员；
2. 不得担任行政部门公务员；
3. 不得参与政治活动；
4. 未经大法院长许可，不得从事获得报酬的其他事务；
5. 不得从事以金钱利益为目的的任何事务；
6. 未经大法院长批准，不管是否获得报酬，均不得担任国家机关以外的法人、团体等的顾问、委员、职员等职务；
7. 其他大法院规则规定的事项。

[全文改正 2014. 12. 30.]

第五十条　派遣勤务

大法院长接到其他国家机关发来的法官派遣勤务邀请时，在业务性质上认为派遣法官妥当的，且相关法官同意派遣勤务的，可以许可派遣并确定期间。

[全文改正 2014. 12. 30.]

第五十一条　休职

（一）大法院长在法官有下列情形之一的情况时，可以批准其在二年期间（第一项的情形，至服务期届满时止）内休职：

1. 根据《兵役法》，为服兵役征集、召集入伍的；
2. 在国内外法律研究机构、大学等进行法律研修或者为本人治病等原因请假的，且其请愿内容确认为有充分理由的。

（二）第一款在休职期间支付报酬的相关事项，由大法院规则规定。

[全文改正 2014. 12. 30.]

第五十二条　兼职等

（一）大法院长可以让法官兼任审判以外的其他职务（包括裁判研究官）。

（二）第一款的法官不得参与案件的审判，不按照第五条第三款算入判事的名额。

（三）第一款法官的名额由大法院规则规定，报酬按照其任职中最高额的款项支付。

[全文改正 2014. 12. 30.]

第五编　法院职员

<改正 2014. 12. 30. >

第五十三条　法院职员

法官以外的法院公务员由大法院长任命，名额由大法院规则另行规定。

[全文改正 2014. 12. 30.]

第五十三条之二　裁判研究员

（一）各级法院可设立裁判研究员。

（二）裁判研究员接受所属法院长的命令，对案件进行审理与裁判的调查、研究，并承担其他必要的业务。

（三）裁判研究员由大法院长自具有律师资格者中选任。

（四）裁判研究员为根据《国家公务员法》第二十六条之五的规定任期制公务员。

（五）裁判研究员的录用期间为三年。

（六）裁判研究员的编制及职务以及其他必要事项由大法院规则规定。

[全文改正 2014. 12. 30.]

第五十四条　司法辅佐官

（一）大法院和各级法院可以设立司法辅佐官。

（二）司法辅佐官可以从事大法院规则规定的下列业务：<改正 2016. 3. 29. ，2017. 12. 12. >

1.《民事诉讼法》（包括适用该法的情况）、《促进诉讼等特例法》所规定的诉讼费用及执行费用的计算核定程序、督促程序、公示催告程序，以及法院在《小额案件审判法》规定的劝阻履行程序中的事务；

2. 根据《民事执行法》（包括适用该法的情况）执行文书发布程序、债务不履行人名册记载程序、财产查询程序、对不动产的强制拍卖程序、对机动车和建设机械的强制拍卖程序、对动产的强制执行程序、以金钱债权以外的债权为基础的强制执行程序、执行担保权等拍卖程序、起诉命令程序，假扣押与假处分申请撤销执行程序中的法院事务；

3. 根据《房屋租赁保护法》及《商厦租赁保护法》，承租权登记命令程序中的法院事务；

4. 根据《家事诉讼法》规定的限制继承、放弃申报的受理和撤销限制、承认、撤销放弃申报的受理程序中的家庭法院事务；

5. 根据《家族关系登记法》的规定没有未成年子女当事人的情况下，协议离婚程序中的家庭法院事务。

（三）司法辅佐官接受法官的监督履行职务；对于司法助理的处分，根据大法院规则规定，可以向所属法官提出异议申请。

（四）司法辅佐官是从担任法院事务官或者注册事务官级别以上职务五年以上者、担任法院主事补或注册主事补以上职务十年以上者中，根据大法院规则选任。

（五）司法辅佐官的职务及人员以及其他必要事项，由大法院规则规定。

[全文改正 2014. 12. 30.]

[施行日：2018. 7. 1. 第五十四条第二款第四项、第五十四条第二款第五项。]

第五十四条之二　技术审理官

（一）特许法院设立技术审理官。

（二）法院认为必要时，可以决定让技术审理官参与《专利法》第一百八十六条第一款、《实用新型法》第三十三条及《设计保护法》第一百六十六条有关诉讼的审理。

（三）根据第二款的规定，参与诉讼审理的技术审理官经过裁判长的许可，可以就技术性事项向诉讼相关者提问，并在裁判合议中陈述意见。

（四）为了让特许厅等有关国家机关公务员担任技术审理官，大法院长可以邀请特许厅等有关国家机关派遣勤务。

（五）技术审理官的资格、职务、人员以及其他必要事项，由大法院规则规定。

[全文改正 2014. 12. 30.]

第五十四条之三　调查官

（一）大法院和各级法院可以设立调查官。

（二）调查官接受法官的命令，对大法院或法律规定的案件收集和调查相关的资料，及其他必要的业务。

（三）大法院长认为需要其他国家机关的公务员担任调查官的，可以邀请派遣勤务。

（四）调查官的资格、职务以及人员和其他必要事项，由大法院规则规定。

[全文改正 2014. 12. 30.]

第五十五条　执行官

（一）地方法院及其支院设立执行官。根据法律规定，执行官由所属的地方法院长任免。

（二）执行官依照法令规定从事审判的执行、送达文书和其他相关事务。

（三）执行官必须向所属地方法院缴纳保证金，以保证其忠实履行职务。

（四）第三款保证金及执行官的手续费，由大法院规则规定。

[全文改正 2014. 12. 30.]

第五十五条之二　法院保安管理队

（一）为了维护法庭的尊严、秩序和法院大楼的防护，在大法院和各级法院设立法院保安管理队。其设置和组织、分管事务等事项由大法院规则规定。

（二）法院保安管理队员位于法院大楼内，遇有下列情形之一可以使用有形力①或者警备棒、气体喷射器等保安装备。在这种情况下，有形力的使用应控制在必要的最低限度。

1. 危害他人生命、身体、财产等情况；
2. 妨害或者可能妨害法庭尊严和秩序的情况；
3. 妨碍或者可能妨碍法官或法院职员正常履行职务的情况；
4. 其他在法院大楼内扰乱或者可能扰乱秩序的情况。

（三）法院保安管理队员在为了确认是否携带凶器、其他危险物品或妨碍维持法院大楼内秩序的物品时，可以搜查法院大楼的出入者。

（四）第二款所列措施，应当事先对行为人提出警告。但是，在紧急情况下没有时间警告的情况除外。

[全文改正 2014. 12. 30.]

---

① 有形力，即徒手或使用器械的强制力。

第六编　裁　判

<改正 2014. 12. 30. >

第一章　法　庭

<改正 2014. 12. 30. >

第五十六条　开庭的场所

(一) 案件的公判在法庭进行。

(二) 法院长可以根据需要，允许在法庭以外的场所开庭。

[全文改正 2014. 12. 30.]

第五十七条　裁判的公开

(一) 裁判的审理和判决公开进行。但是，案件可能损害国家安全保障、安宁秩序或者公序良俗的情况，可以决定不公开。

(二) 第一款但书中的决定需要公开理由并宣告。

(三) 第一款但书中的决定作出后，裁判长可以允许其认为适合者留在法庭。

[全文改正 2014. 12. 30.]

第五十八条　维持法庭秩序

(一) 裁判长负责维持法庭秩序。

(二) 裁判长可以责令可能损害法庭尊严和秩序者禁止进入或者退出法庭，以及发布其他维持法庭秩序的必要命令。

[全文改正 2014. 12. 30.]

第五十九条　录像等的禁止

未经审判长的许可，任何人不得在法庭内录像、摄影或者转播等。

[全文改正 2014. 12. 30.]

第六十条　要求国家警察公务员的派遣

(一) 裁判长认为维持法庭秩序必要时，无论开庭前后均可以要求管辖地警察署长派遣国家警察公务员。

(二) 根据第一款要求派遣的国家警察公务员，受裁判长指挥，维持法庭内外的秩序。

[全文改正 2014. 12. 30.]

第六十一条　监置[①]

（一）在法庭内外有违反第五十八条第二款命令或第五十九条之规定行为的，或者因恶语、喧闹等严重妨害法院审理或者裁判威信的，可以决定处以二十日以内监置或者一百万元以下过怠金。此种情况下，监置和过怠金可以并处。

（二）第一款的监置，法院可以责令法院工作职员、教导官或者国家警察公务员立即对行为人实施拘束，并自拘束之日起二十四小时内作出监置裁判；不能裁判的，应当责令释放。

（三）监置在警察署拘留所、教导所或者看守所内执行。

（四）监置优先于监置对象因其他案件而被采取拘留和刑罚。在监置执行过程中，中止对监置对象因其他案件被拘留或者刑罚的执行，中止以监置对象作为当事人的原审理案件的诉讼程序。但是，法院有相当理由的，可以责令诉讼程序继续进行。

（五）对第一款的裁判，可以提起抗告或者特别抗告。

（六）第一款的裁判程序及其他必要事项，由大法院规则规定。

[全文改正 2014. 12. 30.]

第六十二条　法庭的用语

（一）在法庭使用国语。

（二）诉讼关系人不懂国语的情况下，依靠通译[②]。

[全文改正 2014. 12. 30.]

第六十二条之二　外国语辩论及专门法庭的设置

（一）专利法院拥有审判权的案件可以不受第六十二条规定限制，根据《民事诉讼法》第二十四条第二款和第三款[③]规定进行案件第一审的法院，在征得当事人同意后，可以准许其在法庭上使用外语辩论。但是这种情况下，

---

① “监置制度”，是指对有能力缴纳罚款却故意滞纳或者经常性滞纳者，通过法院的审判在缴纳罚款前拘留一段时间，以间接强制缴纳罚款的制度。“监置”是强制缴纳罚款的一种民事制裁，并不是对滞纳罚款者的刑罚等刑事制裁。此为大韩民国法务部《违反秩序行为限制法》的解释。（译者注）

② 韩国语里对“翻译”一词有两种正规的表示方式，译为中文后为通译、翻译，分别表示不同的翻译形式和方法。通译，即口语翻译；翻译，指笔译。（译者注）

③ 《民事诉讼法》第 24 条　知识产权等特殊审判：……（二）提起专利权等知识产权诉讼的，依照第 2 条至第 23 条规定，由管辖法院所在地的高等法院所在地的地方法院专属管辖。但是，首尔高等法院所在地的地方法院仅限于首尔中央地方法院。<新设 2015. 12. 1. >（三）根据第 2 款规定，当事人可以向首尔中央地方法院提起专利等知识产权诉讼。<新设 2015. 12. 1. >（译者注）

不适用《民事诉讼法》第一百四十三条[①]与第二百七十七条[②]之规定。

（二）特许法院长及根据《民事诉讼法》第二十四条第二款规定任命的地方法院长，可以指定专门的审判庭（以下称国际审判庭）对符合第一款规定的案件（以下称国际案件）进行审理。

（三）根据第一款的规定，在处理国际案件时，对于使用外语的范围案件的审理流程及国际审判庭的日常运营等必要事项，依据大法院规则规定。

[本条新设 2017. 12. 12.]

第六十三条　适用规定

法官在法庭以外场所履职的，适用第五十七条至第六十二条和第六十二条之二的规定。<改正 2017. 12. 12. >

[全文改正 2014. 12. 30.]

第六十四条　法院警卫

（一）大法院及各级法院设立法院警卫。

（二）法院警卫执行法官在法庭上命令的事务和大法院长指定的事务。

（三）法院认为适用执行官有困难时，可以责令警卫送达诉讼文书。

[全文改正 2014. 12. 30.]

第二章　合议

<改正 2014. 12. 30. >

第六十五条　合议的非公开

审判合议不公开。

第六十六条　合议的方法

（一）宪法和法律没有其他规定的，合议审判由过半数赞成通过决定。

（二）合议意见有三种及以上的，分别不能形成半数通过时，依照下列意见执行：

1. 额数情况：直至半数为止，最高额建议数，依次相加小额的意见数，取其中最小额的意见；

2. 刑事情况：直至半数为止，对被告人最不利的意见数，与有利意见数依次相加，取其中最有利的意见；

（三）第七条第一款规定的过半数决定事项，意见分为两种观点的，各观

---

① 《民事诉讼法》第 143 条　通译：（一）参加辩论的人不能说韩国语言，存在听、说障碍的，应当进行口译。但是，有上述障碍者可以用文字进行提问或陈述。（二）通译者适用本法有关鉴定人的规定。（译者注）

② 《民事诉讼法》第 277 条　翻译咨询附加：外文的文书要附有译文。（译者注）

点不能达到半数时，不能改变原审判决。

[全文改正 2014. 12. 30.]

第七编　大法院的机关

<改正 2014. 12. 30. >

第一章　法院行政处

<改正 2014. 12. 30. >

第六十七条　法院行政处长等

（一）法院行政处设立处长。

（二）处长经大法院长的指挥掌管法院行政处的事务，指挥、监督所属职员，监督法院的司法事务与职员。

（三）次长辅佐处长处理法院行政处事务，处长确为或因迫不得已的原因不能履行职务时，代行其职权。

（四）处长可以根据大法院规则规定或者大法院长命令向其所属的次长、室长、局长委托其管辖的部分事项。

（五）法院行政处设立法院行政处秘书官和法院行政处次长秘书官。

（六）法院行政处长秘书官从法院书记官或者相当于四级公务员中选任；法院行政处次长秘书官从法院事务官或者相当于五级别定职公务员中选任。

[全文改正 2014. 12. 30.]

第六十八条　任命

（一）法院行政处长由大法院长自大法官中任命。

（二）法院行政处次长由大法院长自判事中任命。

[全文改正 2014. 12. 30.]

第六十九条　国会出席权等

法院行政处长及次长可以在国会或者国务会议上就司法行政问题进行发言。

[全文改正 2014. 12. 30.]

第七十条　行政诉讼的被告

对大法院长作出的处分提起行政诉讼的，法院行政处长作为被告应诉。

[全文改正 2014. 12. 30.]

第七十一条　组织

（一）法院行政处设立室、局和科，其设置和分管事务由大法院规则规定。

（二）室设立室长、局设立局长、科设立科长。

（三）法院行政处处长、次长或者局长以下可以设立辅佐政策规划、计划立案、研究调查、考核评价和宣传业务等的审议官或者担当官，其职务名称和分管业务由大法院规则规定。

（四）室长自判事或者法院管理官中选任；局长自判事、设施理事官或者工业理事官、审议官与担当官、判事、法院理事官、法院副理事官、法院书记官、设施副理事官、设施书记官、工业副理事官或者工业书记官中选任；科长自法院副理事官、法院书记官、法院副书记官、设施书记官、工业副理事官或者工业书记官中选任。

（五）室长、局长与科长依照上级的命令处理室、局或者科的事务，指挥并监督所属支院。

[全文改正 2014. 12. 30.]

第二章　司法研修院

<改正 2014. 12. 30.>

第七十二条　司法研修生

（一）大法院长在通过司法考试的司法研修生中选任别定职公务员。

（二）司法研修生的见习期为二年。但是，在必要的情况下根据大法院规则，可以变更见习期。

（三）司法研修生有下列情形之一的，可以免职：

1. 属于《国家公务员法》第三十三条①所规定各项情形之一的；

---

① 《国家公务员法》第 33 条　失格事由：符合下列情形之一的，不得任用为公务员：1. 被成年监护人或者被限制监护人；2. 被宣告破产未恢复权利的；3. 被判处徒刑以上刑罚，执行完毕或者免除执行后不满 5 年的；4. 被判处徒刑以上刑罚，缓刑期满之日起不满 2 年的；5. 被判处徒刑以上刑罚，在缓刑期间的；6. 被法院判决或者依照其他法律丧失资格或者停止资格的；6-2. 担任公务员职务期间，实施《刑法》第 355 条和第 356 条规定之罪被判处罚金 300 万元以上，确定处罚后不满 2 年的；6-3. 实施《性暴力犯罪等特例法》第 2 条之罪被判处 100 万元以上罚金，确定处罚后不满 3 年的；6-4. 对未成年人有下列犯罪行为之一，被罢免、免职或者被宣告监护治疗确定刑罚或者监护的人（包括被宣告缓刑后已过缓刑期限的人）：甲．《性暴力犯罪处罚等特例法》第 2 条所规定的性暴力犯罪；乙．《儿童、青少年性保护法》第 2 条第 2 项所规定的以儿童、青少年为对象的性犯罪；7. 因受惩戒而被撤职未满 5 年的；8. 因受惩戒被撤职未满 3 年的。[全文改正 2008. 3. 28.] [实施日：2019. 4. 17.]（译者注）

2. 明显有失身份的情况；

3. 见习态度不认真，且成绩不佳的；

4. 由于疾病不能见习的。

（四）法院可依职权选定司法研修生为辩护人。

[全文改正 2014. 12. 30.]

第七十二条之二　司法研修生见习的目的

司法研修生的见习以通过研习作为法律专家的理论和实务，培养高度的伦理意识和对国民服务精神，助力于确立法治主义和发展民主主义作出贡献的法律人才为目的。

[全文改正 2014. 12. 30.]

第七十三条　组织

（一）司法研修院设立院长一名、副院长一名、教授及讲师。

（二）院长受大法院长指挥，掌管司法研修院的事务，指挥和监督所属职员。

（三）副院长辅助院长处理司法研修院事务，院长缺位或者因不得已的事由不能履行职务时，代行其职权。

（四）司法研修院设立司法研修院长秘书官和司法研修院副院长秘书官。

（五）司法研修院长秘书官和司法研修院副院长秘书官为法院事务官或者相当于五级别定职公务员。

[全文改正 2014. 12. 30.]

第七十四条　司法研修院长等

（一）司法研修院长自法官中选任，副院长自检事中选任。

（二）司法研修院教授符合下列条件之一的，经大法院长助理或者由司法研修院长推荐，提请大法院长任命：

1. 判事；

2. 检事；

3. 律师；

4. 具有学士学位或者硕士学位的，并有按照大法院规则确定的实绩或者经历者；

5. 具有博士学位者。

（三）讲师由司法研修院长自具有相当学识和经验者中委任。

（四）司法研修院的专职判事与检事不算入本法第五条第三款规定的判事额数，或者根据《检事定员法》规定的检事额数之内。

[全文改正 2014. 12. 30.]

第七十四条之二　教授的地位等

(一) 司法研修院教授（以下简称专任教授），不是判事或者检事的教授为别定职公务员。

(二) 专任教授的任期为十年，可以连任。但是，新任教授可以在三年的期间内，根据大法院规则规定定期聘任。

(三) 专任教授的退职年龄与判事同，惩戒相关事项适用《法官惩戒法》。这种情况下，《法官惩戒法》（第五条除外）中的“法官”被视为“专任教授”。

(四) 专任教授的职称和任用等，必要事项由大法院规则规定。

[全文改正 2014. 12. 30.]

第七十四条之三　客座教授

(一) 具有律师资格（包括外国律师资格）者或者在特殊领域具有专业知识和经验者，可以聘为客座教授。

(二) 第一款任用客座教授的程序、条件、服务以及其他必要事项，由大法院规章规定。

[全文改正 2014. 12. 30.]

第七十四条之四　教授要员的派遣

(一) 法院行政处长在司法研修院长提出申请时，可以向其他国家机关、公共团体、教育机构、研究机构、其他必要机关申请派遣教授要员。

(二) 根据第一款派遣到司法研修院的教授要员，可以根据大法院规则规定支付其津贴。

[全文改正 2014. 12. 30.]

第七十四条之五　司法研修院运营委员会

(一) 为了审议司法研修院的教育基本方向、教学科目及大法院规则规定的其他运营与教育的重要事项，设立司法研修院运营委员会。

(二) 运营委员会由大法院长委任的十名以上十五名以下委员组成，任期为二年，可以连任。

(三) 运营委员会的组织和运营的必要事项由大法院规则规定。

[全文改正 2014. 12. 30.]

第七十五条　事务局

(一) 在司法研修院设立事务局，在事务局设立科，其设置及分管事务由大法院规则规定。

(二) 局设立局长，科设立科长。

(三) 局长从法院理事官或者法院副理事官中任命；科长从法院副理事官、法院书记官或者法院事务官中任命。

（四）局长与科长接受上级命令主管局或者科的事务，指挥和监督所属职员。

[全文改正 2014. 12. 30.]

第七十六条　委任事项

司法研修生的任命、实习与报酬以及其他司法研修院运营的必要事项，由大法院规则规定。但是，要最大限度地保障司法研修院教育的自主性和运营的中立性。

[全文改正 2014. 12. 30.]

第三章　司法政策研究院

<新设 2013. 8. 13.>

第七十六条之二　组织

（一）司法政策研究院设院长一名、首席研究委员一名、研究委员和研究员。

（二）院长受大法院长指挥，掌管司法政策研究院的事务，指挥和监督所属职员。

（三）首席研究委员辅佐院长处理司法政策研究院的事务，院长缺位或因不得已的原因不能履行职务时，代理其权限。

（四）司法政策研究院设立司法政策研究院长秘书官。

（五）司法政策研究院长秘书官为法院事务官或者相当于别定职五级公务员。

[本条新设 2013. 8. 13.]

第七十六条之三　司法政策研究院长等

（一）司法政策研究院长及首席研究委员由大法院长通过大法官会议的同意，在法官中任命或者另行任命为政务职公务员。

（二）研究委员及研究员（以下称研究委员等）有下列情形之一的，由大法院长助理或者由司法政策研究院长提请，由大法院长任命：

1. 判事；

2. 具有律师资格者（包括外国律师资格）；

3. 具有学士学位或者硕士学位的，并有按照大法院规则确定的实绩或者经历者；

4. 具有博士学位者。

[本条新设 2013. 8. 13.]

第七十六条之四　非法官研究委员等的职位

（一）非判事的研究委员等（以下称非法官研究委员等）为《国家公务员法》第二十六条规定的任期制公务员。

（二）非法官研究委员等的任用程序、条件和服务相关的必要事项，由大法院规则规定。

[本条新设 2013. 8. 13.]

第七十六条之五　客座研究委员

（一）符合第七十六条之三第二款第二项至第四项规定情形之一者，或者在特殊领域具有专业知识和经验者，可以聘任为客座研究委员。

（二）第一款聘任客座研究委员的程序、条件和服务相关的必要事项，由大法院规则规定。

[本条新设 2013. 8. 13.]

第七十六条之六　司法政策研究运营委员会

（一）为审议司法政策研究院的运作和研究的有关重要事项，在司法政策研究院设立运营委员会。

（二）运营委员会由大法院长委任的九名委员组成，任期为二年，可以连任。但是，委员中有一半以上为非判事。

（三）运营委员会的组织和运营等必要事项由大法院规则规定。

[本条新设 2013. 8. 13.]

第七十六条之七　报告书发刊与国会报告

司法政策研究院应该每年发行包括下一个年度的研究推进计划和当年研究业绩报告书，并就此项内容向国会作报告。

[本条新设 2013. 8. 13.]

第七十六条之八　适用规则

司法政策研究院适用本法第七十四条之四和第七十五条。这种情况下，“教授”视为“研究委员等”。

[本条新设 2013. 8. 13.]

第七十六条之九　委任事项

司法政策研究院的运营等必要事项由大法院规则规定。

[本条新设 2013. 8. 13.]

第四章　法院公务员教育院

<改正 2014. 12. 30.>

第七十七条　组织

（一）法院公务员教育院设院长一名，以及教授和讲师。

（二）院长受大法院长指挥，掌管法院公务员教育院的事务，指挥和监督所属职员。

［全文改正 2014. 12. 30.］

第七十八条　院长等

（一）法院公务员教育院长从判事或者政务职中选任。

（二）非判事担任法院公务员教育院长的，其报酬与次官等同。

［全文改正 2014. 12. 30.］

（三）教授由法院副理事官、法院书记官、相当于三级或者四级别任职公务员担任。

（四）讲师由法院公务员教育院长在具有相当学识和经验者中选任。

［全文改正 2014. 12. 30.］

第七十九条　适用规定

法院公务员教育院设立事务局等相关事项，适用本法第七十五条。

［全文改正 2014. 12. 30.］

第八十条　委任事项

法院公务员教育院的运营等必要事项由大法院规则规定。

［全文改正 2014. 12. 30.］

第五章　法院图书馆

<改正 2014. 12. 30.>

第八十一条　组织

（一）法院图书馆设立馆长。

（二）馆长从判事、法院理事官或者副理事官中选任。

（三）馆长受大法院长指挥，掌管法院图书馆的事务，指挥和监督所属职员。

（四）法院图书馆的组织、运营等必要事项由大法院规则规定。

［全文改正 2014. 12. 30.］

第八编　量刑委员会

<新设 2007. 1. 26.>

第八十一条之二　量刑委员会的设置

（一）确定刑罚时，为实现反映国民的健康常识和国民可以信赖的公正、客观的量刑，大法院设立量刑委员会（以下称委员会）。

（二）委员会可以对量刑标准的设定、变更以及与此有关的量刑政策进行研究和审议。

[全文改正 2014. 12. 30.]

第八十一条之三　委员会的构成

（一）委员会由包括一名委员长在内的十三名委员组成，非委员长的委员中有一名为常任委员。

（二）委员长由大法院长在担任下列职务十五年以上者中任命或委任：

1. 判事、检事、律师；

2. 在国家、地方自治团体、《公共机关运营法》第四条规定的公共机关以及其他法人从事法律相关事务者；

3. 知名大学法学助教授以上级别的教授。

（三）委员会委员由大法院长从符合下列条件者中任命或者委任：

1. 法官四名；

2. 法务部长官推荐的检事二名；

3. 大韩律师协会长推荐的律师二名；

4. 大学教授二名；

5. 学识和经验丰富者二名。

（四）委员长和委员的任期为二年，可以连任。

（五）委员有下列情形之一的，大法院长可以予以免职或者解聘：

1. 因不得已的事由无法正常履职的；

2. 违反职务义务，不适合继续维持委员资格的。

（六）在职法官、检事任命为委员的，从原职务退职的，可以视为解职。

[全文改正 2014. 12. 30.]

第八十一条之四　委员长的职务

（一）委员长代表委员会，总管委员会事务。

（二）委员长因不得已的事由不能履行其职务时，由常任委员、委员长事先指定的委员的顺序代行其职务。

[全文改正 2014. 12. 30.]

第八十一条之五　委员会会议

（一）委员长召集委员会会议，并任议长。

（二）委员会经在籍委员过半数赞成通过决议。

[全文改正 2014. 12. 30.]

第八十一条之六　量刑标准的设定等

（一）委员会设定或变更具体、客观的量刑标准，以供法官参考。

（二）委员会设定或者变更量刑标准时，必须遵守以下原则：

1. 反映犯罪性质、案情和被告人的责任程度；

2. 考虑犯罪的一般预防与防止被告人再犯以及回归社会因素；

3. 对相同类型或者类似犯罪，必须考虑的量刑要素若无差异，应采取一致的量刑标准；

4. 不因被告人的国籍、宗教以及良知、社会身份等理由在量刑上有差异。

（三）委员会设定或者变更量刑标准时，必须考虑以下事项：

1. 犯罪的类型及法定刑；

2. 加重犯罪或者减轻犯罪的严重性因素；

3. 被告人的年龄、品行、智力和环境；

4. 与被害人的关系；

5. 犯罪的动机、手段和后果；

6. 作案后的情况；

7. 犯罪前历；

8. 其他量刑必要的考虑因素。

（四）委员会必须公开量刑标准。

[全文改正 2014. 12. 30.]

第八十一条之七　量刑标准的效力等

（一）法官在选择刑罚种类和量刑时，应当尊重量刑标准。但是，量刑标准不具有法律约束力。

（二）法院作出脱离量刑标准的判决时，应当在判决书中写明量刑理由。但是，依照简易程序或者即决审判程序进行审判的除外。

[全文改正 2014. 12. 30.]

第八十一条之八　有关机关的协助等

（一）委员会在必要时，可以邀请相关公务员或者专家出席会议，听取意见；也可以邀请相关的国家机关、研究机关、团体或者专家等提出资料和意见或者给予其他协助。

（二）委员会认为履行业务必要时，可以向有关国家机关、研究机关、团体等部门的长官请求派遣所属公务员或者职员。

[全文改正 2014. 12. 30.]

第八十一条之九　事务机构

为辅助和支持委员会的工作，设立办事机构。

[全文改正 2014. 12. 30.]

第八十一条之十　报告书发刊

委员会每年都要发行包括本年度业绩和下一年度推进计划的报告书，并就此内容向国会报告。

[本条新设 2007. 1. 26.]

第八十一条之十一　保密义务等

(一) 委员会的委员长、委员，办事机构的官员和职员不得泄露职务上知悉的秘密。离职后同样要保守秘密。

(二) 非公务员的委员长与委员、事务机构的官员与职员，在适用《刑法》或者其他法律处罚时，视为公务员。

[全文改正 2014. 12. 30.]

第八十一条之十二　授权规定

(一) 本法规定以外的有关委员会的其他必要事项，由大法院规则规定。

(二) 本法规定以外的有关委员会运营的必要事项，由委员会议决。

[全文改正 2014. 12. 30.]

第九编　法院经费

<改正 2014. 12. 30. >

第八十二条　法院经费

(一) 法院经费独立计入国家预算。

(二) 编制法院预算时，应当尊重司法部独立性和自律性。

(三) 第一款的经费中设立预备金。

[全文改正 2014. 12. 30.]

附　则

<法第 16037 号，2018. 12. 24. >

第一条　施行日

本法自颁布之日起六个月后开始施行。

大韩民国检察厅组织机构图

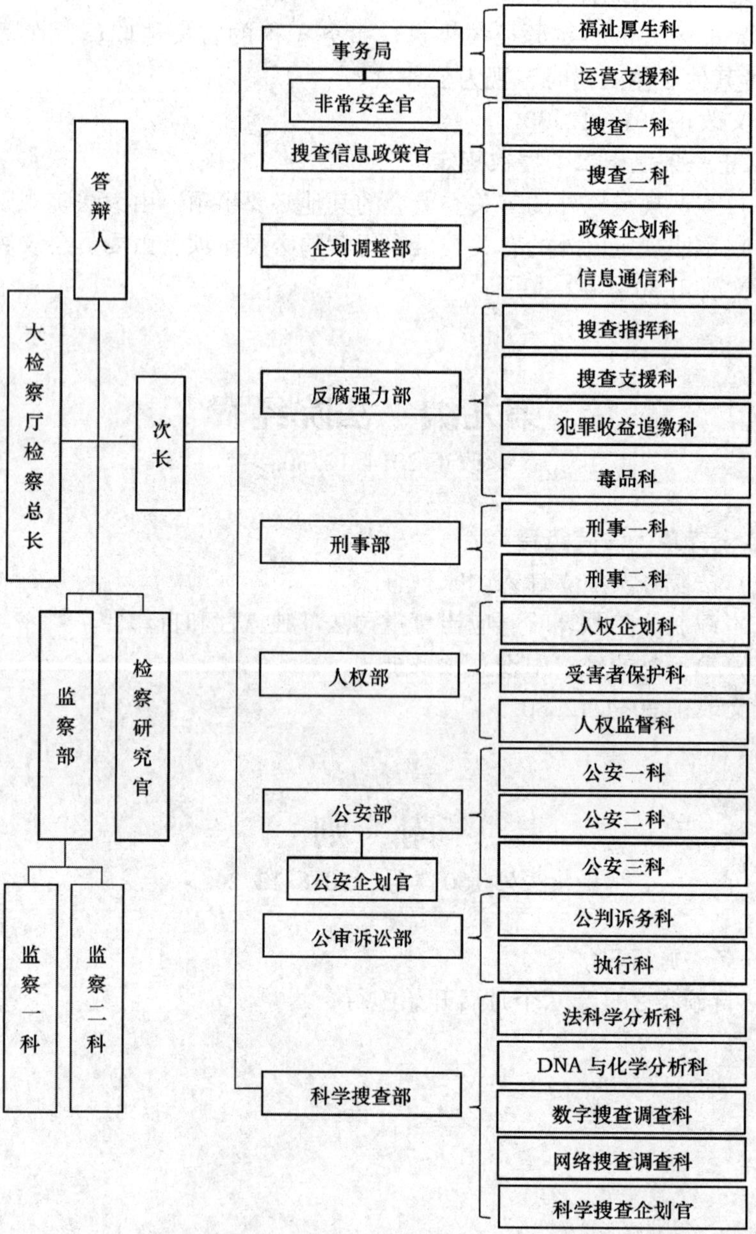

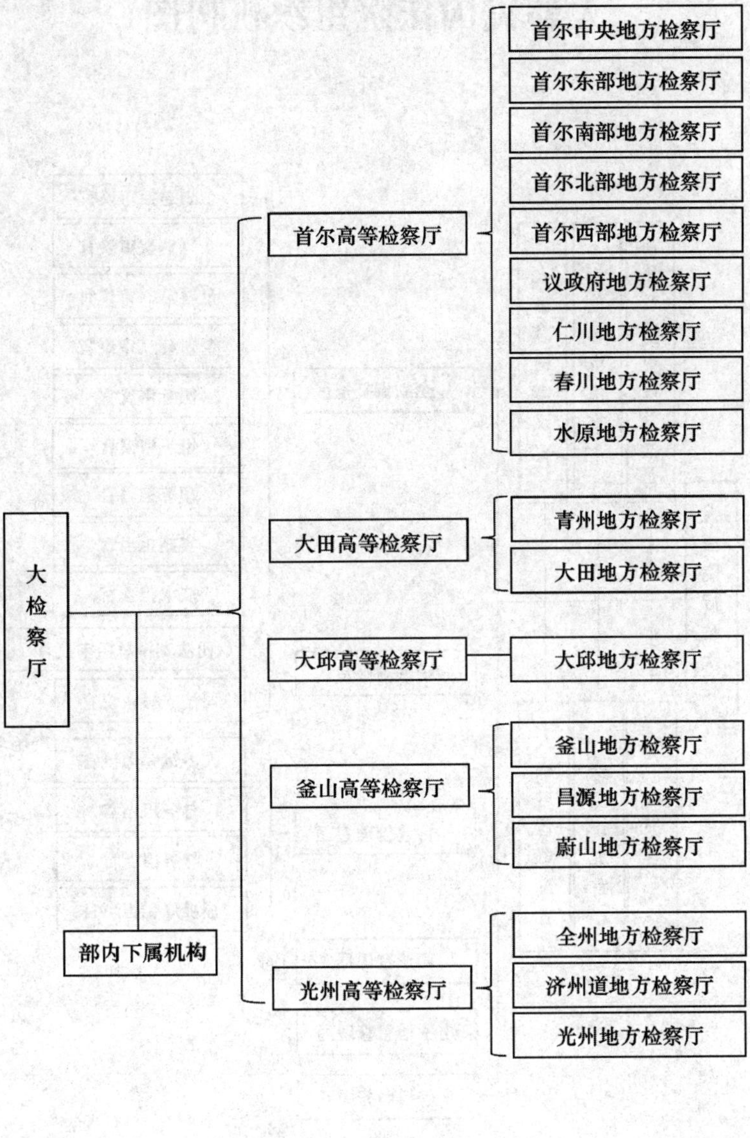
大检察厅
首尔高等检察厅
首尔中央地方检察厅
首尔东部地方检察厅
首尔南部地方检察厅
首尔北部地方检察厅
首尔西部地方检察厅
议政府地方检察厅
仁川地方检察厅
春川地方检察厅
水原地方检察厅
大田高等检察厅
青州地方检察厅
大田地方检察厅
大邱高等检察厅
大邱地方检察厅
釜山高等检察厅
釜山地方检察厅
昌源地方检察厅
蔚山地方检察厅
光州高等检察厅
全州地方检察厅
济州道地方检察厅
光州地方检察厅
部内下属机构

大韩民国法院组织机构图

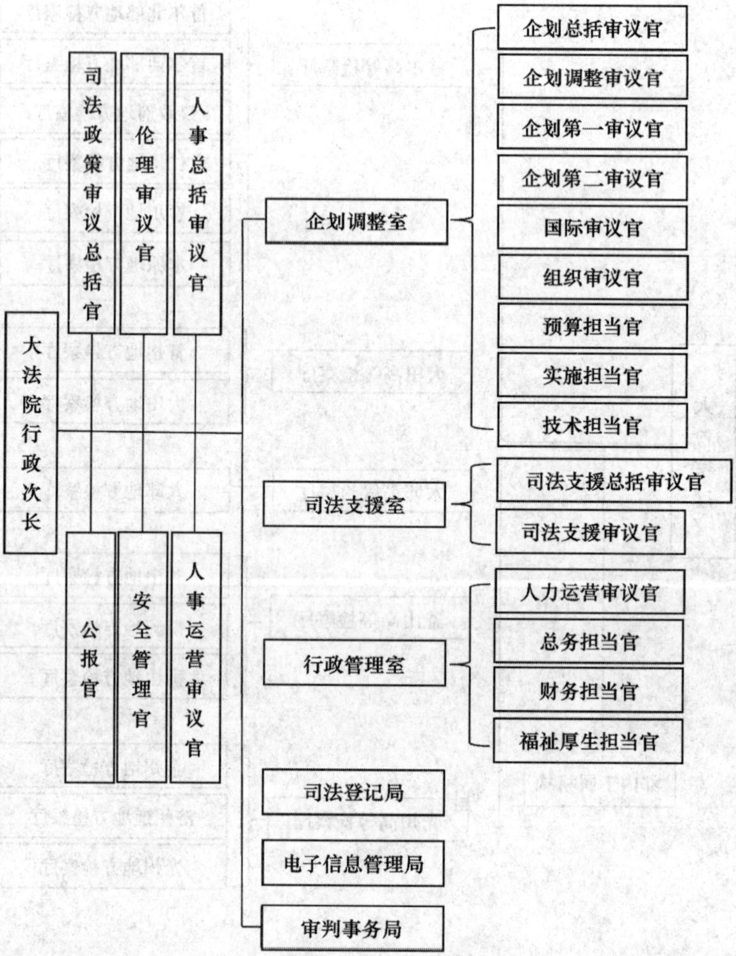

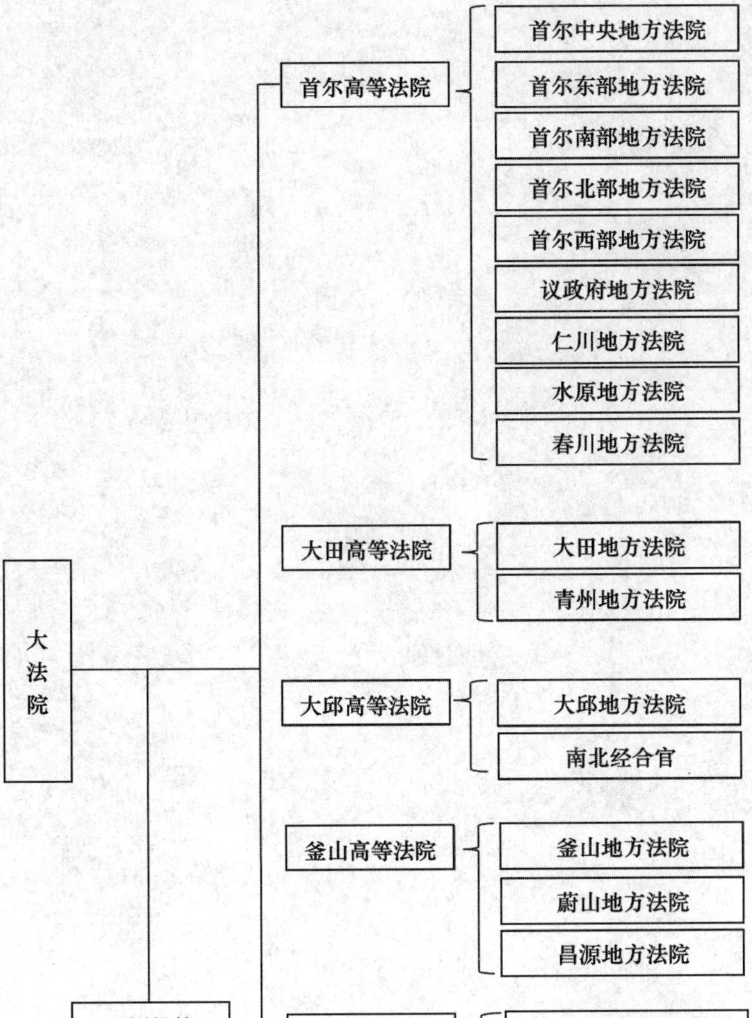
大法院
下属机构
首尔高等法院
首尔中央地方法院
首尔东部地方法院
首尔南部地方法院
首尔北部地方法院
首尔西部地方法院
议政府地方法院
仁川地方法院
水原地方法院
春川地方法院
大田高等法院
大田地方法院
青州地方法院
大邱高等法院
大邱地方法院
南北经合官
釜山高等法院
釜山地方法院
蔚山地方法院
昌源地方法院
光州高等法院
光州地方法院
全州地方法院
济州道地方法院